pfeiffer
bei Klett-Cotta

Zu diesem Buch

Immer häufiger müssen Kinder im Alter von sechs bis zwölf Jahren als aufmerksamkeitsgestört eingestuft werden. Hyperaktive, unruhige Kinder zählen ebenso dazu wie passive, allzu verträumte Jungen und Mädchen.
Neueste neurobiologische Forschungen zeigen, dass Aufmerksamkeitsdefizite mit einer entwicklungsbedingt verzögerten Frontalhirnreifung zusammenhängen. Eigene Forschungen des Autors konnten dies bestätigen und führten zu dem erfolgreich erprobten Behandlungsansatz, der in diesem Buch vorgestellt wird: Leichte Tranceinduktionen, ausgehend von der Hypnotherapie nach Milton Erickson, die auf die Bedürfnisse der Kinder abgestimmt wurden, vermögen die Frontalhirnaktivität zu stimulieren und Entwicklungsschritte anzustoßen. Zahlreiche Beispiele und Fallgeschichten demonstrieren das Vorgehen Schritt für Schritt.

Dr. med. Christian Ziegler ist Facharzt für Kinder- und Jugendpsychiatrie; er ist als Oberarzt im Kinder- und Jugendpsychiatrischen Dienst des Kantons Bern und in eigener Praxis (Schwerpunkt Hypnotherapie) tätig; Ausbilder und Vorstandsmitglied in der Schweizerischen Ärztegesellschaft für Hypnose.

Christian Ziegler

Aufmerksamkeitsstörung bei Kindern

Neurobiologische Einsichten und hypnotherapeutische Behandlung

Pfeiffer bei Klett-Cotta

Leben lernen 146

Pfeiffer bei Klett-Cotta

Printed in Germany
Umschlag: Michael Berwanger, München
Titelbild: Paul Klee: 1939, 385 (A5) Ein Kinderspiel

Satz: PC-Print, München
Auf holz- und säurefreiem Werkdruckpapier gedruckt
und gebunden von Gutmann + Co, Talheim
ISBN 3-608-89702-X

Die Deutsche Bibliothek – CIP-Einheitsaufnahme
Ein Titeldatensatz für diese Publikation ist bei Der Deutschen Bibliothek erhältlich.

Für
Monika, Rahel und Mara

Inhalt

Einleitung

»Das altehrwürdige Schulhaus steht in einem malerischen Dörfchen der Schweiz. Nur wenige Häuser säumen die Wegkreuzung mit Lindenbaum und bilden den Kern der dörflichen Gemeinschaft. Da ist auch das Schulhaus, zu dem die Kinder jeden Schultag aus den weitentlegenen Weilern hinströmen, in der gesunden Voralpenluft vorbei an kleinen Wäldchen und naturnah bewirtschafteten Wiesen wandern. An jenem Tag leuchteten die farbigen Blätter der Linde besonders kräftig in der Herbstsonne. Da passierte etwas, das die ländliche Idylle nachhaltig störte und den Schulbetrieb in Aufregung versetzte. Oben im dritten Stock stand ein Drittklässler auf dem Fenstersims und brüllte etwas auf den Schulhof hinunter, wo sich gerade die Schulkinder lautstark in der Pause vergnügten. Einige Kinder und ein Lehrer befanden sich nahe dem Fenster und konnten seine Worte verstehen: ›Ich bringe mich um!‹

Kurze Zeit später stürzte sich Andis Klassenlehrerin aufgeregt ins Zimmer und es gelang ihr, den Buben vom Fenstersims wegzulocken. In der letzten Stunde vor der Pause war Andi mit seinen Forderungen bei der Lehrerin nicht durchgedrungen und als Reaktion inszenierte er diesen erneuten Skandal. Schon verschiedentlich war Andi durch Untaten bei Lehrerschaft und besorgten Eltern seiner Altersgenossen aufgefallen. Seit vier Jahren wohnte die Familie im Dorf: Andi, der jüngere Bruder und die alleinerziehende Mutter. Sie bewohnten ein herrliches Bauernhaus, das die Sozialfürsorge ihnen zur Verfügung gestellt hatte. Noch am gleichen Abend tagte die Schulbehörde und beriet den Fall. In diesen harten Zeiten musste man für den Erhalt der Schule kämpfen, eine Schule, die, wie man weiß, für eine lebensfähige Gemeinde ein fast noch wichtigerer Garant als selbst die Kirche darstellt.«

Diesen Bericht verfasste ein aufmerksamer Zeitgenosse über ein dramatisches, aber doch typisches Ereignis im Zusammenhang mit einem aufmerksamkeitsgestörten Kind.

Seit einiger Zeit werden die Diskussionen rund um die Aufmerksamkeitsstörung im Kindesalter lauter und heftiger geführt, sei es, weil das Ausmaß der Störung zugenommen hat oder weil die Erwachsenenwelt sensibler darauf reagiert. Im Gegensatz zu früheren Annahmen stellt man heute bei Aufmerksamkeitsstörung für mindestens die Hälfte der Betroffenen eine düstere Prognose für später. (1)

Die amerikanische psychiatrische Klassifikation DSM-IV listet mehrere Merkmale überdurchschnittlicher Unaufmerksamkeit in verschiedenen Umgebungskontexten auf. (2) Aufmerksamkeitsstörung ist oft mit Hyperaktivität kombiniert und wird dann »Aufmerksamkeitsdefizit und Hyperaktivitätsstörung« (ADHD) genannt. Auf den ersten Blick sticht Hyperaktivität stärker ins Auge, und deshalb wurden die Kinder in der Vergangenheit häufig anhand ihrer überdurchschnittlichen Unruhe diagnostiziert. Heute ist man jedoch der Meinung, dass Aufmerksamkeitsstörung und Impulsivität die wichtigeren Defizite ausmachen. Somit finden die passiven, verträumten Kinder mit zum Teil schlechter Prognose ebenfalls die nötige Beachtung. (3) Früher wurde Unaufmerksamkeit bei Mädchen oft erst im Erwachsenenalter bemerkt.

Außer der Aufmerksamkeitsstörung im Sinne des DSM-IV gibt es noch andere Formen der beeinträchtigten Konzentration; sie sind meist reaktiver und vorübergehender Natur oder Bestandteil einer anderen, psychiatrischen Störung. Auf all diese Formen werde ich im vorliegenden Buch nicht eingehen.

Aufmerksamkeitsstörung behindert die Kinder am stärksten im Alter zwischen 6 und 12 Jahren, wenn von ihnen als Entwicklungsaufgabe vor allem der Erwerb intellektueller Grundtechniken gefordert wird, wenn sie während der Schullektionen aufpassen müssen. Im früheren und späteren Lebensalter stehen andere Probleme stärker im Vordergrund: Allergien, Einschlafstörungen in den ersten Lebensjahren, Süchte oder offene Rebellion in der Pubertät. In einzelnen Lebensgeschichten und für einige Familien mögen die Ereignisse im Vorschulalter oder in der Pubertät dramatischer erscheinen, gerade wenn die Kinder den Schulstoff gut bewältigen und nicht durch Gewalttätigkeiten oder öffentliche Wutausbrüche auffallen. Entwicklungspsychologisch und in Bezug auf ihre Lernfähigkeit jedoch halte ich persönlich gerade die Phase zwischen sechs und zwölf Jahren für ergiebig, weil die emotionale und stimmungsmäßige Verfassung da normalerweise in ruhigen Bahnen

verläuft. Die Kinder erwerben sich hier am leichtesten jene Kompetenzen, die sie für ein Leben in der modernen Welt benötigen. Und ich kann mich manchmal des Eindrucks nicht erwehren, dass aufmerksamkeitsgestörte Kinder diese Ruhe vor dem pubertären Sturm nicht genügend für den Kompetenzerwerb nutzen, sondern oft für unnötige persönliche Vergnügen ausreizen. Und manchmal packt mich schon die Verzweiflung, wenn ich beobachte, welche Defizite sich anhäufen, die sich später verheerend auswirken. Gut, man kann einiges später nachholen, aber es wird dann nicht einfacher sein, und nur wenige schaffen den späteren Anschluss.
So werde ich mich in diesem Buch vor allem mit den Sechs- bis Zwölfjährigen beschäftigen und den Vorschulkindern weniger Aufmerksamkeit schenken. Den Jugendlichen und jungen Erwachsenen möchte ich etwas mehr Platz einräumen, gerade weil es immer spannend und lehrreich ist zu erfahren, zu welchen Menschen sich ehemalige »Problemkinder« gemausert haben.

Als Kinderpsychiater und -psychotherapeut fühle ich mich seit meinen frühesten Berufsjahren mit der Erickson'schen Hypnotherapie verbunden. Milton H. Erickson lebte von 1901 bis 1980 als Arzt in den USA und gilt als der genialste Hypnotherapeut des 20. Jahrhunderts. Ein Kennzeichen der Erickson'schen Philosophie besteht aus der zauberhaften Kombination von seriöser Professionalität mit lebendiger Verspieltheit, frei von persönlicher Anmaßung. Erickson hat viele Hinweise zur Kindererziehung hinterlassen, die ich in der Interaktion mit meinen eigenen Kindern zur gegenseitigen Befriedigung nutzen konnte. (4) Im ersten Kapitel werde ich meinen Standpunkt zur Erziehung und Betreuung der Kinder skizzieren und erste therapeutische Überlegungen daran anknüpfen.
Im zweiten Kapitel komme ich auf die heiklen Punkte sowohl der Erziehung wie auch der Entwicklung aufmerksamkeitsgestörter Kinder zu sprechen. Da ich die Individualität eines Menschen immer an die erste Stelle setze, entsteht auch immer eine individuell einzigartige Beziehung zu diesem Menschen. In jeder Beziehung stellen sich die Fragen der Abgrenzung und der Integration. Stierlin hat diese Fragen mit dem Ausdruck »Bezogene Individuation« zusammengefasst. Ich glaube, dass vor allem die Art ihrer Beziehungsgestaltung den aufmerksamkeitsgestörten Kindern am

meisten Schwierigkeiten bereitet. Aus dieser Perspektive heraus stellt sich die Frage, wie diese Kinder dazu verlockt werden können, Beziehungen mit konstruktiven Erfahrungen zu riskieren, das heißt, wie sie anders als bisher mit Abgrenzung und Integration umgehen könnten. Dazu benötigen sie vor allem reifere Formen der Erregungskontrolle.

Therapieuntersuchungen bei Aufmerksamkeitsstörung haben wenig Erfreuliches zu den Ergebnissen konventioneller Psychotherapien berichtet. (5) Sowohl bei medikamentöser Therapie mit Ritalin wie auch bei verschiedenen Formen der Verhaltenstherapie hielten die Effekte nicht über den Zeitraum der Beendigung der Therapie hinaus an. Zudem stellen diese Therapien an die Beteiligten hohe Anforderungen bezüglich Compliance; und diese ist bekanntermaßen im psychiatrischen Kontext nicht sehr ausgeprägt. Zur Verbesserung der Compliance habe ich ein flexibles Angebot der Gewichtung an Einzeltherapie, Familientherapie und Elterntherapie; so kann ich den Möglichkeiten und Neigungen der Klienten besser entgegenkommen.

Eine mögliche Erklärung für die schlechten Ergebnisse vieler Therapiemethoden liefert die Frontalhirnhypothese, die ich im dritten Kapitel vorstelle; sie besagt, dass zur positiven Entwicklung bei Aufmerksamkeitsstörung eine Stimulierung und Reifung des Frontalhirns notwendig ist. Ich stelle zwei Forschungsprojekte vor, eines über die Stimulierung des Vorderhirnes mittels EEG-Feedback und mein eigenes Projekt der modifizierten Hypnotherapie. Auch versuche ich, Frontalhirnleistungen durch die Erickson'sche Perspektive zu beleuchten.

Obwohl man als Fachperson viele charakteristische Merkmale der Aufmerksamkeitsstörung bereits nach wenigen Minuten durch Beobachtung des kindlichen Verhaltens erkennen kann, besitzen auch diese Kinder individuelle Ausprägungen persönlicher Stärken und Schwächen. Man sollte sie nicht alle »in den gleichen Topf werfen«. Welche drei Gruppen hauptsächlicher Probleme ich bei diesen Kindern unterscheide, lesen Sie im vierten Kapitel. Beim Konzipieren und Schreiben dieses Buches hatte ich immer konkrete Kinder vor Augen, deren Geschichten im Mittelpunkt stehen. Abstrakte Theorie vergesse ich meist bei der unmittelbaren Arbeit mit den Menschen, die sich in meiner Praxis einfinden.

Als weitere Differenzierung und Hilfe für mein therapeutisches Vorgehen versuche ich meine Klienten einem von vier Persönlichkeitstypen zuzuordnen. Die Persönlichkeit eines Kindes besteht aus Merkmalen, mit denen ich therapeutisch arbeite und auf denen die Lernfortschritte aufbauen. Davon handelt das fünfte Kapitel.
Als junger Therapeut stand ich häufig vor der quälenden Frage: »Was um Himmels willen biete ich in der Therapie einem Kind an, das im Behandlungszimmer rasend schnell von einer Beschäftigung zur nächsten wechselt, das sich nur zufrieden gibt, wenn ich den meisten seiner Forderungen nachkomme? Welche Intervention führe ich aus, die das Geld Wert ist, das ich verdiene?« Ich versuchte es mit Familientherapie, doch viele Familien waren nicht in der Lage, den Ansprüchen eines solchen Vorgehens zu entsprechen, ganz abgesehen davon, dass viele Väter nur am Abend oder samstags konnten und ich unmöglich nur abends oder samstags zur Arbeit gehen kann. So musste ich wohl oder übel die Kinder überwiegend alleine sehen. Von den Schwierigkeiten in der Einzeltherapie mit aufmerksamkeitsgestörten Kindern handelt das sechste Kapitel.
Ich nenne meinen Ansatz modifizierte Hypnotherapie, weil ich in der Behandlung nicht primär das Ziel einer tiefen hypnotischen Trance verfolge, sondern ich lasse die Kinder möglichst viele Hypnoseeinleitungen üben, so genannte Induktionen. In neurophysiologischen Studien konnte zu Beginn der Induktion eine Aktivierung der Frontalhirnregionen gemessen werden (6); es sind diese frontalen Hirnregionen, die sich bei aufmerksamkeitsgestörten Kindern verzögert entwickeln und damit eine Überforderung der Kinder verursachen. Das Ziel meiner Therapie ist eine gezielte Stimulierung dieser frontalen Hirnfunktionen. Den Kindern erkläre ich, dass wir ein besonderes Denktraining durchführen. Im siebten Kapitel finden Sie eine umfassende Darstellung meines konkreten Vorgehens.
Natürlich ist das Kind kein isoliertes Individuum, es lebt in einem Kontext. Im achten Kapitel beschreibe ich meine Vorstellungen einer Elternberatung, die in der Realität meistens eine Mütterberatung oder -therapie ist. Sobald der Vater konstruktiv bei der Therapie mitmacht, ist bereits sehr viel gewonnen. Leider steht aus verschiedenen Gründen oft nur die Mutter für eine Beratung zur Verfügung. Meine Strategien zielen auf eine Veränderung der In-

teraktionen zwischen Elternteil und Kind. Bei der Elternarbeit führe ich nur in Ausnahmefällen eine formale Hypnose durch, doch sind mein Therapiestil und meine Überlegungen zur Beziehungsveränderung stark von der Hypnose hergeleitet, und mit Beziehung meine ich sowohl diejenige zwischen Elternteil und Kind wie auch zwischen Therapeut und Elternteil.
Wie haben mir Ericksons Ideen bei meinem Therapiekonzept geholfen? Im achten Kapitel komme ich wie schon in früheren Abschnitten auf einige seiner Geschichten zu sprechen, die mich inspiriert haben. Erickson selbst erzählte wenig bis nichts über die Behandlung aufmerksamkeitsgestörter Kinder, und so kann ich mit gutem Recht behaupten, dass mein Ansatz eine Weiterführung Erickson'scher Therapie darstellt.
Wie Jay Haley oft unterstrich, soll Therapie nicht Selbstzweck sein, sondern zur Normalisierung und Integration führen. Im neunten Kapitel versuche ich diese im Zusammenhang mit Aufmerksamkeitsstörung sehr anspruchsvolle Aufgabe vorsichtig anzugehen, indem ich wieder einen Bezug herstelle zu allgemeinen Erziehungsfragen.
Ich habe es mir zur Gewohnheit gemacht, am Schluss einer Abhandlung mich mit den ebenfalls anspruchsvollen Fragen rund um das Selbstwertgefühl zu befassen. Auch bei diesem Thema schafft eine Aufmerksamkeitsstörung starke Kontraste, die zur Klärung grundsätzlicher Mechanismen beitragen. Gute Selbstwertgefühle entstehen, wenn Chancen genutzt und Gefahren heil überstanden wurden.
Im Verlauf dieses Buches orientiere ich mich an zwei Eckpfeilern: an Ericksons hypnotischer Methode und an neurophysiologischen Erkenntnissen. Psychologie und Hirnfunktionsforschung bereichern sich gegenseitig auf der Suche nach nützlichen Hypothesen. So hat die Forschung auch Hirnstrukturen gefunden, mittels derer unbewusstes Lernen stattfindet (7, S. 209): anatomisches Substrat für unbewusstes Funktionieren, auf das sich die Hypnose stützt.

1. Kapitel

Erziehen heißt, das Kind begreifen lehren

Wenn Sie in die Schweizer Berge kommen und eine anspruchsvolle Bergtour unternehmen, dann müssen Sie Ihre Gewohnheiten ändern, falls Sie den Urlaub bisher vor allem an flachen Sandbuchten verbracht haben. Um inmitten steiler Felswände, in unwegsamen Landstrichen oder vom Nebel geblendet heil ans Ziel zu gelangen, benötigen Sie eine besondere Vorbereitung. Gutes Schuhwerk, warme Kleidung, Kompass und Höhenmesser empfehlen sich als Ausrüstung.

Ähnlich stellt die Aufmerksamkeitsstörung im Kindesalter an Therapeuten höhere Ansprüche als viele Angststörungen oder psychosomatische Erkrankungen, die ebenfalls Anlass bieten für therapeutische Behandlungen. Die meisten herkömmlichen Behandlungsmethoden erzielen bei Aufmerksamkeitsstörung kaum Effekte, die über das Behandlungsende hinaus bestehen bleiben. (Siehe Literaturhinweise 3 und 5) Trotzdem werden bei Aufmerksamkeitsstörung noch oft Lösungsbemühungen eingeleitet nach dem Motto: »Schauen wir mal, was es bringt«.

Ein geistreicher Bezugsrahmen

Während Workshops oder Diskussionen über das Thema Aufmerksamkeitsstörung erlebe ich häufig Teilnehmer mit leicht erhöhter Impulsivität in ihrer Suche nach gültigen Antworten auf verwirrende Rätsel, die diese Kinder uns aufgeben.

Erlauben Sie mir hier, dass ich zuerst diejenigen seelischen und zwischenmenschlichen Vorgänge beschreibe, die mir als Voraussetzung und geeigneter Bezugsrahmen für eine erfolgreiche Behandlung günstig erscheinen.

Dass der Aufmerksamkeitsstörung Entwicklungsdefizite zugrunde liegen, dürfte zur Zeit unbestritten sein. Bei meiner Expedition zur Quelle des Problems stelle ich Entwicklung und Förderung der Entwicklung ins Zentrum meiner Überlegungen. Hilfe bei Aufmerksamkeitsstörung bedarf der Kenntnis kindlicher Entwicklungsschritte und der Abwägung möglicher Folgen, die eine Intervention auf die kindliche Entwicklung bewirkt.

Nach der alten Devise »Gleiches mit Gleichem heilen« benötigen körperliche Krankheiten einer materiellen Therapie und seelische Störungen einer Psychotherapie. Oft unterstütze ich mit Hypnose die Therapie körperlicher Symptome, sei es zur Beruhigung oder Schmerzlinderung oder Verbesserung des allgemeinen Befindens. Doch kann Hypnose eine indizierte Operation oder Chemotherapie nicht ersetzen. Laut Berner (8) diktierten im Mittelalter Konzepte der seelischen Verursachung die Therapie körperlicher Krankheiten mit den bekannten verheerenden Folgen. In der heutigen Zeit wird eher das Umgekehrte mit ähnlichen Konsequenzen versucht, nämlich seelische Störungen mit Hilfe materieller Konzepte zu therapieren.

Ich glaube, man sollte bei einem Impulsivitätsproblem nicht einfach zur Tablette greifen. Zuerst sollte man beweisen, dass die Kraft der Liebe und der zwischenmenschlichen Beeinflussung die Störung *nicht* beeinflusst.

Sicher sind auch geistige Regungen des Menschen von Stoffwechselveränderungen begleitet, aber in der menschlichen Kulturgeschichte hat sich die geistige Dimension meist als die stärkere Kraft erwiesen. Es sind nicht die Bomben, die unser Leben bedrohen, sondern die Absichten und Handhabungen der Bombenbesitzer. Auch wenn die Evolution an der Veränderung der einzelnen Hirnkomponenten bastelt, sind geistig-soziale Wechselwirkungen das Werkzeug, mit dem sie ihre Entwicklung vorwärtstreibt, und nicht Stoffwechselprodukte, die sie ins Hirn der Lebewesen eintröpfelt. Auch wenn neurobiologische Einsichten ein hilfreiches Raster für meine Arbeit zur Verfügung stellen, bleibe ich nicht auf der biologischen Ebene stehen. Nicht nur die Neurobiologie ist wichtig, sondern eben auch die *Einsichten*. Wie Bateson (9) betrachte ich die Evolution als einen geistigen Entwicklungsprozess, der notwendigerweise mit der materiellen Ebene interagiert.

Der vorherrschende geistig-gesellschaftliche Kontext bestimmt, welche Vorgehensweisen Sinn machen. Die Pharmafirmen werben für ein pharmakologisches Psychiatriekonzept. Das ist ihr gutes

Recht. Doch für meinen persönlichen Kontext trage ich selbst die Verantwortung.

Wie der Titel dieses Kapitels verrät, lautet mein Kontext: »Erziehen heißt, das Kind die Welt begreifen lehren«. Und ich kann mir nicht vorstellen, dass die Kinder beim Schlucken der Medikamente etwas begreifen. So wie die Hypnose manchmal zur Linderung körperlicher Beschwerden einen Beitrag leistet, kann das Ritalin allerdings bei speziellen Indikationen als supportive Therapie eine gewisse Erleichterung bringen.

Es gibt die allgemeine Weisheit, die besagt, man solle global denken und lokal handeln. Oft geht die Behandlung mit Ritalin den umgekehrten Weg. Sie stellt eine periphere Wahrnehmungsstörung fest und interveniert global mit dem Aufputschmittel Ritalin. Meine Überlegungen stellen die verzögerte Frontalhirnreifung in den Mittelpunkt, und dann unterstütze ich diese Entwicklung schrittweise mit einer Vielzahl kleiner Interventionen.

Was benötigt ein Therapeut im Umgang mit Aufmerksamkeitsstörungen? Wenn Sie sich an die Metapher am Anfang dieses Kapitels erinnern, dann symbolisieren warme Kleidung erstens Durchhaltewillen und Frustrationstoleranz, der Kompass zweitens die Kenntnis einer brauchbaren Entwicklungspsychologie, und drittens zeigt der Höhenmesser den Weg zur Anwendung Erickson'scher Veränderungstechniken. Durchhaltewillen und Frustrationstoleranz erlangt jeder Therapeut in Ausbildung und durch persönliche Erfahrung. Darauf gehe ich hier nicht weiter ein.

Ich will mich im Folgenden zuerst der Entwicklungspsychologie und dann der Erickson'schen Psychotherapie zuwenden.

Die seelische Entwicklung im Kindesalter

Die Entwicklung der Kinder von der Wiege bis zum erwachsenen Leben wird als ein langer, 18 Jahre dauernder Übergang von der Fremd- zur Selbstregulation beschrieben. (10) Zu Beginn liegt die Regulation des Wohlbefindens hauptsächlich in den Händen der Mutter oder des Vaters. Mit jedem neuen Lebensjahr wachsen die Fähigkeiten des Kindes, und dann leisten sie selbst einen größeren

Beitrag zur inneren und äußeren Regulation. Wir verfügen über einen recht guten Wissensschatz, um einzuschätzen, was man von einem vier-, sieben- oder zehnjährigen Kind an eigenen Leistungen erwarten kann. Mit anderen Worten: Selbstständigkeit und Verantwortungsgefühl nehmen kontinuierlich zu und die Erwachsenen sind froh, einerseits eine gesunde Entwicklung festzustellen und andererseits die Bürde der Verpflichtungen langsam zu reduzieren. Im Vergleich mit den Säuglingen geraten aufmerksamkeitsgestörte Kinder wegen ihres Verhaltens häufiger in Konflikt mit der Umgebung. Ihre motorische Selbstständigkeit kontrastiert schmerzlich mit der verzögerten Entwicklung von Vernunft und Gefühlssteuerung.

Menschliches Wohlbefinden hängt in den ersten Lebensjahren noch stärker als in späteren Lebensabschnitten vom Gelingen einer spontanen, gefühlsbetonten sozialen Interaktion ab. Die Fähigkeit zu dieser Interaktion ist unbewusst und intuitiv angelegt.

Gefühle spielen bei dieser Interaktion eine große Rolle. Säuglinge besitzen angeborene Fähigkeiten für Gefühlsausdruck und -sensibilität. Gefühle zeigen sich im Gesicht, in Körper und Tonfall; Gefühle sind auch ansteckend. Säuglinge können Gefühle ziemlich schnell erkennen und imitieren. Wenn ein Kleinkind aus Verzweiflung schreit, überträgt sich die Verzweiflung im selben Raum mit großer Wahrscheinlichkeit auf die andern Kinder, sodass zum Schluss alle schreien. Das Gleiche gilt natürlich auch für andere Gefühle wie Freude, Interesse, Überraschung, Angst, Abneigung und vielleicht auch Wut. (11)

Auch zwischen Mutter und Säugling verändern sich die Gefühle im rhythmischen Gleichschritt. Der Gefühlsaustausch benutzt hauptsächlich nonverbale Informationswege. Ein Schlafliedchen, das dem Säugling köstliche Beruhigung schenkt, wirkt vor allem durch Rhythmus, Melodie, Wiederholungen und Wortspiele, die unter Umständen gar keine inhaltliche Bedeutung besitzen. Die Fähigkeit zur beruhigenden, zeitlosen Verbindung begleitet uns das ganze Leben. Davon profitiert auch eine gelungene Hypnose, wenn sie in ihren Techniken die sanfte Berührung wie mit einem Haustier oder einem Säugling imitiert.

In seinem Entwicklungsmodell des Selbst hat Kegan insgesamt sechs Stufen des Lebenszyklus beschrieben. (12) Instabile Über-

gänge markieren den Wechsel von einer Stufe zur nächsten. Durch die erfolgreiche Entwicklung vom impulsiven Vorschulalter zur selbstgenügsamen Stufe erwirbt sich das Kind die Kompetenzen der Schulreife; aufmerksamkeitsgestörte Kinder meistern diesen Übergang manchmal erst in der Pubertät oder gar nicht.
Die Bezeichnung »impulsiv« und »selbstgenügsam« spricht für sich, wenn man ein aufmerksamkeitsgestörtes Kind in seiner Schulbank beobachtet: statt still und das eigene Selbst zurücknehmend den Anforderungen der Situation oder der Lehrerin gerecht zu werden, stellt es impulsiv und zum falschen Zeitpunkt seine Aktivität unter Beweis oder verabschiedet sich in seine Träume.
Ein schulreifes Kind hört auf die Lehrerin und schenkt ihr seine Aufmerksamkeit. Es erbringt mit Freude die geforderte Leistung, vielleicht um ihr einen Gefallen zu tun. Es verschiebt die eigenen Wünsche und Impulse auf einen späteren Zeitpunkt. Lob, Freude und Zuneigung der Lehrerin entschädigt das schulreife Kind ausreichend für seine Opferbereitschaft.

Anforderungssituationen

Selbstgenügsamkeit bedeutet auch, dass ein Kind seine Bedürfnisse zurückstellen kann, bis es die Hausaufgaben erledigt hat. Hausaufgaben stellen den Prototyp einer komplexen Anforderungssituation dar. Anforderung heißt, dass man sich eine bestimmte Aufgabe zumindest anfänglich nicht selbst wünscht.
Das Wechseln des Kontexts erschwert die Erledigung der Hausaufgaben zusätzlich; da kommt jedes Kind ausnahmsweise mal in Versuchung, die Hausaufgaben zu streichen. Wenn bei Vorschulkindern doch eher gilt »aus den Augen, aus dem Sinn«, erwartet man von Schulkindern doch eine gewisse Zuverlässigkeit bezüglich Zeitvereinbarungen, und das setzt auch voraus, dass das Kind die Zeit kennt. Alle Kinder sollten die Uhr lesen können, und da hapert es oft bei Kindern mit einer Aufmerksamkeitsstörung.
Kegan betont bei allen Entwicklungsschritten und Übergängen die Wichtigkeit einer haltenden Umgebung. Diese Umgebung sollte sich ebenfalls im Gleichschritt mit dem Individuum wandeln. Idealerweise ist während einer Übergangsphase die Umgebung

zwar im Hintergrund präsent, weist aber gleichzeitig Ansprüche des Kindes zurück, die nicht mehr phasengerecht sind, sodass zum Beispiel ein Wutanfall bei den Eltern nicht mehr die gleiche Besorgnis auslöst wie früher, weil vom Kind in der selbstgenügsamen Phase erwartet wird, dass seine Erregungskontrolle genügend gut funktioniert, auch zur Dämpfung der Wut. Die Umgebung ist aber im Hintergrund bereit, sensibel zu reagieren, wenn altersgerechte Bedürfnisse angemeldet werden.
So zeichnet sich nach Kegan die selbstgenügsame Phase durch die Fähigkeit aus, auch ohne Familienunterstützung im Schulkontext gut zurechtzukommen; dass Ratschläge der Eltern und gute Manieren auch gelten, wenn die Eltern nicht anwesend sind; dass das Kind sich selbst zutraut und dass die Eltern ihm zutrauen, in der Schule alleine zurechtzukommen. Hilfreich sind dabei die Funktionen des Frontalhirns, auf die ich im 3. Kapitel zu sprechen komme.
Man nimmt heute an, dass die Ontogenese eines Menschen teilweise der Phylogenese der Evolution folgt, das heißt, in der kindlichen Entwicklung widerspiegelt sich die biologische Ahnengeschichte des Menschen. Die Entfaltung des Frontalhirns beobachtet man sowohl in der Evolution wie auch in der kindlichen Entwicklung. Was wir über seine Entwicklung zwischen dem 4. und 13. Lebensjahr wissen, können wir wiederum mit der beobachtbaren Wandlung seelischer Fähigkeiten vergleichen und dadurch unseren Erkenntnisstand besser »eichen«. Ledoux zitiert in seinem Buch die Philosophin Patricia Churchland (7, S. 45): »Die Natur ist erfinderischer als wir. Und all diese schöpferische Kraft und Findigkeit wird uns auch weiterhin entgehen, wenn wir die neurobiologischen Erkenntnisse nicht beachten. Tatsache ist, dass die Evolution es uns bereits vorgemacht hat. Was spricht dagegen, dass wir erforschen, wie diese erstaunliche Maschine, unser Gehirn, tatsächlich funktioniert?«
Obwohl von Beruf nicht Neurobiologe, verbinde ich – zur Bereicherung und Kontrolle – meine Beobachtungen gerne mit hirnphysiologischen Erkenntnissen.

Entwicklungsverzögerung

Doch kehren wir zur Entwicklungspsychologie zurück, in der Norm und Normabweichung sich gegenseitig bedingen. Gleichaltrige Kinder interessieren sich sehr für den Stand der Entwicklung in ihrer Altersgruppe. Jeder Entwicklungsschritt wird auch von Forderung nach Verzicht begleitet, zum Beispiel, wenn sich ein Kind zurückhält und nicht jede sich aufdrängende Frage sofort in die Runde brüllt, sondern artig die Hand hebt und wartet, bis die Lehrerin dem Anmelden des eigenen Bedürfnisses gebührende Aufmerksamkeit schenkt. Ein gleichaltriges Kind, das diese soziale Leistung noch nicht beherrscht, nicht wartet und nicht aufstreckt, bedroht mit diesem Verhalten den sozialen Fortschritt der andern Kinder. Als gefühlsbetonte Aktivität wirkt kleinkindliches Verhalten ansteckend. Ein eben erst erreichter Fortschritt wackelt noch und kann leicht umgestoßen werden.

Aus dieser Bedrohung heraus wird das entwicklungsverzögerte Kind häufig mit Abneigung und Verachtung, ja sogar mit Tätlichkeiten bedacht, vor allem von gleichaltrigen Kindern, bei denen die neu erworbenen Fähigkeiten sich eben noch nicht gesetzt haben. Von solchen Ablehnungen und Hänseleien können gerade aufmerksamkeitsgestörte Kinder ein Lied singen.

Impulsives Verhalten wird von den gleichaltrigen Kindern mit Recht als Lustgewinn taxiert, und zum Ausgleich muss das entwicklungsverzögerte Kind dann unter Plagereien leiden. Mit der Zeit merken die Mitschüler, dass sie das schwächere Kind am wirkungsvollsten schikanieren, indem sie dieses Kind gerade dann mit Erfolg provozieren, wenn der Lehrer eben das Zimmer betritt und nur die Unart des provozierten Kindes sehen kann. So geschickt aufmerksamkeitsgestörte Kinder provozieren, so leicht werden sie selbst von Gleichaltrigen provoziert: als dankbare Opfer reagieren sie meist prompt und impulsiv.

Der delikate Prozess der Selbstgenügsamkeit wird zusätzlich gestört, wenn die Mutter viele entsetzte oder wütende Telefonate von der Lehrerin erhält, die sich darüber beklagt, wie unmöglich sich das Kind benimmt. Und wenn die Grimmigkeit der Telefonate noch eskaliert, weil das Kind bemerkt, dass sein schlechtes Verhalten vor allem der Mutter und weniger ihm selbst schmerzliche

Konsequenzen bereitet. Und so merkt das Kind unbewusst, dass es mit schlechtem Verhalten in der Schule seine Mutter wirkungsvoll ärgern kann; vielleicht als Rache für all die Frustrationen, weil die Mutter ja so oft Nein gesagt hat zu den dringendsten Wünschen des Kindes.

Die Erwachsenen betrachten einen Entwicklungsrückstand, der nicht mit einem hieb- und stichfesten medizinischen Grund erklärbar ist, zuerst mit Sorge, dann mit zunehmender Verärgerung. Im Verhaltens- und Kompetenzbereich denkt man schnell, das Kind könnte und sollte es doch endlich lernen, wenn es nur wollte.

Die hartnäckigen Probleme einer Aufmerksamkeitsstörung stellen Geduld und Verständnis der Betreuungspersonen auf eine oft überharte Probe. Da bietet die medizinische Diagnose große Erleichterung. Ob die Erleichterung für sich alleine viele Fortschritte bringt, bleibt zu bezweifeln. Für Entwicklungsfortschritte braucht es Entwicklungsanreize, und Erleichterung ist gerade nicht der starke Stimulus zur dauerhaften Überwindung von Schwierigkeiten.

Doch reduziert eine medizinische Diagnose die immensen Schuld- und Schamgefühle der Eltern, bei der Erziehungsarbeit versagt zu haben, wirksam – Gefühle, die auch bei der Erziehung normal entwickelter Kinder immer wieder am Selbstwertgefühl vieler Eltern nagen.

Allerdings zahlt das Kind mit der Diagnose einen hohen Preis, weil es als medizinisch gestört dann eher in einem medizinisch definierten Rahmen aufwächst und weniger in einem natürlich-gesunden Umfeld. Ich plädiere für einen Mittelweg: dass die Diagnose als Erleichterung angeboten wird, aber mit dem längerfristigen Ziel der Normalisierung. Maßnahmen zum Erreichen des längerfristigen Ziels sollten sofort ergriffen werden, weil sich die Aufmerksamkeitsstörung vermutlich nicht, wie früher behauptet wurde, in der Pubertät von alleine auflöst.

Erste therapeutische Überlegungen

Vom Englischen inspiriert möchte ich das Wort »disruptiv« bei der Beschreibung aufmerksamkeitsgestörter Kinder in den Mittelpunkt stellen. Disruptiv heißt zerstörend, zerreißend.

Ich habe in diesem Kapitel bereits den Übergang zwischen impulsivem und selbstgenügsamem Entwicklungsstadium beschrieben und von der Bedeutung der haltenden Umgebung gesprochen. Bei schwierigen Übergängen verliert die Umgebung ihre haltende Qualität und beginnt ebenfalls zu schwanken, häufig zerreißen dabei viele gesunde Verbindungen. Vor allem zwischen Schule und Elternhaus entdecken die Kinder schnell eine Nahtstelle, die leicht reißen könnte, dadurch, dass Schule und Elternhaus unmöglich alle nötigen Informationen auszutauschen in der Lage sind. Hat ein Kind diese Nahtstelle erfolgreich zerrissen, trägt ein klärendes Gespräch zwischen Eltern und Lehrer dann bei, dass das Verhalten des Kindes nicht eskaliert. Es braucht klare Abmachungen, die das Kind nicht durchbrechen kann. Ein solches Bündnis zwischen Eltern und Lehrer gibt dem Kind eine zweite Chance, eine Brücke für seinen Entwicklungsschritt. Das Kind kann dann doch noch begreifen, dass die Grundsätze, die zu Hause das Zusammenleben regeln, auch in der Schule gelten und umgekehrt.

Das Kind lernt dabei Invarianz im sozialen Kontext. Invarianz dient als Grundstein der geistigen Entwicklung, indem ein Kind begreift und unterscheidet, welche Dinge und Regeln im Leben unveränderlich bleiben und was sich verändert. (13) Piaget nannte das Begreifen der Invarianz einen wichtigen Meilenstein im Wandel vom Vorschulkind zum Schulkind. Vereinfacht gesagt ging es Piaget darum zu bestimmen, wann ein Kind begreift, dass beim Umleeren einer bestimmten Menge Wasser von einem schmalen hohen Glas in ein breites niedriges Glas nachher nicht weniger oder mehr Wasser vorhanden ist, sondern immer noch gleich viel.

Dass ähnliche Gesetze in der Schule wie im Elternhaus herrschen und dass Fehlverhalten von einem Ort zum andern übermittelt wird mit entsprechenden Konsequenzen, das zu begreifen fällt einem aufmerksamkeitsgestörten Kind oft schwer. Da besteht eine soziale Wahrnehmungsstörung oder eine Entwicklungshemmung der sozialen Intelligenz. Und dieses Nicht-Begreifen kann sehr hartnäckig sein, mit allen möglichen Lügen und Ausweichmanövern. Werden zum Beispiel einfache Konsequenzen »Wenn du ihn haust, dann tut es ihm weh« konsequent nicht begriffen und eine hartnäckige Abwehr- und Ausweichhaltung entsteht, dann sind vielleicht alle Vermittlungsbemühungen umsonst. Da gilt das Sprichwort: »Du kannst ein Pferd zur Tränke führen, aber trinken muss es selbst«. Diese Einsichten sind oft nicht selbstverständlich. Meistens hat da jedes Kind seine blinden Flecken. Bei den aufmerksamkeitsgestörten Kindern betreffen die blinden Flecken grundsätzliche Regeln des Zusammenlebens, und entsprechend können die Folgen auch verheerend sein.

Ericksons Veränderungstechniken

Milton Erickson gilt als Meister psychotherapeutischer Veränderungsstrategien, gerade bei Problemen, die sich hartnäckig der Veränderung widersetzen. Erickson beschäftigte sich auch intensiv mit der kindlichen Entwicklung und ihren Hindernissen und Blockaden. Seine Interventionen zielten auf das erfolgreiche Begreifen von Kopf und Herz, Verstand und Gefühl mit dem Ziel dauerhafter Lernerfolge.
Ein allgemeines Prinzip seiner therapeutischen Strategien beinhaltete die Strukturierung einer günstigen Situation, auf die er zuvor vielleicht lange gewartet hatte. Seine Techniken waren eine Mischung aus freundlichem Empfang und harter Herausforderung; die eiserne Faust im Samthandschuh, wie er es einmal nannte. Nachdem Erickson gemeinsam mit seinem Patienten eine geeignete Situation geschaffen hatte, erkannte der Patient meist zu seinem Entsetzen und zu seiner Überraschung, dass er da nur wieder hinauskam, wenn er die zuvor lange geleugneten Tatsachen begriff. Problemlösung ging so Hand in Hand mit größerer Selbstständigkeit, welche die frühere Hilflosigkeit ersetzte.
Gut gemeinte Unterstützung im falschen Moment behindert die Entwicklung dramatisch, wie man zum Beispiel bei Suchttherapien schmerzlich sehen kann. Auch in der Therapie aufmerksamkeitsgestörter Kinder könnte der geneigte Beobachter manchmal vor Entsetzen aufheulen, wenn im falschen Moment ein hilfreicher

Geist auftaucht und gutgemeint dem Kind die Last abnimmt, gerade kurz bevor das Kind etwas Wichtiges begriffen oder gelernt hätte.
Da Erickson kein abgerundetes Konzept zur Behandlung der Aufmerksamkeitsstörung beschrieben hat, sind wir auf das Studium analoger Probleme angewiesen. Hier eine von Ericksons Therapiegeschichten:
Eine Mutter rief Erickson an und sagte ihm am Telefon, sie hätte sein Buch »Ungewöhnliche Therapie« gelesen. Sie glaube, er wäre der Einzige, der ihrer magersüchtigen 14-jährigen Tochter Barbi helfen könne.
Als Therapie erzählte Erickson Barbi viele aufrüttelnde Geschichten und gab ihr herausfordernde Aufgaben mit. Er warf ihr auch direkt vor, sie handle wie eine feige Lügnerin, und untermauerte seine Behauptung mit sicheren Beweisen. Zugleich aber lud er sie und ihre Familie auch zur Hochzeit seiner Tochter ein. Ihre Magersucht verschwand. (4)
Erickson versorgte Barbi mit einer gekonnten Mischung aus sicherem Rahmen, verstehender Sorge und gezielter Herausforderung. Ähnlich einer Aufmerksamkeitsstörung verleitet Magersucht zu verstrickenden Beziehungen.
Die Sorge um eine magersüchtige Jugendliche belastet die Eltern bis zur Zerreißprobe, während die Jugendliche sich um vernünftige Lösungen herumdrückt und für die ganze Aufregung um ihre Gesundheit nur ein Achselzucken übrig hat. In Untersuchungen wurde bei Magersucht, gleich wie bei der Aufmerksamkeitsstörung, eine relative Funktionsschwäche des Frontalhirns festgestellt. (14)
Gesunde Härten und Herausforderungen gehören zum Leben und zur Entwicklung der Kinder. Sowohl Magersüchtige wie auch Aufmerksamkeitsgestörte haben ungewollt einen Weg gefunden, um sich aus ihrem normalen Umfeld auszuklinken. Wenn sie die Folgen dieses Zustandes erkennen würden, dann wäre es ihnen nicht wohl, aber Störung der Selbst- und der sozialen Wahrnehmung verhindern bei beiden Störungen, das Ausmaß der Beeinträchtigung zu erkennen. Die folgenden Kapitel handeln davon, wie man aufmerksamkeitsgestörte Kinder wenigstens bis zu einem gewissen Grad wieder in einen entwicklungsfördernden Kontext zurückbringt. Meine Vorstellung eines natürlich entwicklungsför-

dernden Kontexts beobachtete ich einmal zufällig bei einer unscheinbaren Episode in freier Natur:
Ich vergnügte mich zusammen mit meiner Frau und meinen Kindern auf einem kleinen, schneebedeckten Hügel mit Schlittenfahren. Da kam eine fremde Familie dazu. Die beiden älteren Kinder zogen den Schlitten selbst nach oben, den kleinsten Spross der Familie zog die Mutter hinauf. Oben machten sich die älteren Kinder zur Abfahrt bereit. Die Mutter kehrte den Schlitten des Jüngsten ebenfalls Richtung Abhang, aber der Kleine schrie und streckte seine Hände beschwörend zur Mutter. Die Mutter lachte, sagte, »Das schaffst du schon« und gab dem Schlitten einen Schubs, auf dem der Kleine zuerst ängstlich, dann mit wachsendem Vergnügen nach unten sauste.
Natürlich ist der Fall bei einem aufmerksamkeitsgestörten Kind nicht so einfach, weil das Problem nicht aus zu großer, sondern eher wegen fehlender Angst besteht. Was im vorherigen Beispiel aber hervorsticht, ist die gesunde Härte der Mutter ihrem Sohn gegenüber, eine gesunde Härte, die man nicht nur bei Angst, sondern auch bei dreistem Blödsinn an den Tag legen kann, um den Prozess des Begreifens zu unterstützen.
Wie ich weiter vorne in diesem Kapitel dargelegt habe, sollte sich die natürlich haltende Umgebung – Elternhaus, Schule und Freundeskreis – gerade bei Schwierigkeiten des Kindes in einer Übergangsphase als genügend stark erweisen und ein sicheres Gegengewicht zu den disruptiven Versuchen des Kindes bilden. Gleiches gilt für den Therapierahmen. Bestimmt das Kind und sprengt den Rahmen erfolgreich, dann kann man berechtigte Zweifel an den Erfolgsaussichten hegen. Erickson beschrieb den günstigen Entwicklungsrahmen für Kinder so: »Realität, Sicherheit und die Definition von Grenzen und Einschränkungen markieren wichtige Überlegungen für das zunehmende Begreifen in der Kindheit. (…) Im Lebensprozess ist der Preis des Überlebens immerwährende Wachheit und die Bereitschaft zu lernen. Je schneller man die Realitäten erkennt und sich nach ihnen richtet, um so schneller kann man sich anpassen und um so positiver wird die Lebenserfahrung. Wenn man die herrschenden Grenzen und Einschränkungen kennt, dann erlangt man die Freiheit, das befriedigend zu nutzen, was erhältlich ist. Doch in einer undefinierten Welt, in der intellektuelle und emotionale Fluktuationen eine zunehmende Unsicherheit

schaffen, die von einer Stimmung zur nächsten wechselt, da gibt es keine Gewissheit und Sicherheit.« (Übersetzung durch den Autor) Weiter erklärt Erickson in diesem Text, dass ein Kind die sicheren Realitäten so effektiv lernen könne, wie es normalerweise schnell aufhört, einen Stein mit dem bloßen Fuß zu kicken oder mit der baren Hand auf einen Kaktus zu schlagen. (15)
Erickson beschreibt in diesem Artikel eine Technik, auf die ich kurz eingehen will. Ich habe sie in seltenen ausgewählten Fällen angewendet, die sich aber bei aufmerksamkeitsgestörten Kindern nicht eignet. Dazu erzähle ich ein kurzes Fallbeispiel.

Erich

Erichs Familie war andernorts lange Zeit zur Beratung gegangen, ohne dass sich sein Verhalten geändert hätte. Erich war kein aufmerksamkeitsgestörtes Kind, dazu war er in sozialen Fähigkeiten viel zu gewitzt: Er ging sehr gut in Trance und begriff schnell, was ich von ihm wollte. Er testete einfach die Grenzen, und mit seiner großen Energie stieß er erst spät an seine Grenzen. Er wollte die Welt beherrschen, wie er offen zugab. Die Mutter wusste nicht, wie sie sich besser gegen Erich zur Wehr setzen könnte. Ich sagte ihm, er müsse nicht auf mich hören, er könne selbst herausfinden, welches Verhalten für ihn und seine Familie am besten sei. Ich machte dem Vater, der sich bis jetzt eher aus der Erziehung herausgehalten hatte, einen Vorschlag: Er solle sich einen Sonntag lang für Erich Zeit nehmen, er solle sich so lange, bequem auf Erich sitzend, mit ihm in einem geeigneten Raum unterhalten und ihn am Weggehen hindern, bis Erich ausreichend über sein Verhalten nachgedacht hätte. Dieser lehrreiche Sonntag veranlasste Erich, mit seinen Eltern kooperativer zusammenzuarbeiten. Auch Erichs erleichterte Lehrerin bestätigte seine Verhaltensänderung. Die Mutter war nahe daran gewesen, ihn in ein Heim zu schicken.
Bei einer solchen Prozedur würden aufmerksamkeitsgestörte Kinder mit ihrer übergroßen Sensibilität Schaden nehmen und vermutlich die Lektion gar nicht lernen, das heißt, die gefassten Vorsätze kämen schnell »aus den Augen und aus dem Sinn«. Deshalb braucht es für sie ein aufwendigeres Procedere, wie ich es in diesem Buch beschreibe.

Therapien bei Aufmerksamkeitsstörung werden oft mit großer Hoffnung, Intensität und Einsatz begonnen; dem übergroßen Einsatz folgen bald Erschöpfung und Einbruch. Mit meiner Therapie beabsichtige ich eher den Aufbau langfristiger Ausdauer; die Therapie dauert bei niedriger Sitzungsfrequenz eine längere Zeit: im Idealfall zwei Jahre mit Sitzungen alle vierzehn Tage.
Die fehlende Durchsetzungskraft der Mütter aufmerksamkeitsgestörter Kinder wird oft durch die fehlende Unterstützung des Vaters akzentuiert. Eine solche Situation macht aus einer entwicklungspsychologischen Perspektive durchaus »Sinn«: Die aus vielen Gründen verstrickte Beziehung zwischen Mutter und Kind lässt dem Vater wenig Spielraum zum Aufbau einer Beziehung. Oder vielleicht ist es umgekehrt, dass der Vater in der Vergangenheit zu wenig mithalf, die starke Symbiose zwischen Mutter und Kind zu lösen. Oder der Vater ist enttäuscht von seinem wenig kompetenten Kind und froh, wenn die Mutter sich um das Kind kümmert, und er hat dann sogar viele »Gründe«, um der Mutter Unfähigkeit in der Erziehung vorzuwerfen. Oder vielleicht hofft die Mutter manchmal auf Vorwürfe, das wäre noch erträglicher als die gähnende Leere in der Beziehung der Eltern.
Als Folge entsteht ein überfordertes Elternsystem mit mangelnder Durchsetzungsfähigkeit und inkonsequentem Regelwerk. Sichere Grenzen rücken in weite Ferne und die Verunsicherung des Kindes nimmt zu.

Therapie des gesunden Menschenverstandes

Bei der Klärung der Problemursachen irrt der gesunde Menschenverstand häufig (7, S. 36), doch zur konkreten Lösung alltäglicher Probleme ist der praktische Verstand theoretischen Konstrukten überlegen. Die allermeisten Probleme im Alltag werden ja tatsächlich mit dem gesunden Menschenverstand gelöst. Haley bezeichnete Ericksons Strategien als eine Therapie des gesunden Menschenverstandes.
»Bei komplexen Problemen hilft Erickson immer.« Dieses Bonmot kursiert in meiner Familie, seitdem einmal in den Ferien ein Buch Ericksons als Ersatz für den fehlenden Notenständer herhal-

ten musste und meine Tochter dank dieser Stütze auf ihrer geliebten Geige üben konnte.
Dass sich eine Lösung oder zumindest eine Entschärfung der Aufmerksamkeitsstörung mit dem gesunden Menschenverstand erreichen lässt, wird von meiner Beobachtung untermauert, dass ungefähr die Hälfte der Lehrpersonen gut mit aufmerksamkeitsgestörten Kindern zurecht kommt. Diese Hälfte besteht aus bodenständigen Menschen, die sich nicht so leicht aus der Ruhe bringen lassen, ihre Ziele nicht zu hoch stecken und situationsgerecht handeln. Probleme gibt es eher bei Lehrern, die leicht die Ruhe verlieren oder sehr ehrgeizige Ziele mit dem Kind verfolgen. Doch der Erfolg der bodenständigen Lehrkräfte ist offensichtlich, vielleicht auch deshalb, weil aufmerksamkeitsgestörte Kinder sehr schnell und unbewusst abschätzen, wie standfest ein Mensch ist. (3)
Ein guter Bekannter erzählte mir von seinem Sohn, dessen Verhalten in der Klasse viel Anstoß erregte. Er rebellierte offen gegen viele Forderungen der Lehrerin. Die Eltern nahmen sich viel Zeit für Gespräche mit der Lehrerin. Dann kam der Sohn zu einem Lehrer »alter Schule«, dem wegen Zweifel an seinen Fähigkeiten eine andere Fachperson zur Seite gestellt worden war. Diesen Lehrer akzeptierte der Sohn, zu Hause vertrat er dessen Meinung, und was der Lehrer sagte, das galt dem Sohn als Richtschnur. Seine Verhaltensprobleme in der Schule verschwanden weitgehend.
Beim Übergang vom Kindergarten in die Schule sollten sich die Eltern möglichst nicht zu große Sorgen machen, ob ihr Kind den neuen Schulstress auch ertragen kann. Damit schenken die Eltern dem Kind jenes Vertrauen, das dem Kind leichter zu begreifen hilft, was von ihm erwartet wird. Die Eltern geben dem Kind wie selbstverständlich zu verstehen: »Du kannst es, und wenn nicht, kannst du es in kurzer Zeit lernen.«
Manchmal hilft alles nichts und dann kommen die ersten katastrophalen Rückmeldungen aus der Schule; das Unglück nimmt doppelt genäht seinen Lauf, indem sich zu den Problemen des Kindes auch noch das gestörte Vertrauen gesellt. Ein erstes Beispiel soll Sie mit dieser Problematik und mit meinem Vorgehen bei Aufmerksamkeitsstörung bekannt machen.

Pablo

Pablos Eltern stammten nicht aus der Schweiz. Pablo besaß eine Liebenswürdigkeit, die man vielleicht nur in südlicheren Ländern antrifft. Bei seinen Eltern begegnete ich derselben Eigenschaft. Obwohl Pablo wegen seiner Schulprobleme eine heilpädagogische Schulklasse besuchte, mit der ich in der Vergangenheit nicht immer gut zusammenarbeiten konnte, nahm ich Pablo auf dringenden Wunsch der Mutter in Therapie.

Von seiner altgedienten Lehrerin wurde Pablo als eines der schlimmsten Kinder bezeichnet, das je ihre Klasse besucht hatte. Oft beklagte sich Pablo bei mir, dass er sich von seiner Lehrerin abgelehnt fühle. In einem Gespräch beschrieb die Lehrerin auch ihre negativen Gefühle, die sie Pablo gegenüber empfand.

Bei mir kamen Pablos aggressive Gefühle nur wenige Male andeutungsweise zum Vorschein. Mit dieser kleinen Dosis konnte ich gut umgehen. Pablo beklagte sich oft über seine Mutter: er schien zu männlichen Personen einen besseren Zugang zu haben.

Obwohl es ihm nicht leicht fiel, beteiligte er sich gut am Gedankentraining; so, erklärte ich ihm, heiße meine Therapie. Er saß ruhig da, stellte sich seine Lieblingsbeschäftigungen vor, ging in eine ordentliche Trance und erholte sich dabei. Pablo sprach auch bereitwillig mit mir über seine Schwierigkeiten, allerdings ohne den eigenen Anteil an den Problemen zu erkennen: Als Einzelkind war er in der Gruppe überaus eifersüchtig, wenn er von der Lehrerin nicht als erster beachtet wurde.

Sein Vater hatte sich beklagt, dass Pablo immer wieder mit größter Intensität um die Erfüllung seiner uferlosen materiellen Wünsche bettelte. Der Vater fühlte sich dabei hilflos und wütend. In seiner Wut verließ der Vater dann die Wohnung und ging an die frische Luft. Pablos Wutanfälle machten die Mutter jedes Mal perplex, aber sie lernte schnell, eine konsequentere Haltung durchzustehen.

Ich setzte mir in der Therapie das Ziel, dass Pablo seine Gefühle besser wahrnehmen lernte und bessere Möglichkeiten zu ihrer Steuerung entdeckte.

In Trance gestattete sich Pablo, traurig und nicht nur wütend zu sein; sein schmerzliches Gefühl der Enttäuschung verwandelten wir in eine Erinnerung an eine wirklich erlebte Verletzung des

Fußes, und die Erinnerung schmerzte ihn mächtig. Wir übten immer wieder Geduld und Warten-Können. Natürlich wurde es ihm auch langweilig beim Gedankentraining, und wir verbrachten mehrere Sitzungen damit, dass Pablo sich »Frau Langeweile« vorstellte und sich mit ihr unterhielt. Frau Langeweile hatte solche Freude an Pablo, und im Spaß stellte ich immer wieder die Frage, ob es Frau Langeweile zu gönnen sei, dass ihr Lieblingswunsch, das Zusammensein mit Pablo, in Erfüllung ging!
Die Lehrerin bemühte sich zu sehr, Pablo auf den rechten Weg zu bringen. So rebellierte Pablo immer stärker gegen sie. Sie behandelte Pablo umso strenger und Pablo fühlte sich noch ungerechter behandelt. Wie viele Kinder mit Aufmerksamkeitsstörung empfand er den kleinsten Fehler als schreiendes Unrecht. Seine Schulleistungen nahmen rapide ab.

Probleme im Umfeld des Kindes: Aufmerksamkeitsstörung verstrickt und zieht weite Kreise

Oft sage ich den Lehrerinnen und Lehrern, sie sollten ihre Ziele bei aufmerksamkeitsgestörten Kindern nicht zu hoch ansetzen. Diese Kinder bräuchten sehr lange, um die Regeln des sozialen Zusammenlebens zu begreifen. Zu viele Regeln auf einmal würden diese Kinder überfordern. Deshalb helfen wenige Regeln besser, auf deren Einhaltung konsequent geachtet wird.
Selbstverständlich darf sich ein Lehrer den Unterricht von einem Kind nicht zerstören lassen; das wäre nicht gut für die Klasse, nicht gut für die Lehrperson und auch nicht für das betroffene Kind, das dadurch zu viel destruktive Macht erhielte. Oft braucht es zum Erreichen dieses Ziels zumindest die Möglichkeit eines »Time-Outs« für das Kind, damit es vorübergehend, nicht als Strafe, sondern zur Rettung des Unterrichts, von der Klasse getrennt werden kann.
Dieses Vorgehen sollte natürlich den Eltern und dem Kind verständlich und transparent gemacht werden. Ohne das Einverständnis der Beteiligten gibt es keinen Fortschritt. Die Eltern müssen auch erfahren, dass diese Kinder ihr schulisches Potenzial

wegen ihres Verhaltens und ihrer Lernschwierigkeiten zu Beginn nicht im gewünschten Maße ausschöpfen können.
Diese Kinder übernehmen altersgemäße Verantwortung nicht befriedigend; diese Nachlässigkeit wirkt ansteckend, und im Endeffekt bleibt auch die Verantwortlichkeit unter den Erwachsenen unklärt. Oft werden Eltern von Schule oder Behörden entmündigt und am Schluss trotzdem zur Verantwortung gezogen.
Übermäßige Polarisierung in irrationale Ablehnung auf der einen Seite und naive Hilfsbereitschaft auf der andern Seite finden sich häufig im Umfeld aufmerksamkeitsgestörter Kinder. Diese Spannung und Spaltung fördern das »Begreifen« des Kindes nicht. Besser wäre eine gewisse Invarianz im Umfeld. Vielleicht provozieren diese Kinder destruktive Prozesse unter den Erwachsenen, weil sie so viel von beidem haben: von Herzlichkeit und unbeschränktem, gutwilligem Vertrauen einerseits und von dieser großen Destruktivität andererseits. Zudem muss das Kind sich ja nicht mehr anstrengen, wenn die Eltern streiten.
Wie bereits erwähnt, sieht Milton Erickson die Hauptaufgabe der Erziehung darin, den Kindern zu helfen, dass sie ihre Umgebung »begreifen« lernen. Begreifen ist mehr als reines Wissen, es ist Verständnis gemeint, das man sich mit zum Teil anstrengenden Aktivitäten erwirbt. Aufmerksamkeitsgestörte Kinder investieren ihre Aktivität weniger in Verstehen und Begreifen denn in Ausweichmanövern und hyperaktivem Verhalten. Mit ausbleibendem Verständis führt eine solche Entwicklung zu immer größerer Überforderung, unter der die Kinder noch mehr leiden und ihr ausweichen. Dann kommen auch die Erwachsenen ins Zittern.
Polarisierung oder Schwarz-weiß-Perspektive unter Erwachsenen, die nur noch zwischen gut oder schlecht unterscheidet und das Ergebnis in höchster Emotionsstärke zum Ausdruck bringt, stellt für mich eine ähnliche »Nicht-Nutzung« der Frontalhirnfähigkeiten dar, wie man es bei aufmerksamkeitsgestörten Kindern findet. (Siehe dazu 3. Kapitel)

Modifizierte Hypnotherapie bei Aufmerksamkeitsstörung

Die modifizierte Hypnotherapie bietet dem Kind ein einfaches Setting, das es nicht überfordert, sondern ein angenehmes Nichts-Tun anbietet; das konkrete Schwierigkeiten im Hier und Jetzt erlebbar macht; das gezielt die Fähigkeit des Frontalhirns trainiert, zwei Dinge zu kombinieren: den Wechsel zwischen angenehmen und unangenehmen Empfindungen. Ein gewisser Unmut, Langeweile oder Stinklaune dürfen durchaus auftreten und werden gemildert durch eine leichte Trance. Ebenfalls wird die Anstrengung abgefedert durch das freie Spielen während den letzten 20 Minuten der Therapie. Meine Erfahrung zeigt, dass ohne Druck gar nichts geht, aber je sanfter und unmerklicher der Druck daher kommt, umso wirkungsvoller ist er. Das Kind sollte sich nicht ungerecht behandelt fühlen.

Von offenen Machtkämpfen profitieren die Kinder nicht viel, auch wenn sie manchmal unvermeidbar sind. Erst das weiterführende Verständnis, wie sich Kinder auch in schwierigen Situationen einigermaßen wohl fühlen können, zeigt die Entwicklung des Frontalhirns an.

Pablo fühlte sich oft zum Sündenbock gemacht, obwohl die Lehrkräfte es so nie offen vor ihm oder den andern Schülern zum Ausdruck brachten. Doch Pablo nahm die Gefühle sehr sensibel wahr, und dieses vermeintliche Schonen machte ihm das Begreifen nicht einfacher. Pablo nahm die Ablehnung wahr, aber er fühlte sie als Ungerechtigkeit, und so wurde die Situation immer komplexer. Und er konnte mit komplexen Situationen schlecht umgehen.

Eine ähnliche Widersprüchlichkeit erlebte Pablo auch bei sich selbst, in seinen eigenen Reaktionen seinem gemütvollen Vater gegenüber. Pablo liebte ihn über alles, und doch konnte er nicht verstehen, warum sein Vater seine Wünsche nicht sofort erfüllte. Wut und Enttäuschung fegten Pablos verbliebene Kapazitäten des Begreifens völlig hinweg.

Die Lehrer sahen vor allem seine anmaßende Forderung nach sofortiger und immerwährender Beachtung und forderten zu Recht, dass sich die Verhältnisse änderten und sich das verwöhnte Einzelkind in ein sozialeres Wesen verwandele.

Doch der Weg dahin benötigte mehr Zeit, als es sich die Lehrer vorstellten.
Die Schule sollte sich nicht als Therapieinstanz sehen, welche die Probleme sofort und auf der Stelle zum Verschwinden bringt.
In der Therapie muss ein Problem als Chance zur Weiterentwicklung angesehen werden; das Problem braucht Zeit zur Reifung, und vor allem muss man es zuerst verstehen und akzeptieren können. Deshalb haben Probleme viel Raum in meinem Setting.
Ich zeigte viel Verständnis für Pablos Ungeduld. Ich setzte seiner Ungeduld meine Geduld entgegen. Um den Problemen ihre Macht zu nehmen, sagte ich vielleicht spaßeshalber: »Ich mag die Probleme so gerne, weil ich damit ja mein Geld verdiene.« Ich zeigte mit meinem Verhalten auch immer wieder, dass ich es gerne hatte, wenn Probleme auftauchten oder zur Sprache kamen. So konnten wir die schönsten Imaginationen für die Probleme erfinden, ich konnte Pablo in die schönsten Trancen schicken, damit er seine Ungeduld und Langeweile kennen lernte und aushielt. Einige wenige Male sank er dabei sogar in einen süßen Schlummer.
Es ist besser, wenn ein Kind die unangenehmen Schwierigkeiten aus eigenem Antrieb loswerden will. Drängt der Therapeut oder sonst ein Erwachsener zu sehr auf einen Fortschritt, dann treibt er das Kind häufig in eine rebellische Position, die den Fortschritt blockiert.
Mit meiner leicht paradoxen Therapiehaltung habe ich nie erlebt, dass ein Kind die Therapie unnötigerweise verlängern will. Ganz im Gegenteil. Zudem sorge ich dafür, dass sich das Kind nicht allzu wohl wie in einem Liegestuhl fühlt, wenn ich mich spaßeshalber mit den ungeliebten Problemen verbünde! Kinder sollten begreifen lernen, dass und wie Probleme gelöst werden können.
Während der Therapiestunde gab es Platz für alle Probleme, damit auch möglichst viele Probleme in Pablos Erlebnisstrom integriert würden.
Nachdem Pablo einer schönen Erinnerung nachgeträumt hatte, fragte ich ihn, unter welchen schlimmen Vorkommnissen er zur Zeit leide. Er sagte, er habe es nicht gerne, wenn seine Mutter schreie. Ich fragte ihn, wo er sich dann schlecht fühle. Nach einigem Hin und Her legte er sich fest, dass er ein unangenehmes Gefühl im Herzen bekomme. Ich wollte, dass er das Schreien der

Mutter spielerischer anpacken würde. So erfand er für die schreiende Mutter das Bild eines Drachen, der Feuer spuckt. Pablo überlegte sich Möglichkeiten, um vor dem Drachen in Deckung zu gehen.
Empfände Pablo das Erlebnis der schreienden Mutter als weniger unangenehm, würde er in der Folge seine Mutter weniger häufig ungewollt provozieren.
Ein 35-jähriger, früher lange Zeit heroinabhängiger Mann erzählte mir, er sei in seiner Kindheit von seinem Vater immer wieder sehr brutal mit dem Lederriemen geschlagen worden, meist nachdem er unabsichtlich ein Glas oder etwas Ähnliches vom Tisch gestoßen hatte. Es sei ihm damals unerklärlicherweise sehr häufig passiert, dass ein Glas zu Bruch ging.

Kewin

Als Kontrast zu einer typischen Aufmerksamkeitsstörung erzähle ich jetzt von Kewin, dessen Probleme zum größeren Teil wegen traumatischer Erlebnisse und eines schwierigen Umfelds entstanden.
Kewins Stiefmutter sagte am Telefon: »Kewin benimmt sich unmöglich. Wir halten es kaum mehr aus mit ihm. Vor allem gegen mich ist er frech und gemein, er wird sogar gewalttätig. Er besucht die 6. Klasse, ist ein recht guter Schüler und benimmt sich den Lehrern gegenüber auch sehr anständig. Vor einiger Zeit, in der 2. und 3. Klasse, besuchte Kewin eine Spieltherapie bei Ihrer Kollegin. Sie hat gesagt, dass die älteren Buben besser zu einem Mann in Therapie gingen. Bei Kewin wurde eine Aufmerksamkeitsstörung diagnostiziert und er bekommt vom Kinderarzt Ritalin. Er nimmt die Tabletten nur widerwillig und möchte sie am liebsten weglassen.«
Beim ersten Termin traf ich auf einen offenen, freundlichen, schlanken Jungen.
Kewin erzählte: »Ich bin ein medizinisches Wunder. Als kleines Kind wurde mir ein bösartiger Tumor wegoperiert. Ich überlebte als erstes Kind im Spital mit Hilfe einer neuartigen Therapie ...«
Die Stiefmutter sagte: »Kewins Mutter starb an Krebs, als Kewin zwei Jahre alt war. Bis heute hat Kewins Vater den Tod seiner ersten Frau nicht ganz verkraftet.

Kewins Vater und ich haben zusammen zwei Kinder, zwei Mädchen. Ich achte absolut darauf, dass ich für alle drei Kinder eine gleich gute Mutter bin. Kewin wird von mir nicht benachteiligt, ich will ihm alles geben, was in meiner Macht steht.
Kewin schikaniert die jüngeren Halbschwestern, auch zu Mitschülern ist er frech und aggressiv. Mir wirft er unverschämte Worte an den Kopf.«
Ich fragte die Stiefmutter, wie sie es mit Körperstrafe halte. Sie sagte, dass Kewin ab und zu einen Schlag auf den Hintern von ihr bekomme und der Vater in seiner Verzweiflung ebenfalls schlagen würde.
Fröhlich und offen kam Kewin zur zweiten Sitzung. Ich erklärte ihm: »Du willst Lehrer werden, da ist es von Vorteil, wenn du gut denken kannst. Ich möchte, dass du bei mir das Denken trainierst. Du brauchst dich jetzt nur zu entspannen und dir etwas Schönes vorzustellen.
Du hast mir gesagt, du kannst dich am besten in deiner Baumhütte entspannen und du liebst Katzen. Schau dort auf meinen Stuhl. Stell dir ganz fest vor, dort sei eine Katze. Wenn du sie dir ganz fest vorstellst, kannst du eine Katze sehen. Du siehst sie wirklich in deiner Vorstellung und sagst mir, wie sie aussieht und was sie macht.«
Kewin konzentrierte sich und sagte: »Sie ist schwarz mit weißen Spitzen. Sie schleckt sich die Pfoten. Sie heißt Fleckli. Fleckli ist vor einiger Zeit gestorben.«
Dann machte Kewin es sich in seiner schön angemalten Baumhütte zusammen mit seinen Freunden bequem. Im dichten Blattwerk versteckt konnte man von außen die Hütte kaum sehen. Er fühlte sich wohl mit seinen Freunden, und als ein Spiegel hinunterfiel, lachten sie und befestigten ihn wieder an der Wand. Niemand regte sich auf.
Ich erklärte: »In Trance kann man sich einen anderen Namen geben. Sag mir, wie du in deiner Traumwelt heißen willst.« Er nannte sich Fritz. Ich besprach mit Fritz die Unterschiede zwischen seiner Traumwelt und der wirklichen Welt. In der wirklichen Welt gab es Tod, Krankheit, strenge Schule, Kätzchen werden überfahren. Doch in beiden Welten, in der des Traumes und in der Realität, glaubte Fritz an den lieben Gott und an die Bibel.

Kooperativ und kompetent gelangte Kewin in die schönsten Trancen. Natürlich handelte es sich bei Kewin aus einer hypnotherapeutischen Perspektive nicht um ein aufmerksamkeitsgestörtes Kind, obwohl es von andern Ärzten als solches diagnostiziert und mit Ritalin behandelt wurde.
Ein aufmerksamkeitsgestörtes Kind gelangt mitunter auch in eine ordentliche Trance, vor allem ein Kind mit vorwiegend emotionaler Symptomatik (siehe Kap. 4), aber nie erlebe ich bei ihnen solch ausdauernde Trancen, so viele Trancephänomene und kompetente Diskussionen. Bei Kewin handelte es sich um ein traumatisiertes Kind, dessen Verhaltensauffälligkeiten darauf beruhten, dass sich seine Identität als Folge des Traumas in verschiedene Bereiche dissoziativ aufgeteilt hatte. Während bei aufmerksamkeitsgestörten Kindern die flache, wenig ausgeprägte Identität eine ausreichende Steuerung der Emotionen und des Verhaltens verunmöglicht, wird bei dissoziativ gestörten Kindern das Verhalten schwierig und widersprüchlich, weil es von verschiedenen Teilidentitäten gesteuert wird. Lernerfahrungen in einer Teilidentität wird dann nur schwer auf eine andere Teilidentität und deren Verhaltensbereich übertragen. Im Folgenden will ich von einigen weiteren Sitzungen mit Kewin erzählen, um zu zeigen, welche Art Hypnotherapie bei aufmerksamkeitsgestörten Kindern eben nicht möglich ist. Bei Kewin gelangen viele Trancephänomene im ersten Anlauf, bei Aufmerksamkeitsproblemen übt man viele hundert Mal, bis eine einigermaßen ausdauernde Hypnose entsteht.
In der nächsten tiefen Trance erinnerte sich Kewin an eine Operation; er hatte sich vor ihr sehr gefürchtet. In Trance erlebte er nochmals die Operationsvorbereitungen, aber dieses Mal begleitet vom großen Kewin, der dem kleinen Kewin seinen großen Mut schenkte.
Kewin erzählte weiter: »Ich hatte damals gehört, dass die Behörden nach dem Tod meiner Mutter einschreiten und mich als Kleinkind meinem Vater wegnehmen wollten.«
Ich sagte: »Von Zeit zu Zeit braucht jeder ein bisschen Beruhigung. Stell dir vor, du verwandelst dich in dein Lieblingstier, den Wal, und schwimmst ruhig durch die Meere.« Kewin machte sich Sorgen wegen der Walfänger und den Haifischflossensuppenesser, die zugaben, dass sie auf die Suppe nicht verzichten wollten, ob-

wohl sie selbst dem grausamen Töten der Haifische nicht zuschauen mochten.

Ein anderes Mal traf Kewin in Trance seinen Schutzengel, der ihm schon ein paar Mal geholfen hatte. Der Schutzengel bekräftigte seine Hilfsbereitschaft, appellierte aber auch an Kewins Verstand, die gefährlichen Fahrradfahrten über die Treppen künftig zu unterlassen. Er besuchte in Trance sein Kätzchen Fleckli und fragte den Schutzengel, warum er nicht zur Stelle war, als Fleckli ihn vielleicht gebraucht hätte.

Kewin wusste nicht mehr, wie seine Mutter ausgesehen hatte, doch bat er auf mein Drängen hin den Vater um ein Bild, weil er sich sehr für das Aussehen seiner Mutter interessierte. Der Vater musste zuerst ein Bild suchen, das er Kewin schenken konnte.

Kewins Verhalten in der Schulpause und zu Hause bereiteten ihm Schwierigkeiten. Wir konnten darüber reden, aber das Gespräch änderte sein Verhalten nicht. Daher wollte ich etwas anderes versuchen. Wir kamen überein, dass Kewin in Trance zwei eigene Identitätsteile traf, die für das Fehlverhalten verantwortlich waren. Er nannte sie das »Freudi« und das »Happy-Kid«. Das Freudi gelobte Kooperation und wollte lieber zu Hause bleiben als in der Schule stören. Das Happy-Kid kam gerne mit in die Schule; dort lachte es im falschen Moment und machte freche Witze. Doch auch es gelobte Besserung.

Die Stiefmutter beklagte sich immer noch, dass Kewin unerträglich frech war und handgreiflich wurde. Er drohte auch mit Selbstmord.

Als Kewin alleine bei mir war, sagte er: »Meine Stiefmutter macht genauso viel für mich wie für ihre eigenen Kinder, aber wenn ich Streit habe mit den jüngeren Halbschwestern, dann glaubt sie immer den Schwestern, auch wenn sie lügen. Dann bin ich der Schuldige und werde bestraft. So unglaublich es klingt, ich hasse Gewalt. Zu Hause mache ich gute Miene zum bösen Spiel. Als ich früher auf meiner Haut blaue Flecken von den Schlägen bekam, sagte ich, das komme vom Anstoßen und Hinfallen. Ich hatte Angst, dass ich von zu Hause wegmüsste, wenn ich es erzählen würde. So deckte ich die Eltern.«

Ich vermutete, dass er seinen Gerechtigkeitssinn und seinen gewalttätigen Beschützerinstinkt nicht unter Kontrolle hatte. In Trance sollte er sich beide vorstellen, als ob sie Figuren in einem

Film wären. Nach einer langen Trance sagte er: »Ich habe mit zwei Töggeli (kleine Spielfiguren) verhandelt, eines besaß ganz starke Muskeln. Ich habe den Gewalttätigen gerade mal in die Ferien geschickt.«

Im Unterschied zu Kindern mit Aufmerksamkeitsstörung sticht in dieser Geschichte die Leichtigkeit der Kooperation hervor, Kooperation sowohl zwischen Therapeut und Kind als auch zwischen den einzelnen Teilidentitäten des Kindes. Kewins Ich-Bewusstsein akzeptierte ohne weiteres die Figuren seiner Identität. Auch bei aufmerksamkeitsgestörten Kindern kann man mit Teilidentitäten arbeiten. Doch wie Sie später in diesem Buch noch lesen werden, ist der andere Teil meistens ein schlechtes Teufelchen, das die Kinder am liebsten wegschicken, ohne aus der Begegnung etwas gelernt zu haben.

2. Kapitel

Grenzen und Integration

Anton

Ganz am Anfang schien mir Anton ziemlich unauffällig. Er verhielt sich bei mir lieb und brav, machte gut mit und deshalb glaubte ich nicht, dass seine Verhaltensauffälligkeiten für die Diagnose einer Aufmerksamkeitsstörung ausreichten, vor allem auch, weil seine Mutter bei den einzelnen Kriterien sagte, er könne gut bei der Sache bleiben, sofern er wolle.

Die Mutter erzählte: »Mit vier Jahren überstand Anton eine lebensbedrohliche Operation. Damals ließ ich wegen seiner Betreuung alles liegen und stehen, auch meinen Mann hatte ich vernachlässigt.«

Ich schickte Anton in die Ergotherapie. Nach neun Monaten meldete die Lehrerin den Buben erneut bei der Erziehungsberatungsstelle. Die Mutter schrieb auf das Anmeldeformular, die Ergotherapie hätte überhaupt keine Veränderung bewirkt.

Oft geht Aufmerksamkeitsstörung Hand in Hand mit erhöhter seelischer Verletzlichkeit, die den Kindern die Bewältigung negativer Lebensereignisse erschwert; Antons Operation hatte sicher großen Einfluss auf sein Leben.

Die Lehrerin schrieb: »Anton hat Schwierigkeiten, seinen Bewegungsdrang zu kanalisieren. Dadurch entstehen Konflikte mit seinen Kameradinnen und Kameraden. Sein Konzentrationsvermögen und seine Ausdauer sind eher gering. Seine schulischen Arbeiten fallen deshalb oft schlechter aus, als sie dem Können nach sein sollten (fehlerhaft, unsorgfältig, unfertig). Anton versucht oft, sein eher geringes Selbstvertrauen durch »ein großes Mundwerk und starke Muskeln« zu kompensieren. Das bringt ihm zwar zeitweise Anhängerschaft, aber wenige wirkliche Freundschaften.

Intellektuell, was Auffassungsgabe, Interesse und mündliche Beteiligung am Unterricht angeht, hat Anton keine Mühe – im Gegenteil. Schwierig wird es, wenn Arbeiten in der Gruppe oder in eige-

ner Kompetenz anstehen, bei denen Anforderungen an Selbstdisziplin und Sozialkompetenz gestellt werden.«

Anton integrierte sich also gerne in Raufereien und überschritt andererseits die Grenzen der Disziplin. Normalerweise beschreiben die Lehrkräfte sehr gekonnt Schwierigkeiten aufmerksamkeitsgestörter Kinder, mit guter Beobachtungsgabe, ungetrübt durch Ideologie.

Antons Mutter fühlte sich im Wesentlichen als Alleinerziehende, der Vater war meistens außer Haus, mit Beruf und Hobby beschäftigt. In der Ehe loderten untergründig schwere, ungelöste Konflikte.

Antons Verhalten beschrieb seine Mutter als einen Mix aus Anhänglichkeit und ungebremster Aggression. Ähnlich gab sich Anton seinem Bruder gegenüber, manchmal »ein Herz und eine Seele«, ein andermal »Katz und Maus«.

Die Mutter erzählte: »Anton leidet unter starken Stimmungsschwankungen. Am schlimmsten ist für mich, dass er oft nicht zuhört und dass er sich sehr leicht ablenken lässt. Er trödelt so lange, bis er merkt, dass es zu spät ist, und dann hofft er darauf, dass seine Aufgaben vergessen würden.

Anton wird von schweren Wutanfällen gepackt, und manchmal lässt er seine Wut an der Katze aus. Wenn ich ihn zur Rede stelle, schimpft er lautstark. Bei den Großeltern ist er das liebste Kind. Sobald ich jedoch auftauche, macht er Blödsinn, provoziert mich und richtet seine Aggressionen gegen mich. Dann möchte ich ihm in aller Ruhe meine Weisungen durchgeben. Stattdessen werde ich wütend, obwohl ich gar nicht will. Auch würde ich lieber dabei nicht so laut schreien, Anton hört sowieso nicht zu.«

Antons Affektausbrüche und Stimmungsschwankungen zeugten von einer schlechten Erregungskontrolle und einem schwachen Ich-Standpunkt. Anton und seine Mutter litten an komplementären Formen der Entfremdung; unter Stress konnten sie ihre Reaktionen nicht gut steuern (siehe weiter unten).

»In der Schule gab es vor einiger Zeit einen Zusammenstoß mit seiner Lehrerin, die ihn fünf Minuten lang vor die Tür schicken wollte. Statt vor die Tür ging Anton schnurstracks nach Hause. Seither versteckt er sich im Schulunterricht am liebsten und verhält sich angepasst.«

Ich erzählte Antons Mutter einen östlichen Mythos, demzufolge jeder Mensch als Zwilling geboren wird. Die Nachgeburt symbolisiert den zweiten Zwilling. Das ganze Leben lang sucht man mit großer Sehnsucht nach seiner anderen Hälfte. Und so möchte Anton ganz lieb sein, aber stattdessen komme sein wütender Zwilling daher. Die Mutter bestätigte, dass Antons liebenswürdige Seite mit der wütenden abwechselte.

Ich lernte Anton als den unzuverlässigsten Partner kennen, den ich mir vorstellen konnte, auch wenn seine Intelligenz gelegentlich aufblitzte und er die Zusammenhänge perfekt erfasste. Sobald sich seinen Wünschen ein Hindernis in den Weg stellte, mobilisierte er Wut und destruktive Aggressionen, so gut er konnte. Der »wütende Zwilling« bestimmte dann die Bühne. Der »liebenswürdige« war nur erhältlich, wenn ich mich ganz nach seinen Wünschen richtete. Seine Frustrationstoleranz schien inexistent. In seiner Wut äußerte er sich abschätzig über andere Kinder; Erwachsene entwertete er mit rassistischen und sexistischen Bezeichnungen. Ihm fehlten die Möglichkeiten, durch eigene Beiträge, Verzicht oder Nachgeben für gute Laune zu sorgen.

Mein Therapiesetting raubt dem disruptiven Verhalten seine Macht. Anton reagierte mit Verachtung und Hass. Damit zeigte er mir, wie viel stärker und besser er war; dieses Überlegenheitsgefühl verhinderte, dass nicht noch sein letzter Rest an Wohlbefinden verschwand.

Disruptiv unterbrach Anton viele meiner Aktivitäten. Oft verbarg er sein Gesicht unter seinem hochgezogenen Pullover. Daher bot ich ihm in der Vorstellung die Rolle des Königs an, der in Gedanken alles bestimmen durfte. Manchmal machte er bei diesem Fantasiespiel ein bisschen mit. Da die Rolle des Königs anstrengend ist, schlug ich ihm auch vor, zur Erholung ein kleines Kind zu spielen.

Ich äußerte immer wieder den Wunsch, dass er seine schönen Vorstellungen zu Hilfe nähme, um Enttäuschung und schlechte Laune zu mildern. Selten machte er davon Gebrauch.

Auch harmlose Vorschläge empfand er als Bedrohung seiner Grandiosität. Er allein wusste es schließlich am besten. Darin glich er Stefan. (Siehe Kap. 5)

Meine Einzelsitzungen boten ihm die Andeutung eines sicheren Rahmens. Doch schien ihm dies nicht besonders attraktiv, solange sich dieser dünne Rahmen mit Provokationen nicht durchbrechen

ließ. Größere Ziele setzte ich nicht, vor allem weil sein Vater meine Therapie ablehnte. Wichtiger erwies sich in Antons Geschichte die Beratung seiner Mutter. (Siehe Kap. 8)
Wir diskutierten über »Free Willy«, den er sehr mochte. Diese Diskussion linderte seine Spannungen ein bisschen.
Natürlich fragte ich Anton immer wieder nach seinen Wünschen und auf welchem Gebiet er sich verbessern wolle. Wir sprachen dann von den Bewegungsabläufen beim Turnen. Manchmal erzählte ich Anton auch Geschichten, wie zum Beispiel die folgende:

Die Geschichte vom Mühlrad und der Flutwelle

Hast du gewusst, dass wir alle Zauberer sind? Dass wir, wie im Märchen, zaubern können? In einem friedlichen Moment hat mir Michel von der Entdeckung seiner Zauberkraft erzählt. Es war ein windstiller heißer Sommertag, und wir suchten Kühlung am See. Während wir das felsige Ufer erkundeten, ließen wir uns auf einer Luftmatratze über die glatte Wasseroberfläche treiben, unter den Baumkronen, die von der Insel in den See hinausragten. Die friedliche Umgebung beruhigte Michel. Im Alltag entstanden viele Situationen, bei denen er ein Nein oder eine Forderung nicht ertrug. Da dachte er jeweils, »Ihr könnt mich alle«, schrie, tobte oder knallte die Türen.
In einem zauberhaften Lichtspiel glitzerte die Sonne durch die Blätter auf die Wasseroberfläche, als Michel erzählte: »Mein größter Traum, nämlich im Hubschrauber die Welt von oben zu sehen, ging eines Tages in Erfüllung. Ich hatte ein Los gewonnen und lud dazu zwei Cousins und zwei Freunde ein. Wir standen am Rand der Wiese und warteten gespannt auf den Hubschrauber. Da, ein leises Geräusch! Er ist es! Das Dröhnen verstärkte sich, und ich entdeckte die niedliche Riesenlibelle, die unheimlich schnell auf uns zuraste. Kaum war sie gelandet, rannten wir zur offenen Luke und verschwanden im Bauch der eleganten, rot-glänzenden Libelle. Kaum saßen wir ruhig und angegurtet auf unseren Plätzen, drehte sich der Pilot nach hinten, schaute, ob wir angeschnallt waren, lächelte, zeigte mit dem Daumen nach oben und sagte: Los geht's. Der Motor heulte auf, und auf magische Weise entschweb-

ten wir in die Luft. Schön ist die Welt von oben. Wir flogen entlang des Thunersees den Bergen entgegen. Gebannt schauten wir nach unten. Hinten im Suldtal senkte sich der Hubschrauber und landete sanft auf einer Bergwiese. Die Wiese war noch sehr feucht von der Schneeschmelze, und Tausende von gelben Sumpfdotterblumen bildeten einen Teppich. Auf einer Brücke überquerten wir den tosenden Bach und gelangten zur Wassermühle. Ein Mühlrad drehte sich gemütlich im Sonnenlicht. Von oben floss das Wasser über einen Holzkanal zum Rad und trieb es plätschernd an. Innen im Häuschen, das aus großen alten Holzbalken und Brettern erbaut war, roch es nach feuchtem Holz. Dort, wo früher die Getreidemühle gestanden hatte, erblickten wir ein kleines, sauberglänzendes Motörchen, das den Strom für das Restaurant produzierte. Welch ein Wunder: Das plätschernde Wasser und der kleine Motor erzeugten den unsichtbaren Strom, der über Leitungen ins Haus floss und dort die Lichter zum Leuchten brachte und den CD-Player zum Musikmachen.
Während wir im dunkel-feuchten Raum standen, fing es plötzlich an zu rütteln und schütteln. Das Rad drehte sich schneller, und wir stürmten nach draußen. Große Wassermengen strömten durch den Holzkännel auf das Wasserrad. Der Motor, der den Strom produzierte, stellte automatisch ab, und die Musik verstummte. Dann kam uns eine regelrechte Flutwelle entgegen, und wir stoben entsetzt zur Seite, sonst wären wir weggeschwemmt worden.
Der Wirt sprang in riesigen Schritten nach oben und schloss den Schieber am Bach, der die Wassermenge, die zur Mühle gelangte, regulierte. Atemlos kam er unten an und sagte: Ich musste die Wassermenge wieder auf das richtige Maß regulieren. Die Bergzwerge spielen mir bei Hochwasser im Frühling manchmal diesen Streich. Letztes Jahr hätte es mir beinah das Haus überflutet. Die Zwerge sind eifersüchtig, weil ich ihrer Meinung nach unerlaubterweise das Wasser zur Stromerzeugung nütze. Ich habe mir schon oft überlegt, was ich gegen sie unternehmen könnte.
Michel überlegte kurz, und siehe da, wie ein Blitz aus heiterem Himmel entdeckte er die Zauberkraft eines genialen Gedankens. ›Nimm doch ein Schloss, mit dem du den Schieber in der richtigen Höhe fixierst und den die Zwerge nicht öffnen können.‹ Der Wirt schaute etwas dümmlich in die Welt. ›Ja klar‹, sagte er, ›so einfach ist es. Warum bin ich selbst nicht drauf gekommen? Vermutlich,

weil es so einfach ist und wir die einfachsten Dinge oft übersehen. Juhu, das ist ein Freudentag. Zur Belohnung lade ich euch alle zu einem Mittagessen ein.‹

Und so saßen wir stolz und zufrieden im Garten der Wirtschaft, und jeder bestellte sich sein Lieblingsessen und sein Lieblingsgetränk. Auf den Fenstersimsen der Gaststätte blühten erste Frühlingspflanzen, und auf den Bergspitzen glänzten die letzten Schneefelder. Der Wirt erzählte: ›Ab und zu prasselt im Sommer ein heftiges Gewitter auf uns herab. Dann muss ich zur Vorsicht den Holzkännel schließen, und das Mühlrad kommt zum Stillstand. Der reißende Bach wird dann das Schloss wegschwemmen und nachher werde ich es suchen gehen und es wieder an der richtigen Stelle anbringen. Ihr seht, vollständig lassen sich auch die Bergzwerge nicht zähmen.‹

Vom Essen gestärkt rannten wir zurück zu unserem Hubschrauber. Beim Einsteigen stellte ich dem Pilot eine Scherzfrage. ›Sag mal›, meinte ich keck, ›wie kannst du den Hubschrauber alleine fliegen? Normalerweise braucht es doch zwei.‹

›Ich verstehe nicht‹, gab der Pilot zurück.

›Ist doch klar‹, sagte ich. ›Einen zum Hupen, einen zum Schrauben.‹

Der Pilot lachte.

Wir starteten, und ich war froh, dass der Motor den Anweisungen des Piloten genau gehorchte. Während ich auf die Welt hinuntersah, ging mir durch den Kopf: Was würde passieren, wenn der Motor einen Wutanfall bekäme? Und noch schlimmer: Der Hubschrauber hat zwei Motoren, und der eine Motor will in diese Richtung fliegen und der andere in die entgegengesetzte Richtung? Würde die elegante, rote Libelle in der Mitte auseinander brechen? Ich hatte meine philosophischen Überlegungen noch nicht beendet, als der Pilot sein Fahrzeug sicher auf unserer Wiese landete und wir ausstiegen.

»Hast du gewusst«, sagte Michel noch zu mir, »die ganze Welt ist voll von zauberhaften Gedanken, die unsere Welt beinahe in ein Paradies verwandeln könnte und niemand bemerkt es?«

Schweigend trieben wir auf unseren Luftmatratzen um die Insel, und Michels Erzählung hat sich seither tief in mein Gedächtnis eingebrannt.

Strukturelle Koppelung

Vorerst möchte ich »Grenzen und Integration« vom Gesichtspunkt der strukturellen Koppelung aus diskutieren. Entwicklungsfördernde und beruhigende »Begegnungen«, die das menschliche Wohlbefinden so intensiv fördern, nenne ich in Anlehnung an Maturana strukturelle Koppelung. (4) Menschliches Wohlbefinden hängt ab von der Feinheit der körperlichen Berührungen, der Worte, des Tonfalls, der Bedeutungen und der visuellen Eindrücke. Entsprechend den vielen Haftstellen zwischen zwei Körperzellen wirkt strukturelle Koppelung im zwischenmenschlichen Bereich so sanft wie die unzähligen Blicke und Berührungen zwischen zufriedener Mutter und Säugling. Eine einzige Berührung ist sehr schwach, die Stärke entsteht aus der Vielzahl.

Und all diese Harmonie wird so schmerzlich zerstört vom disruptiven Verhalten der aufmerksamkeitsgestörten Kinder, sei es wegen Nicht-Anwesenheit der passiven oder Dreinplatzens der hyperaktiven Kinder. So zerreißt das kostbare zwischenmenschliche Gewebe. Ab und zu jedoch, ganz spontan, zeigt sich ihre Sanftheit und Sensibilität im Ausdruck dieser Kinder, und diese Episoden machen das häufig gegenteilige Verhalten noch unerträglicher.

Vielleicht ist es die sanfte Zufriedenheit, die Mütter in den Augen ihrer Kinder vermissen, wenn diese Augen stattdessen wild und gehetzt aufflackern, und mit dem Kick des Ritalins lässt sich eine Ruhe hineinzaubern, die das allgegenwärtige Elend vergessen lässt. So jedenfalls verglich Frau N. die Wirkung ihrer Diät mit derjenigen des Ritalins bei Kindern einer mit ihr befreundeten Mutter. Dass die Kinder meist keine besseren schulischen Leistungen erbringen, beachten die Betreuerpersonen in ihrem Urteil kaum, ist nur einmal dieses unsägliche leichtsinnige, provokative, abschätzige Zerstörungspotenzial beseitigt, das bei den Erwachsenen innere Qualen oder blindwütigen Ärger weckt – vergleichbar mit dem Heulen und sinnlosen Kläffen angebundener Hunde, und man hasst die eigenen Reaktionen, weil sie die Sehnsucht nach Ruhe so zerstörten, wie Salzsäure ein wertvolles Gemälde vernichtet. So ziehen dieses aufmerksamkeitsgestörten Kinder ihre Grenzen nicht am Rand oder am Rahmen des Bildes, sondern die Zerrissenheit zieht sich mitten durch das Gemälde und zerstört die strukturelle Kohärenz der Darstellung.

Erregungskontrolle

Eine weitere wichtige Perspektive auf »Grenzen und Integration« eröffnet die Diskussion der Erregungskontrolle. Das feine Gewebe einer strukturellen Koppelung verantwortet die beruhigende Qualität zwischenmenschlicher Kontakte. Und Erregungskontrolle ist eben die fundamentale seelische Fähigkeit, die im Zusammenhang mit Aufmerksamkeitsstörung so entsetzlich vermisst wird. Aus dem Blickwinkel des gesunden Menschenverstandes muss einem Beobachter als erstes auffallen, dass den aufmerksamkeitsgestörten Kindern die Fähigkeit zur Erregungskontrolle fehlt. Erregungskontrolle hilft der Mutter, ihren Säugling zu beruhigen mit Ablenkung, Füttern, Kleider wechseln, Schaukeln, Körperkontakt und vielem mehr, und im Laufe der Entwicklung von der Fremd- zur Selbstregulation übernimmt ein normales Kind die Verantwortung für seine Ruhe in Eigenregie als Nachahmung der früheren Erfahrungen. (4)

In der nachgeburtlichen Eltern-Kind-Interaktion zeigt sich außer einer vielleicht heftigen Reaktion oder einer ausgeprägten Schläfrigkeit oft wenig Auffälliges beim später aufmerksamkeitsgestörten Kind. Es gibt keine sicheren Anhaltspunkte für spätere Schwierigkeiten. Die Entwicklungsmeilensteine wie der Beginn des Laufens oder Sprechens werden termingerecht erreicht.

Und doch hat das Kleinkind anscheinend die Erregungskontrolle nicht so gut gelernt, wie es später diese Kontrolle für seine Bedürfnisse brauchen würde.

Normalerweise schwächt sich der innige Kontakt zwischen Säugling und Mutter im Laufe der Jahre langsam ab; doch intensiv-ruppige Episoden zwischen aufmerksamkeitsgestörtem Kind und seiner Mutter bringen unzeitgemäße Nähe zurück. Diese Verstrickung zwischen Mutter und Kind erhält die Beziehung auf kleinkindlichere Art aufrecht, als den Beteiligten lieb ist. Im vergeblichen Versuch der Lösung eskaliert und radikalisiert sich die Verbindung, ihre sanfte Qualität der Beruhigung verlierend. Solch wiederholte, vergebliche Lösungsversuche sind vermutlich sowohl Ausdruck als auch Grund der Entwicklungsverzögerung zugleich. Natürlich stellt hyperaktives Verhalten oder unzeitgemäßes Träumen ebenfalls eine Art der Erregungskontrolle dar, und die Kinder dürfen auch ein Anrecht auf ein bestimmtes Maß an hyperaktiver Lust behalten. Wie das Träumen dient auch Ablenkung der Erregungskontrolle, weil es lustvoll und spannungslösend ist, von einem Fokus zum nächsten zu wandern. Aber dies sind Arten der Erregungskontrolle, die geforderte Kulturleistungen verunmöglichen. Diese Aktivitäten überschreiten gesellschaftlich tolerierte Grenzen.

Eine konzentrierte und ausdauernde Wahrnehmung ist im Gegensatz dazu von reifereren Formen der Erregungskontrolle abhängig, weil diese Wahrnehmung gerade in ihren Anfängen eher Anspannung fördert als löst. Und die einfacheren Methoden der Erregungskontrolle – Träumen oder Herumspazieren – stören die »fortgeschrittene« Wahrnehmung.

Natürlich hilft auch Hypnose bei der Erregungskontrolle und stellt insofern einen Glücksfall dar, indem sie gleichzeitig auch Konzentration, bedeutungsvolle Fantasie und Gelassenheit mit sich vereint. Weil ihnen diese Eigenschaften häufig fehlen, ist es kein Wunder, dass aufmerksamkeitsgestörte Kinder gerade bei längerer Hypnose Mühe bekunden.

Ich- und Du-Modus

In diesem Abschnitt stelle ich Ihnen ein Konzept vor, das für meine hypnotherapeutische Arbeit sehr zentral geworden ist; im ersten Moment kommt es Ihnen vielleicht etwas kompliziert und neuartig vor. Ich darf Sie darum hier um etwas mehr Geduld beim Lesen bitten, als für die meisten andern Abschnitte des Buches nötig ist.

Ich habe die Beschäftigung mit der eigenen Person als Ich-Modus definiert (4); analog entspricht dem Du-Modus die Beschäftigung mit dem Du und der Welt. Im Ich-Modus wird der Ich-Standpunkt gestärkt, im Du-Modus trainiert man den Du-Standpunkt. Den Du-Modus erlebt man eher in freudigen Zeiten, in denen man

sich lustvoll auf andere Menschen einlässt. Der Ich-Modus kommt meist bei schmerzhaft erlebten Grenzen ins Spiel.
Kindliche Schwierigkeiten führen zu den Fragen: Kann das Kind etwas nicht, oder will es nicht? Im Kindesalter bei noch wenig fortgeschrittener Frontalhirnentwicklung (siehe 3. Kapitel) verwischen sich die Grenzen dieser Unterscheidung. Sprechen die Erwachsenen von Nicht-Wollen, fokussieren sie auf den Ich-Modus, sprechen sie von Nicht-Können, stellen sie den Du-Modus in den Mittelpunkt. Natürlich würde der Vater, der eher den Ich-Standpunkt vertritt, öfter von Nicht-Wollen sprechen und die Mutter, die dem sozialen Du-Standpunkt verpflichtet ist, von Nicht-Können; das Nicht-Können müsste man mit möglichst viel Förderung beheben. Doch ein aufmerksamkeitsgestörtes Kind reagiert auf viel Förderung nicht mit verbesserter Kompetenz, weil es Förderung eher genießt denn als Anlass zur Ich-Stärkung begreift; es ist ja gewohnt, Anforderungen aus dem Weg zu gehen. Ebenfalls sind die Bemühungen des Vaters vergeblich, da das Kind ohne Ich-Standpunkt gar nicht wollen kann, und oft wendet sich der Vater aus Enttäuschung vom Kind ab, ob er es zugibt oder nicht.
So lautet eine wichtige Hypothese dieses Buches, dass aufmerksamkeitsgestörte Kinder zu wenig Ich-Standpunkt besitzen. Ein wichtiger Faktor für die Ich-Entwicklung wäre die Angst, welche im Defizitbereich der Aufmerksamkeitsstörung zur Verzweiflung vieler Betreuer manchmal vollständig fehlt. Angst wird als wichtiger Motivator bezeichnet. (7, S. 251) Motivation gehört demzufolge zum Ich-Modus; Durchsetzungskraft, der zweite wichtige Bestandteil für erfolgreiche Unternehmungen, entsteht hingegen im Du-Modus. (4) Die Durchsetzungskraft bei Aufmerksamkeitsstörung ist manchmal gewaltig; leider zielt sie meist nicht in die von den Eltern gewünschte Richtung. Im gereiften Du-Modus würde das Kind auch den Standpunkt des Gegenüber berücksichtigen, es würde ihm zumindest klar, dass sein Gegenüber vielleicht andere Prioritäten und Absichten hegt als es selbst. Einen fremden Standpunkt zu kennen und zu berücksichtigen ist ja selbst für viele Erwachsene oft eine Überforderung, aber zumindest sollte die Möglichkeit, dass es andere Standpunkte geben könnte, in Betracht gezogen werden. Und da zweifelt man manchmal daran, dass aufmerksamkeitsgestörte Kinder dies tun. Dann fühlt man

sich als Erwachsener mitunter verletzt oder zumindest übergangen.

Bezüglich des Ich-Standpunkts erwartet man vom älteren Kind, dass die Grenzen nicht nur erkannt, sondern mit der Zeit auch verinnerlicht werden. Doch wenn ersteres nicht gelingt, kann auch der zweite Schritt nicht gelingen.

Was oben über die Bemühungen der Eltern gesagt wurde, gilt auch für die Therapien. Bei der Betonung auf Förderung scheitern viele Therapien, weil Förderung vom Kind ohne Ich-Standpunkt nicht absorbiert werden kann. Therapien, die auf die Stärkung des Ich-Standpunktes setzen, scheitern ebenfalls, weil sich das Kind blitzschnell überfordert fühlt. Mein Ausweg aus diesem Dilemma lautet, dass geeignete Entwicklungsanreize kombiniert auf Ich- und Du-Modus wirken müssten: dies ist gleichzeitig eine Umschreibung meiner Methode, die, wie ich glaube, die Frontalhirnentwicklung anregt.

In der Lyrik nennt man die Mischung aus Ich- und Du-Modus die gute Übereinstimmung zwischen Form und Inhalt. Kreative Kinder können schon Inhalte oder Formen hervorzaubern, die ihre Integration mit der Umwelt bereits enthalten. *Ich hörte einmal eine Buchbesprechung eines 13-jährigen Mädchens im Rundfunk. Das Mädchen schilderte zuerst die äußeren Fakten zum Buch und dann einen ersten Teil einer Zusammenfassung der Geschichte. Dann schwenkte sie auf ihr persönliches Erleben beim Lesen, kam wieder zurück auf die Geschichte und dann nochmals auf ihren persönlichen Eindruck.*

Diese gekonnte Mischung aus Objektivität und Subjektivität erlaubte mir ein lustvolles Hinhören. Es ist eine alltägliche Erfahrung, dass viele Menschen so sehr Recht haben in ihren entweder zu subjektiven oder zu objektiven Feststellungen und sich dann wundern, warum ihnen trotz ihres Rechthabens die gebührende Anerkennung versagt wird. Es fehlt eben das bezaubernde Ineinandergreifen des Ich- und Du-Standpunktes, das für jede Gelegenheit neu zubereitet wird.

Nach Haley besteht eine gelungene Kommunikation aus der Formel: »Ich sage dies zu dir in diesem Kontext.« (16) »Ich« meint den Ich-Standpunkt, »sage« meint die Aktivität, »das« den Inhalt, »zu dir« den Du-Standpunkt einer Botschaft und die natürlich nicht im luftleeren Raum stattfindet, sondern je nach Kontext eine

andere Bedeutung bekommt. Aufmerksamkeitsgestörte Kinder machen sich bemerkbar durch Schwierigkeiten in dieser Art der zwischenmenschlichen Kommunikation, sodass entweder unangebrachte Botschaften, z. B. in Form von Schimpfwörtern, daherkommen oder der Sender in Schweigen verfällt.
In Hypnose verschwinden nach Haley die gewohnten Kommunikationsmuster des Ich- und Du-Modus. Diese Muster loszulassen, solange man sich in ihnen nicht sicher fühlt, fällt sehr schwer. Der intensive hypnotische Rapport definiert Grenzen und Integration neu. Den Kindern mit Aufmerksamkeitsstörung sind Grenzen und Integrationsmöglichkeiten schon im Alltag unklar, und so kommen sie oft mit den Möglichkeiten der Hypnose auch nicht zurecht. Damit stellen sich basale Schwierigkeiten des Kindes im Therapieraum ein und man kann unmittelbar an ihnen arbeiten.
Heutzutage beschreibt man das Gehirn und den menschlichen Geist gerne als ein System der Informationsverarbeitung. Die Computersprache codiert jegliche Information mit zwei Signalen: Null und Eins; es braucht wenigstens zwei Signale, um Informationen zu senden oder zu verarbeiten. Bei der Reduktion auf nur ein Signal würden Verwirrung und Stillstand entstehen.
Analog zu diesen beiden Signalen funktioniert das Zusammenspiel des Ich- und Du-Modus während der gesunden Entwicklung. Auch Selbstwertgefühle entstehen im Zusammenspiel des Ich- und Du-Modus und nicht als Folge eines einfachen Tricks, wie ich es im 10. Kapitel darlegen werde. Das Frontalhirn hilft bei der Steuerung unserer Gefühle, inklusive des Selbstwertgefühls. Doch was gehört zu einer guten Steuerung? Auf diese Frage werde ich im 3. Kapitel eingehen, und eigentlich ist es das Thema des ganzen Buches, indem ich mit den Kindern durch das Training der hypnotischen Induktion eben die Art der Steuerung übe, an der es ihnen im Alltag fehlt. Da helfen eben gerade nicht die einfachen Rezepte und Wahrheiten; diese haben als Ideologien verkleidet die Menschheit schon oft ins Verderben geführt.
Um sich außerhalb des Paradieses im sozialen Kontext wohl zu fühlen, hilft das Festlegen einer eigenen Identität. Eine Identität zieht die Grenzen um das Ich und definiert die Brücken zum Du. Aufmerksamkeitsgestörte Kinder versuchen zu mogeln, wenn sie in der Welt ohne Identität zurechtkommen wollen, wenn der Ich-Standpunkt fehlt und die Brücken zum Du unklar bleiben. Weil

ihre Gleichung nicht aufgeht, kommt es zu disruptiven Brüchen in der zwischenmenschlichen Harmonie. Im Paradies gibt es nur zwischenmenschliche Harmonie, es genügt der Du-Standpunkt. In der realen Welt braucht es zur ordentlichen Kommunikation auch den Ich-Standpunkt.

Grenzen und Integration

Grenzen und Integration bezeichnen zwei wichtige Gegebenheiten im Leben eines Kindes, dessen Konturen bei Aufmerksamkeitsstörung gerne verschwimmen.
Ich wiederhole an dieser Stelle Ericksons Zitat aus dem ersten Kapitel: »Wenn man die herrschenden Grenzen und Einschränkungen kennt, dann erlangt man die Freiheit, das befriedigend zu nutzen, was erhältlich ist.« Auf der einen Seite finden wir die gewollte und freiwillige Integration mit vorhandenen »Schätzen« der Umgebung: Zustimmung, Aufmerksamkeit, interessante Wahrnehmungen, lustvolle Aktivitäten, Zuneigung, Liebe, Freundlichkeit: Alles, was das Leben lebenswert macht, hängt ab von einer gelungenen Integration in bestimmte Bereiche unserer Umwelt, oder wie ich es nenne, einem gekonnten Umgang mit dem Du-Modus. Das Du kann sowohl die dingliche Umwelt bedeuten wie auch Tiere oder vertraute Menschen. Es hat mit Genussfähigkeit zu tun. Für eine lustvolle Integration werden Grenzen überschritten; doch braucht es einen gesunden Ermessensspielraum, der einem sagt, welches die richtigen Grenzen sind, die man überschreitet.
Auf der anderen Seite sind die Grenzen, die niemand beachtet, bevor er nicht schlechte Erfahrungen gemacht hat. Die Grenze einer heißen Herdplatte wird vergleichsweise schnell akzeptiert. Diese unangenehmen Grenzen haben mit dem Ich-Modus zu tun; der Ich-Modus dient vor allem dem Schutz der eigenen Person. Er fördert die reiferen Formen der Verantwortung, Übersicht und Leistungsbereitschaft.
Aufmerksamkeitsgestörte Kinder leiden in beiden Modi an einem Entwicklungsdefizit. Im Du-Modus widmen sie sich übertrieben den Aktivitäten, die man eher bei kleineren Kindern erwartet: Impulsives Verhalten, lustvolles Blödeln, Unbeherrschtheiten, Ge-

fühlsausbrüche, Unzuverlässigkeit. Ihr Ich-Modus scheint noch stärker beeinträchtigt zu sein, sieht man ihre Schwierigkeiten beim Einhalten sinnvoller Grenzen, ihre mangelnde Verantwortungsbereitschaft im Alltag und ihre Unfähigkeit, Gefahren abzuschätzen. Ein Problem bei diesen Kindern ist ihre Meisterschaft in Ausweichmanövern und Grenzüberschreitungen. So gehen sie einer gesunden Abgrenzung immer wieder gekonnt aus dem Weg.
Integration mag gut gelingen in einer optimalen Umgebung, die das Kind stimuliert und nicht überfordert. Doch für komplexere Situationen, bei denen Ich- und Du-Modus in einer Mischung aus Grenzregeln und Integration ineinandergreifen sollten, fehlen die Kompetenzen im Ich- und Du-Modus. Eine Therapie des Kindes besteht aus einer Mischung zweier Dinge: bewältigbare Anforderungen und lustvolle zwischenmenschliche Erfahrungen.

Kurt

Auf den ersten Blick präsentierte sich Kurt unauffällig-angepasst. Von kräftiger bis bulliger Statur blickte er gutmütig in die Welt. Beim zweiten Blick sah ich bereits einige Zeichen, die auf Schwierigkeiten hindeuten könnten: Seine Augen wanderten gestresst hin und her, ein leichtes Grinsen spielte zu schnell auf seinen Lippen; minimale, unruhige Bewegungen zuckten in seinem Körper. Der zweite Blick sah ein gehetztes Wesen, das nicht mit dem ersten Blick des gutmeinenden Knaben zusammenpasste.
Als Anmeldungsgrund hatte Kurts Mutter von unverständlichen Schlägereien vor und nach der Schule berichtet. Zusätzlich störte Kurt Unterricht und Lehrerin mit ungenierten Aktivitäten. So schrie er plötzlich das Wort »Shampoo« in die Runde oder zerstörte mit seinen Worten und Taten eine gute Stimmung, während die Lehrerin eine Geschichte erzählte. Manchmal lief Kurt von zu Hause oder von der Schule fort.
Kurts disruptives Verhalten demonstriert gut, wie er mit dem Überschreiten der Grenzen die feine Harmonie in zufriedener Integration zerriss.
Kurt beteiligte sich gerne an meinen Intelligenz- und Aufmerksamkeits-Tests. Seine schulische Intelligenz entsprach einem leicht

überdurchschnittlichen Wert, und seine Aufmerksamkeit wurde als impulsiv, ablenkbar und wenig ausdauernd charakterisiert.
Auch machte er bei den Entspannungsübungen zu Beginn gut mit und gelangte in der zweiten Stunde sogar in eine ordentliche, wenn auch unsichere Trance. Einzig fiel mir unangenehm auf, dass er auch bei einfachen Fragen und Aufforderungen nachfragte, was ich gemeint habe, wie wenn er nicht recht verstanden hätte.
Nach der ersten guten Trance erschien Kurt wie verwandelt zur nächsten Stunde. Er demonstrierte offen seine Langeweile, erinnerte sich überhaupt nicht mehr an die letzte Therapiesitzung und interessierte sich nicht für meine Angebote. Er kratzte sich dauernd und rutschte unruhig auf dem Stuhl hin und her.
Wenigstens fanden wir doch noch ein gemeinsames Interesse, nämlich die Dinosaurier, über die er viel wusste.
Die Ablenkung durch seine geliebten Dinosaurier ließ Kurt die unangenehmen Anforderungen einer Therapiestunde ein bisschen vergessen. Doch die beruhigende Trance der letzten Stunde war wie weggeblasen. Erregungskontrolle schien bei ihm kaum mehr existent.

Entfremdung

Von Kurt habe ich erzählt, dass sein Verhalten vor und während der Schule die Lehrerin überaus erzürnte. In ruhigen Minuten konnte ich mit Kurt gut darüber reden. Er betonte seine Absicht, sich zu bessern. Doch bei vielen seiner unpassenden Verhaltensweisen wusste Kurt schlichtweg nicht, wie er sie steuern sollte. So setzte er die meisten Besserungsabsichten vorerst nicht in die Tat um. Im Vergleich zu seinen Altersgenossen gelang ihm die bewusste Steuerung seines Verhaltens nicht so gut.
Dieses Defizit wurde von Kuhl Entfremdung genannt. (17) Kuhl unterschied zwei Arten der Entfremdung: Bei Depressionen findet man die defizitäre Entfremdung, bei der die Betroffenen ihre Absichten nicht in die Tat umsetzen können. Bei Sucht und Hyperaktivität redet man von der überschüssigen Entfremdung, bei der eine impulsive Verhaltensweise trotz guter Absicht nicht gestoppt werden kann.

Bei der Entfremdung stimmt etwas mit den Grenzen nicht. Die Grenze der Identität umfasst nicht die Gesamtheit des eigenen Erlebens, sondern grenzt Ich-Anteile aus. (18)
Wie es auch bei Depressiven meist nichts nützt, wenn man ihnen gut zuredet, sich doch endlich zu freuen, hat eine gut gemeinte Predigt bei Aufmerksamkeitsstörung eher den unerwünschten Effekt, dass sich das Verhalten zwar nicht ändert, aber die Kinder sich zusätzlich dabei schlecht fühlen. Erfolgversprechendere Interventionen eher paradoxer Art werde ich im 7. Kapitel besprechen und auflisten. Das paradoxe Vorgehen stammt aus der Hypnose. Es verhindert sowohl Überforderung wie auch Entfremdung. Paradoxie versteckt sich auch in Milton Ericksons Utilisationsprinzip. Es besagt: »All die Vorgänge, die Probleme bewirken, können auch zur Lösung der Probleme herangezogen werden.« Dies bedeutet nicht endlose Suche nach vermeintlichen Gründen des Problems, sondern Nutzbarmachung konkreter Erfahrungen, die auch dem gesunden Menschenverstand zugänglich sind. Zum Beispiel nutze ich in der Einzelarbeit mit den Kindern ihre Tendenz zum Trödeln und zur Unproduktivität, indem ich den Kindern sage, sie müssen eine halbe Stunde lang nichts tun. Das verschafft ihnen Ruhe und sie können sich wegen Überforderung nicht beklagen.
Oft leiden verantwortungsvolle Eltern an depressiver Entfremdung. Defizite beim Elternteil und überschüssige Entfremdung beim Kind ergänzen sich oft auf sehr unglückliche Weise. Die Unterscheidung zwischen berechtigten Bedürfnissen und unerwünschten Impulsen geht auf beiden Seiten verloren.
Einige Eltern aufmerksamkeitsgestörter Kinder sind unter harten Bedingungen aufgewachsen und leiden als Folge an depressiver Entfremdung (17), sodass sie ihre guten Erkenntnisse nicht in die Tat umsetzen können. Mit der Zeit macht eine solche Erfahrung auch wütend. Aufmerksamkeitsgestörte Kinder hingegen sind Meister der Provokation, und ihre Provokation bringt die unterdrückte Wut leicht zum Kochen; darauf dreht sich die depressive Spirale an Schuld- und Schamgefühlen weiter.
In der Selbstentfremdung liegt einer der Schwachpunkte bei den üblichen Elternratschlägen. Diese Ratschläge erscheinen den Eltern zwar einsichtig, ihre praktische Anwendung erweist sich aber

als äußerst schwierig, und so führen absehbare Misserfolge zu weiterer Überforderung, Entmutigung, Wut und Entfremdung.

Paul

Ein feingliedriger, dunkelhaariger, eher schlacksiger Bub kam mit seiner ruhigen, aber bestimmten Mutter zur Tür herein. Der 8-jährige Paul mühte sich oft vergeblich mit dem Schulstoff ab. Sein Vater hatte die Sonderschule besucht, und beide Eltern setzten alles daran, dass Paul die Regelschule besuchen durfte. Zu Hause nahm das Erledigen der Hausaufgaben oft mehr als den halben Nachmittag in Anspruch. Dabei kam es auch zu Gefühlsstürmen, Verzweiflungsanfällen und Wutausbrüchen beim Kind und auch bei der Mutter.

In meiner Therapie ging Paul liebenswürdig auf meine Aufforderungen ein, allerdings nicht länger als ein paar kurze Sekunden. Dann standen bei Paul wichtigere Dinge im Zentrum seiner Aufmerksamkeit, zum Beispiel die Schwäne auf dem Fluss, der Fensterladen oder die Zeichnungen an der Wand, seine Turnschuhe oder ein Muster des Sofas.

Als fantasievoller Knabe kam Paul gut mit mir ins Gespräch. Zu jener Zeit standen bei den Kindern gerade die »Turtles« hoch im Kurs. Wir diskutierten über ihre Eigenschaften, Stärken und Kampfverhalten. Später erfanden wir viele Fortsetzungen zur Geschichte des kleinen Piraten, und Paul war voll bei der Sache, wenn es um die Abenteuer ging, um das Finden des Schatzes, um Freundschaft und um das Überwinden von Hindernissen wie Klippen, hohen Bergen, Stürmen und Unterwasserbarrieren.

Fantasie und Übergangsobjekt

Meine Aufgabe bestand darin, zuerst Pauls Ablenkbarkeit strukturell zu koppeln und ihm später auch größere geistige Anstrengungen schmackhaft zu machen.

Solange es nicht um geistige Anstrengung, um Verantwortung und geforderte Leistungen ging, glaubte man in Paul einen aufgeweckten Jungen vor sich zu haben. Doch Paul brachte Lehrerin und Mutter gleicherweise zur Verzweiflung. Sie konnten sich nicht erklären, wieso Paul im Unterricht und beim Erledigen kleiner Pflichten zu Hause so unzuverlässig handelte.

Dieses Problem illustriert den Umgang mit Fantasie. Paul schaffte es nicht, seine lustvollen und angenehmen Fantasien in den Dienst zur Bewältigung reeller Härten des Lebens zu stellen. Meine Hypothese besagt, dass viele aufmerksamkeitsgestörte Kinder im Gebrauch der Übergangsobjekte nicht die vollen Möglichkeiten ausschöpfen. Nicht dass sie kein Übergangsobjekt hätten, aber die letzte Strecke der Brücke, dort, wo die harte Realität beginnt, schaffen sie nicht. In Übergangsobjekte wird eine Befriedigung hineinfantasiert, die in der Wirklichkeit ausfällt, so ersetzt das Bärchen vorübergehend die Mutter. Bis hierher können auch aufmerksamkeitsgestörte Kinder mithalten. Es mangelt ihnen aber zum Beispiel an der Fähigkeit, Anstrengungen mit fantasierter Befriedigung in der Zukunft zu ertragen.

Dadurch baut sich zu wenig gesunde Frustrationstoleranz auf, die bei der Stärkung des Ich-Standpunkts hilft. Die konkreten, mit den Händen greifbaren Dinge behalten eine übermäßige Wichtigkeit im Vergleich zu symbolischen Bedeutungen. So wird es einem als Erwachsenen manchmal auch langweilig, wenn der 783. Spielzeuglastwagen immer noch wichtiger ist als die Freude über einen gemeinsam erlebten Ausflug. In der Schule können sie eben nicht mehr mit dem konkreten Lastwagen im konkreten Sandkasten spielen. Sie sollten zumindest unbewusst die symbolische, lustvolle Bedeutung des Baggers auf einzelne Buchstaben übertragen, die dann Häuser und Dörfer erbauen beziehungsweise Wörter und Sätze. Den aufmerksamkeitsgestörten Kindern fällt es schwer, die Wünsche der Lehrerin über ihre eigenen, unmittelbaren Impulse zu stellen. Sie sind wenig motiviert, der Lehrerin eine Freude zu machen, ihr zuliebe mühsam die Buchstaben hinzukritzeln und sich dann gemeinsam in Stolz und Freude zu sonnen.

Hier zeigt sich schön die häufige Paradoxie bei Symptomen des Seelenlebens: Weil es aufmerksamkeitsgestörte Kinder oft verpassen, einen angemessenen Ich-Standpunkt aufzubauen, kommt durch die Hintertür, sozusagen als Schatten, eine unterentwickelte Ich-Zentriertheit zum Vorschein. Die eigenen Wünsche kommen oft zuallererst. Andernfalls packt sie Wut, Aggression, Verzweif-

lung oder eine Stinklaune. Diese Ich-Zentriertheit überrollt im Nu die charmanteste Liebenswürdigkeit.
Das Kernstück meines Therapieansatzes, die Induktionsübungen, benutzt diese anfängliche Liebenswürdigkeit als Ansatzpunkt. Selbst wenn die Liebenswürdigkeit schnell von Frustration überrollt wird, enthält mein Setting genügend Grenzen zur Fortsetzung der Arbeit.
Bei Anton (siehe am Anfang des Kapitels) sah man besonders deutlich, wie verkrampft sich die aufmerksamkeitsgestörten Kinder an ihren Wünschen festklammern, deren sie sich so unsicher sind. Vielleicht ist dies auch der Grund, warum diese Kinder so ungern ihre Fantasie in den Dienst anderer Menschen stellen; warum sie es beim Spielen oft kaum aushalten, wenn sie nicht dominieren können. Sie stellen ihre Fantasie nicht in den Dienst fremder Wünsche. Das schützt sie vor der Art der Entfremdung, unter der ihre Mütter häufig leiden.

Felix

Der 14-jährige Felix lebte früher in einer anderen Stadt und war dort zur Therapie gegangen. Felix war sehr intelligent, zeigte aber das ganze Repertoire an instabilem Verhalten, das man von einem schwierigen Jugendlichen kennt. Er ging immer ein bisschen über die Grenze, ohne sie massiv zu verletzen. Er war nicht gewalttätig; im Grunde war er zuverlässig, kam aber meistens zu spät. Er liebte seine Eltern und wollte später einmal eine Familie selbst ernähren können, deshalb war die Schule für ihn wichtig.
Am liebsten sprach Felix in der Therapie über Dinge, die ihn gerade beschäftigten, z.B. wie man kurzfristig ein Problem aus dem Weg räumen könnte. Oder er unterhielt sich über angenehme Dinge, über Fußball, wo er mit guten Leistungen glänzte. Ich erklärte ihm, dass er die unangenehmen Dinge im Leben, z. B. gewisse Aufgaben, auch zur Kenntnis nehmen sollte. Wir könnten auch ein bisschen darüber reden und er könnte lernen sie auszuhalten. Auch die Beherrschung unangenehmer Dinge könnte seinen Erfolg im Leben steigern. Doch Felix stieg nicht auf mein Angebot ein, jedenfalls nicht im Moment. Seine Gedanken waren schon anderswo.

Sein Bestreben ging dahin, die Schulaufgaben mit möglichst wenig Aufwand zu erledigen. Er war in seinen Schulnoten knapp ungenügend, aber doch nicht ganz so schwach, dass die Schule ihn wegschicken würde.
Felix wollte aufhören zu rauchen. Sein Vater versprach ihm einen lang ersehnten Pullover, wenn er es schaffe. Nun hatte Felix aber trotzdem zwei Zigaretten geraucht. Er wollte sofort eine Lösung von mir, dass er nicht lügen musste, aber den Pullover doch bekäme. Am gleichen Tag unterbreitete er noch ein weiteres Problem: er hatte eine schlechte Note erhalten, wusste aber, dass das Ergebnis einer Prüfung, die er am nächsten Tag zurückbekommen würde, ausgezeichnet sein würde. Er hatte also eine gute und eine schlechte Note vorzuweisen. Also dachte er, und er fragte mich, ob dies eine gute Idee sei, beide Noten seinen Eltern erst am nächsten Tag zu zeigen, dann wäre die schlechte für seine Eltern keine so große Enttäuschung.
Ich sagte ihm: »Du liebst deine Eltern und du möchtest ihnen Freude bereiten. Aber du schaffst es nur, ihnen getrübte Freuden zu schenken. Deinen Eltern ungetrübte Freude schenken wäre für dich bedrohlich und zu schwierig.« Felix lachte zustimmend.
So lebte Felix auch als Jugendlicher in seiner Welt mit besonderer Erregungskontrolle, die den Eltern und der Schule getrübte Freude bereitete. Ich denke, Felix lebte seine besondere Art der bezogenen Individuation.

3. Kapitel

Das Frontalhirn

Frontalhirnfunktionen und -reifung bilden das Zentrum für meine therapeutischen Überlegungen bei Aufmerksamkeitsstörung.

Erkenne dich selbst

Plötzlich erkennen in einem bestimmten Alter die Kinder sich selbst im Spiegel. Zuvor hatten sie darin einfach ein interessantes Bild gesehen, ohne es mit sich in Verbindung zu bringen. Von diesem Zeitpunkt an können sie sich der mühseligen Aufgabe des »Erkenne dich selbst« nicht mehr entziehen. Mit Ausnahme hoch entwickelter Menschenaffen erreicht kein Säugetier dieses Stadium der Selbsterkenntnis. (19) Die meisten Tiere leben sozusagen im Paradies, manchmal in einem grausamen Paradies, das ziemlich willkürlich auswählt, wer weiterlebt und wer stirbt. Der Mensch aß vom Baum der Erkenntnis und wurde danach aus dem Paradies vertrieben. So müssen wir uns in der mühseligen Realität einer nicht-paradiesischen Existenz mit unserem »Ich« herumschlagen. Diese Ich-Beschäftigung ist meistens anstrengend und unangenehm, jedes Mal, wenn wir schmerzlich auf uns selbst zurückgeworfen werden. Demgegenüber gehen die meisten Glückszustände mit Selbstvergessenheit einher. Oder andersherum betrachtet: übermäßige Selbstbefangenheit erleben wir als bedrückend und einengend.

In einer evolutionären Perspektive dienen Selbsterkenntnis und -beschäftigung dem besseren Schutz vor den Gefahren der Welt, und die Überlebenschancen in der unvorhersehbaren, oft zufallsgesteuerten Umgebung verbessern sich. Doch die Selbsterkenntnis verschont uns nicht vor einer schmerzlichen Zerrissenheit in der Frage, *wie* wir am besten unsere Lust und unser Glück vor feindlichen Kräften beschützen. Diesem »Wie« gehen aufmerksamkeitsgestörte Kinder erfolgreich aus dem Weg, indem sie sowohl sich

selbst wie auch die bedrohlichen Signale, die auf sie gerichtet sein könnten, nicht beachten. Es scheint, wie schon im vorherigen Kapitel erwähnt, als ob diese Kinder auf Gelegenheiten zur Befriedigung ihrer Ich-Bedürfnisse zwar ungesteuert und ungebremst losrennen, den Ich-Standpunkt aber nicht auf einer reiferen Stufe der Selbststeuerung wahrnehmen. Sie opfern auch nicht ihre kostbare Fantasie dem Zweck der Selbststeuerung, sie benutzen kaum ihre innere Probebühne zur Darstellung möglicher Zukunftsszenarien.
Oft bin ich von der Seligkeit dieser Kinder berührt; es scheint, als ob sie noch im Paradies lebten, selbst fasziniert von ihrem heilen Licht der ungetrübten Seele, das auch viele Mütter in ihren Bann zieht. Solange sich die Kinder dieser Faszination nicht entziehen können, scheinen auch große Schwierigkeiten das innere Licht nicht zu trüben; sogar dann noch nicht, wenn sie ernsthaft Schaden nehmen, diesen aber gar nicht bemerken.
Aufmerksamkeitsgestörte Kinder sind bekanntermaßen anfällig für Verletzungen. Sie sind so überzeugt von ihrer eigenen Unverwundbarkeit, dass man sie nur schwer »zur Vernunft bringt«. Ich habe es oft erlebt, und ich halte es für einen diagnostisch wichtigen Punkt, dass aufmerksamkeitsgestörte Kinder auch dann noch gerne ihre Schulklasse besuchen, wenn sie geplagt, ausgestoßen oder von den Lehrpersonen heftig gemaßregelt werden.
In dieser Vernachlässigung des Ich-Standpunktes begründen sich die erzieherischen Schwierigkeiten: Man kann diese Kinder noch so heftig rügen oder zu etwas zwingen, sie geben einfach dem äußeren Druck nach und es bleibt wenig »hängen«. So entwickelt sich kein eigener Ich-Standpunkt.
Säugetiere und Menschen sind soziale Wesen. Lustvolle, freudvolle Erlebnisse sind vor allem zu Beginn des Lebens in zärtlichen Interaktionen zu finden, eingebettet im harmonisch-sicheren (Zeit-)Rhythmus. Ein Ich-Standpunkt würde da eher stören. Mutter und Säugling freuen sich selbstverloren ihres gegenseitigen Lächelns, später dann abrupt unterbrochen durch die ersten, ungeschickten Trotzanfälle, mit denen das Kleinkind seine Reise zum »Ich« beginnt. Gleichzeitig fällt der Startschuss zur funktionellen Reifung der präfrontalen Hirnregionen, die ich der Einfachheit halber meist »Frontalhirn« nenne.

Das Frontalhirn

Das Frontalhirn dient der Entflechtung, Planung und Ausführung komplexer Aufgaben. (14) Wenn ich von Frontalhirn spreche, meine ich damit eher ein funktionelles Konzept, das sich nicht auf anatomische Regionen fixiert, obschon das Frontalhirn selbst den wesentlichen Teil der Planung und Ausführung komplexer Aufgaben übernimmt.

Ledoux beschäftigt sich in seinem Buch mit der Steuerung des emotionalen Systems und beschreibt die für diese Funktion wichtigen Hirnregionen. (7) Und es ist für uns keine Überraschung mehr, dass eben das Frontalhirn die Steuerungsaufgabe wahrnimmt. Ebenfalls im Frontalhirn ist das Arbeitsgedächtnis untergebracht, das Voraussetzungen für bewusstes Wahrnehmen schafft. Bewusstsein benötigt man ebenfalls zur Steuerung der Gefühle. Aufmerksamkeitsgestörte Kinder leiden an Defiziten sowohl in der Steuerung der Gefühle wie auch im Bewusstsein für notwendige Dinge des Alltags.

Das Frontalhirn, bis jetzt die neueste Erfindung der Evolution, beherbergt die höchst entwickelten menschlichen Funktionen. Ledoux schreibt dazu: »Der präfrontale Kortex ist jener Teil der Hirnrinde, der bei den Primaten am stärksten zugenommen hat, und es gibt sogar Säuger, die ihn nicht besitzen. Eine Schädigung dieser Region erschwert es dem Menschen, sein Handeln zu planen. Sogenannte Frontallappen-Patienten neigen dazu, sich dauernd zu wiederholen. Sie kleben an der Gegenwart und sind unfähig, sich in die Zukunft zu versetzen. Einige Regionen des präfrontalen Kortex haben Verbindungen zur Amygdala, und es ist möglich, dass diese Regionen (...) eine wichtige Rolle bei der Planung und Ausführung emotionaler Aktionen spielen.« (7, S. 190)

Das Gefühlszentrum für Angst wurde in der Amygdala entdeckt, dem Mandelkern tief unter der Temporalhirnrinde. Es findet eine Art Wettkampf statt zwischen Amygdala und Frontalhirn, zwischen den Leidenschaften und der Vernunft; die Spieße sind ungleich lang, weil die Amygdala stärkere Verbindungen zum Frontalhirn besitzt als umgekehrt. So kann die Vernunft die Gefühle nicht beherrschen, sondern höchstens leiten und kanalisieren.

»Der mediale präfrontale Kortex ist somit durch seine Lage prädestiniert, die Outputs der Amygdala zu regulieren, die auf Ereignissen in der Außenwelt und auf der Interpretation dieser Ereignisse durch die Amygdala basieren.« (7, S. 267 f.)

Sowohl die evolutionäre als auch die Erickson'sche Perspektive geht davon aus (siehe 1. und 2. Kapitel): Zum Überleben ist eine geeignete Anpassung an die Umwelt nötig. Diese Anpassungsaufgabe erledigt das aufmerksamkeitsgestörte Kind manchmal sehr unbefriedigend.

»Die lateralen und medialen präfrontalen Regionen führen möglicherweise dieselbe Operation aus, nämlich die Anpassung des Verhaltens an sich ändernde Bedingungen, wobei es von den Arealen abhängt, mit denen die präfrontale Region zusammenarbeitet, ob die kognitiven oder die emotionalen Funktionen betroffen sind.« (7, S. 269)

Ledoux beschäftigt sich auch mit Lernvorgängen auf neuronaler Ebene. Dabei verändern sich Verbindungen zwischen den Nervenzellen mit Hilfe der synaptischen Potenzierung, d. h., bei genügend intensiver Erfahrung »merkt« man sich etwas. Aufmerksamkeitsgestörte Kinder weichen mit Ablenkung und Desinteresse diesen intensiven Erfahrungen auf wichtigen Gebieten aus, wenn sie Abläufe des Alltags einfach nicht begreifen wollen.

»Therapie ist nur eine andere Methode, auf Hirnbahnen, die die Amygdala kontrollieren, eine synaptische Potenzierung zu erzeugen. Die emotionalen Erinnerungen der Amygdala sind, wie wir gesehen haben, unauslöschlich in deren Schaltungen eingebrannt. Man kann allenfalls hoffen, ihren Ausdruck zu regulieren. Und das erreicht man, indem man den Kortex dazu bringt, die Amygdala zu kontrollieren.« (7, S. 286)

Ledoux wendet sich dann dem Arbeitsgedächtnis und dem Bewusstsein zu, die als höchste Kontrollfunktionen walten. Es wird klar, dass es sich um komplexe Aufgaben handelt, welche Bewusstsein sowohl entstehen lassen wie auch den Stoff darstellen, mit dem sich Bewusstheit auseinander setzt. Wie schon im ersten Kapitel erwähnt, sind es ja die komplexen Anforderungssituationen, die Kindern mit Aufmerksamkeitsstörung Mühe bereiten.

»Was im Arbeitsgedächtnis ist, ist das, woran wir gerade denken oder dem wir unsere Aufmerksamkeit schenken. Das Arbeitsgedächtnis ist jedoch kein bloßes Produkt des Hier und Jetzt. Es

hängt auch von dem ab, was wir wissen und welche Erfahrungen wir gemacht haben.« (7, S. 292) ... »Mit bildgebenden Verfahren hat man außerdem gezeigt, dass eine Vielzahl unterschiedlicher Arbeitsgedächtnis-Aufgaben zu einer Aktivierung des lateralen präfrontalen Kortex führt.« (7, S. 295) ... »Es zeigte sich, dass der laterale präfrontale Kortex aktiviert wurde, wenn die Aufgaben gleichzeitig ausgeführt wurden und folglich die Überwachungsfunktionen des Arbeitsgedächtnisses in Anspruch nahmen, nicht aber, wenn die Aufgaben getrennt ausgeführt wurden.« (7, S. 296) Das Bewusstsein setzt die Fähigkeit voraus, mehrere Dinge in Beziehung zu setzen und eine Konzeption des Selbst als des Erfahrenden zu bilden (7, S. 324); unter diesem Einbezug des Selbstkonzepts verstehe ich den Ich-Standpunkt, von dem ich schon verschiedentlich gesprochen habe. ... »Außerdem sind der vordere singuläre und der laterale präfrontale Kortex Teil des sogenannten Frontallappen-Aufmerksamkeitszentrums, eines kognitiven Systems, das an der selektiven Aufmerksamkeit, der Allokation der mentalen Ressourcen, an Entscheidungsprozessen und an der Steuerung von Willkürbewegungen beteiligt ist.« (7, S. 299) ... »Ist der orbitale frontale Bereich bei Menschen beschädigt, übersehen sie soziale und emotionale Hinweise, und manche zeigen ein gestörtes Sozialverhalten.« (S. 300)
Diese Zitate sprechen für sich, wenn man an die Schwierigkeiten aufmerksamkeitsgestörter Kinder denkt.
Rothenberger fasst es so zusammen, dass das Frontalhirn wichtige Aufgaben bei der Kompensation von Defiziten übernimmt und der Klärung des Vorgehens in undefinierten Situationen dient. (14) Diese Art der Klärung bezeichne ich weiter unten als Ermessensspielraum. Typischerweise lässt die Induktion einer Hypnose den Hypnotisanden ebenfalls in einer unbestimmten Situation, aus der er sich im Idealfall nur durch Eintauchen in Hypnose retten kann. (16) Das bereitet aufmerksamkeitsgestörten Kindern oft Schwierigkeiten.

Frontalhirn und Aufmerksamkeitsstörung

Eine wichtige Aufgabe des Frontalhirns ist die Hemmung irrelevanter Stimuli; mit dieser Art der Hemmung bekunden aufmerksamkeitsgestörte Kinder besondere Mühe, »leider«, wie Rothenberger anfügt, und dieser Umstand weist ebenfalls auf die wichtige Rolle der Frontalhirnentwicklung bei der Entstehung der Aufmerksamkeitsstörung hin. (14)
Barabasz und Barabasz schreiben: »Eine beträchtliche Anzahl seriöser Forschung zeigt klar die Beteiligung des Frontalhirns bei Aufmerksamkeitsstörung auf und hilft bei der Begründung, warum Hypnose in der Therapie eingesetzt wird. Frontalhirnfunktionen sind ihrer Natur nach ausführend, sie helfen beim Entwickeln der Pläne und bei der Organisation der Ressourcen. Sie sind auch sehr wichtig bei der Bereitstellung von hemmendem Verhalten wie die Kontrolle der Motorik oder die Hemmung der Aufmerksamkeit auf Ablenkung oder unwichtige Stimuli. Die Evidenz, die rechte Frontalhirn-Dysfunktion als *die* Grundlage der Aufmerksamkeitsstörung zu vermuten, ist beträchtlich. Neuere Forschungen wandten hochentwickelte, bildgebende morphologische Verfahren an und konnten nachweisen, dass Kinder mit Aufmerksamkeitsstörung eine normale, Rechts-größer-als-links-Asymmetrie in der Masse des Frontalhirns vermissen lassen.« (5, Übersetzung Ch. Z.)
Weil frontalhirnverletzte Erwachsene sich haltloser und weniger ausdauernd, labiler und schwankender in Emotion und Stimmung verhalten als vor dem Unfall, meinte man in der ersten Hälfte des 20. Jahrhunderts, Aufmerksamkeitsstörung im Kindesalter sei die Folge einer anatomisch erkennbaren Hirnschädigung, bis man später entdeckte, dass es sich eher um eine funktionelle Leistungsstörung bzw. eine Entwicklungsverzögerung handelt. Im Vergleich zu ihren unauffälligen Geschwistern konnte bei aufmerksamkeitsgestörten Kindern mittels regionaler Blutflussmessungen eine Minderdurchblutung im Frontalhirn festgestellt werden. Unter der Gabe von Ritalin verminderte sich der Blutfluss in den kortikalen Regionen sogar noch, ein Befund, der sich auch mit Single-Photon-Emissionstomographie bestätigen ließ. PET-Untersuchungen des Hirns zeigten bei Erwachsenen mit Aufmerk-

samkeitsstörung eine niedrigere Stoffwechselaktivität im Frontalhirn. (20)
In einer anderen Untersuchung wurde im Vergleich zu durchschnittlichen Kindern eine größere Anstrengung im Frontalhirn aufmerksamkeitsgestörter Kinder gemessen, wenn sie eine bestimmte Aufmerksamkeitsleistung korrekt erbringen mussten. (14)
Das Frontalhirn scheint weniger gut »trainiert« zu sein und bekundet so mit diesen Aufgaben mehr Mühe. Es scheint, als würde Ritalin die Stoffwechselaktivität in den Frontalhirnregionen drosseln und stattdessen kompensatorische Mechanismen im Zwischenhirn aktivieren. Es könnte durchaus sein, dass Ritalin das Vorderhirn schont und vor gesunden Entwicklungsanreizen abschirmt.
Kommen wir zur Funktion des Frontalhirns zurück. Vereinfacht ausgedrückt könnte es doch sein, dass die Evolution, als sie zur Selbsterkenntnis des Menschen fortgeschritten war, darüber selbst so erschrak, dass sie schleunigst versuchte, auf die Herausforderungen der Selbsterkenntnis eine Antwort zu finden in Form der Frontalhirnfunktionen.
Wie gesagt stört ein Ich-Standpunkt den sozialen Frieden. Kain hat schnell einmal seinen Bruder Abel umgebracht. Bei Tieren gelten einfachere soziale Regeln. Sie leben in klaren Hierarchien, da ist ein Tier entweder der Chef oder der Untergebene, das Tier muss nicht abwägen zwischen Selbstverwirklichung und Anpassung. Wenn der Chef anwesend ist, dann gehorcht das Tier, wenn der Chef abwesend ist, macht es, was es will. Ein bisschen passt auch das Kind mit Aufmerksamkeitsstörung in diese Beschreibung.

Der Ermessensspielraum

Der Ich-Standpunkt, ist er erst einmal durch die Selbsterkenntnis entstanden, muss also mit dem sozialen Du-Standpunkt versöhnt werden. Um den Frieden zu retten, müssen die eigenen und fremden Interessen erkannt und mitgeteilt werden, damit das konkrete Vorgehen bei der Befriedigung der verschiedenen Bedürfnisse möglichst gerecht ausgehandelt werden kann. Man kann sagen, dass diese Aufgabe auch die meisten Erwachsenen überfordert. Wie die vielen Ehescheidungen zeigen, gelingt es schwer, einträchtig einen gemeinsamen Nenner zu finden. Die gerechte Umsetzung der Bedürfnisse bedarf eines geschickten Umganges mit dem Ermessensspielraum. Der Ermessensspielraum erkundet Möglichkeiten zur Balance zwischen Selbstverwirklichung und Anpassung. Ermessenspielraum braucht es häufig in der Erziehung, weil da keine einfachen Regeln sich auf alle Eventualitäten beziehen. Als ein einfaches Beispiel stellt sich mitunter die Frage, wann ich meinen Ärger zeigen und wann ich ihn hinunterschlucken soll. Zu viel Ärgerreaktionen tun dem Kind sicher nicht gut; das Kind aber vor der Erkenntnis verschonen, dass sein Verhalten schon einmal auch Ärger auslöst, käme einer Verzerrung der Realität gleich. Sowohl überheftige wie auch ausbleibende Emotionen zerstören den Ermessensspielraum, der vor allem durch starke Frontalhirnfähigkeiten geöffnet wird.

Hat ein Elternteil selbst eine zu harte oder strenge Erziehung »genossen«, geht, wie schon erwähnt, der lockere Umgang mit dem Ermessensspielraum verloren. In der eigenen Entfremdung sind die Maßnahmen ebenfalls entweder zu starr oder zu locker.

Andererseits kann das gewalttätige Verhalten eines schwierigen Jungen auch zur Hilflosigkeit angesichts dieser unbekannten Gewalt führen, wenn in der Kindheit der Mutter fast paradiesische Verhältnisse geherrscht haben, zum Beispiel eine heile Mädchenwelt ohne Buben. Es braucht den Ermessensspielraum, der einem bei der Entscheidung hilft, wo kommt man dem Kind liebevoll zu Hilfe und wo ist das Schreien und Trotzen ein Erpressungsversuch, in den man sich unter keinen Umständen verstricken sollte. Ermessensspielraum dient auch als alternatives Wort für gesunden Menschenverstand.

Betrachtet man die Aufmerksamkeitsstörung ohne Vorurteile, aber mit gesundem Menschenverstand, dann springt schnell ins Auge, dass diese Kinder bessere Beruhigungstechniken lernen müssen. Ich mache die Eltern kleiner Kinder auf die Wichtigkeit dieser Techniken aufmerksam, weil sie das ganze Leben lang wertvolle Dienste für das Wohlbefinden leisten. Wenn zu viel Unruhe da ist, braucht es offensichtlich Beruhigung, am besten ein ganzes Arsenal an Geschichten, Liedern, Tänzen, Massagen, Ritualen, Vorschriften, sanften Berührungen, Zeit zum Überlegen, Aufzeigen der Grenzen. Vermutlich hilft das Frontalhirn auch bei Gelassenheit und Beruhigung.

Demokratie

Die evolutionäre Antwort auf die Frage, wie ein Ich-Standpunkt in ein harmonisches Sozial- und Gefühlsleben einzubauen ist, lautet einerseits Frontalhirnentwicklung und andererseits Demokratie. Das Frontalhirn beherbergt wichtige demokratische Fähigkeiten: Erstens gerechte Darstellung und zweitens Aushandeln der Bedürfnisse, sowie drittens Befriedigung der Interessen. Das Darstellen entspricht dem Kundtun des Ich-Standpunktes; die gekonnte Darstellung ermöglicht meinem Gegenüber ein besseres Erkennen meines Standpunktes; die klare Darstellung hilft der gerechten Verhandlungsführung. Ich- und Du-Standpunkt werden so kombiniert, ähnlich wie ein gut gemachter Roman durch das Ineinandergreifen von Form und Inhalt besticht; die Form entspricht eher dem Du-Standpunkt, der Inhalt dem Ich-Standpunkt. Demokratie wird manchmal mit »Alles ist erlaubt« verwechselt, mit »Ich nehme mir einfach, was mir passt«, aber in Wirklichkeit braucht Demokratie viel Verständnis und Flexibilität, viel gesunde Härte und Umsicht, die Beachtung der Grenzen und Integrationsmöglichkeiten und vor allem die Kombination verschiedener Prinzipien. Es braucht viele verschiedene Fähigkeiten, um den Ermessensspielraum klug zu nutzen. Im parlamentarischen Betrieb werden viele Defizite aufgefangen durch die Suche eines Kompromisses extremer Standpunkte. Weisheit und Staatskunst sind oft nicht in einem Menschen kombiniert, sondern werden durch die Spielregeln ermöglicht.

Eigene Forschung

Meine eigene Forschung nahm ihren Ausgangspunkt bei Arbeiten über Hirnveränderungen unter Hypnose. In diesen Arbeiten wurde festgestellt, dass zu Beginn einer Hypnose die frontalen Anteile des Hirns aktiviert werden, bevor das Maximum der Informationsverarbeitung in hintere Hirnregionen, in sinnliche und holistische Bereiche abwandert. (6) Da Hypnose eine komplexe Anforderungssituation darstellt, kann man sich gut vorstellen, dass zuerst eine Bereitschaft für diese Aktivität bestehen muss, bevor Tranceaktivitäten zugelassen werden.

In meiner Arbeit habe ich auch die so genannte Hypnotisierbarkeit mit einem genormten Test gemessen. (21) Die Werte lagen bei aufmerksamkeitsgestörten Kindern nur leicht unter den Normwerten ihrer Altersgruppe. Dies erstaunte mich, da es in der klinischen Arbeit bei den aufmerksamkeitsgestörten Kindern viel mühsamer war, eine fokussierte Trance über längere Zeit aufrechtzuerhalten. Es scheint so, dass diese Kinder die Fähigkeiten zu Tranceerleben fast genauso wie andere Kinder besitzen, diese Fähigkeit aber nicht längere Zeit für eine geforderte Leistung einsetzen. Hier besteht eine analoge Situation zu schulischen Aufgaben. Das »Fundament« für ausdauernde Arbeit fehlt in einem solchen Kontext.

Von der Feststellung, dass Hypnoseinduktionen das Frontalhirn fordern, gelangte ich zur zweiten Überlegung, nämlich mit wiederholten Hypnoseinduktionen das Frontalhirn der aufmerksamkeitsgestörten Kinder zu trainieren. Den Effekt dieser Arbeit wollte ich in einer prospektiven, empirischen Studie messen. Die Untersuchung fand in den Jahren 1996–98 statt.

Alle Kinder erfüllten die Kriterien einer Aufmerksamkeitsstörung ADHD nach DSM IV. Sie besuchten eine der ersten sechs Primarschulklassen.

Zur Therapiegruppe gehörten die ersten elf Kinder, die sich während dieses Zeitraums bei mir in Therapie befanden oder von den Eltern für eine solche Therapie angemeldet wurden. Ich hielt vierzehntägige Einzelsitzungen mit dem Kind ab, Elterngespräche fanden nur wenige statt (1–4 Gespräche im Laufe eines Jahres). Während den Schulferien fiel die Therapie aus. Die Untersuchungszeit war zwischen 3 und 22 Monaten. In einem klinischen Setting ohne Forschungsunterstützung konnte die Therapiedauer nicht normiert werden, sondern die Prä- und Post-Untersuchungen richteten sich nach den Umständen. Von den 11 Kindern blieben wegen eines Therapieabbruches 10 Kinder übrig. Es wurden keine Medikamente verabreicht.

In der Vergleichsgruppe befanden sind die ersten 11 Kinder, die bei mir zu einer Abklärung angemeldet wurden, aber eine Therapie bereits anderweitig besuchten. Diese Therapien waren zum Teil in ihrer Frequenz weit intensiver. Die Untersuchungszeit lag zwischen 13 und 22 Monaten. Ein Kind erschien nicht zur zweiten Untersuchung; es blieben ebenfalls 10 Kinder in der Vergleichsgruppe übrig. Ein Kind erhielt bei der Postuntersuchung Ritalin.
Natürlich konnte ich bei den Kindern nur einen kleinen Ausschnitt ihrer Fähigkeiten und Lebenssituation sehen. Die biopsychosoziale Problematik der Aufmerksamkeitsstörung ist überaus komplex, betrifft aber schon aus ihrer Bezeichnung heraus sicher auch die Aufmerksamkeit; deshalb testete ich die Kinder mit Hilfe des computerisierten Dortmunder Aufmerksamkeitstests (DAT). (22)
Einfachere Vorgaben, wie zum Beispiel ein Untertest des HAWIK, geben keinen diagnostischen Anhaltspunkt für das Vorliegen einer Aufmerksamkeitsstörung. Interessanterweise ist der DAT komplexer aufgebaut. Die Kinder müssen selbst entscheiden, wie viel Zeit sie zur Erledigung einer Aufgabe verwenden wollen. Diese Aufgaben haben dadurch jene Komplexität, bei der die aufmerksamkeitsgestörten Kinder typischerweise im Alltag versagen. Die Kinder nehmen sich zu wenig Zeit und schaffen dadurch weniger richtige Resultate. Zur Auswertung wird die Zeit mit der Anzahl der richtigen Ergebnisse multipliziert. Der Test dauert etwa 10–15 Minuten und ist aus meiner Erfahrung wenig beeinflusst von Stimmung oder Umgebungsfaktoren.
Beide Gruppen wurden mit einem nonparametrischen, statistischen Verfahren (Kruskal-Wallis 1-Way Annova) vor und nach der Therapiezeit miteinander verglichen. In beiden Messungen (prä/post) schloss meine Therapiegruppe besser ab, der Unterschied war jedoch nur in der zweiten Messung, also nach der Therapie, signifikant verschieden. Für diese kleine Stichprobe ist diese Veränderung ein guter Indikator der Wirksamkeit meiner Therapiemethode (Mean Rank 12,4 zu 8,6 in der ersten Messung und 13,3 zu 7,7 in der zweiten Messung).*

* Ich danke Herrn Dr. phil. Markus Neuenschwander für die statistische Beratung und Berechnung.

Hypnose und Neurobiofeedback

An den Anfang ihrer Arbeit zur Aufmerksamkeitsstörung stellten Barabasz und Barabasz (5) die Beobachtung der defizitären Selbstregulation bei fokussierter Aufmerksamkeit. Sie untersuchten die Hirnstrommuster im frontalen Bereich aufmerksamkeitsgestörter und durchschnittlicher Kinder. Der Anteil der langsamen Wellen war bei den Kindern mit Aufmerksamkeitsstörung signifikant größer als bei den andern Kindern. Dieses Muster ist typisch für einen zerstreuten Geisteszustand. Mit Hilfe einer Neurobiofeedbackanlage lernten die Kinder, den Anteil der langsamen Wellen zu verkleinern. Dadurch steigerte sich ihre Aufmerksamkeitsleistung. Allerdings waren 80 Sitzungen für eine dauerhafte Verbesserung notwendig, welche aber auch für die Zeit nach der Therapie anhielt. Barabasz und Barabasz nannten ihr Training einen echt rehabilitativen Ansatz im Gegensatz zur allgemein üblichen symptomatischen Therapie. »Das Ziel ist eine dauerhafte Normalisierung, ohne Abhängigkeit von Drogen oder andauernder Verhaltenstherapie.« Zusammenfassend kann man behaupten, dass das Training den Kindern Computer-gesteuerte Anreize anbot, die eine dauerhafte Frontalhirnentwicklung in Gang brachten.

Um die langwierige Therapie abzukürzen, fügten die Autoren ihrem Therapieangebot Hypnose hinzu. Bei früheren Untersuchungen hatten sie herausgefunden, dass Hypnose den Anteil der langsamen Hirnstromanteile ebenfalls senkt. Auch hatten sie zuvor die Hypnose zum Training von Aufmerksamkeitsleistung erfolgreich eingesetzt. In einer Einzelfallstudie aufmerksamkeitsgestörter Kinder sahen die Autoren ihre Hypothese bestätigt, indem für einen dauerhaften Therapieerfolg nur die Hälfte der Sitzungen notwendig war, wenn zusätzlich zum Biofeedback auch Hypnose angewandt wurde.

Milton Erickson

Erickson hat sein Leben der Hypnose gewidmet. Ericksons Lebensphilosophie und -weise basierten wahrscheinlich auf einem gut entwickelten Frontalhirn: Verantwortungsvolle Anstöße alternieren mit lustvollem Loslassen. Strenges und lockeres Denken wechseln ebenso ab wie bedeutungsvolle Inhalte mit kindlicher Verspieltheit. Erickson war bekannt für seine Streiche und Späße. Rosen schrieb, dass er zu Beginn nicht begriff, warum Erickson in einer Sitzung die ernste Diskussion mit dem Klingeln einer Fahrradglocke unterbrach. Zuerst meinte Rosen, es handle sich nur um eine kindliche Laune. (23)

Erickson löste die Probleme effektiv weder mit übermäßiger Distanzierung auf der einen Seite noch mit Baden im Sumpf des Elends auf der andern Seite der Vorgehensmöglichkeiten. Erickson meinte, dass man ein halb gefülltes Glas als halbvoll bejubeln oder als halbleer beklagen könne. Er zog die halbvolle Betrachtungsweise vor.

Rothenbergers Beschreibung der Frontalhirnaufgaben (14) klingt beinahe wie eine Induktion Milton Ericksons zur Förderung der Ressourcen:

»Das Frontalhirn ist wichtig zur Kompensation von Defiziten. Nach der Theorie von Pribram befinden wir uns immer wieder in Kontexten, die zuwenig Informationen liefern, um ein adäquates Verhalten zu ermöglichen. Eine solche Umgebung stimuliert das Frontalhirn zur Reduktion von störenden Gedanken und zu einer flexiblen, kontextorientierten Regulation des Informationsflusses. Mit anderen Worten, Verarbeitungszeit und -kapazität wird vom Frontalhirn reguliert, um eine Überlastung des Hirnes zu vermeiden. Einige Informationen werden zuerst verarbeitet, andere Informationen später.«

Ericksons Geschichten kombinieren auf geniale Weise bedeutungsvolle Inhalte und Veränderungsvorschläge mit unterhaltsamen Episoden. Während des Erzählens registrierte Erickson aufmerksam die Reaktionen der Zuhörer und veränderte seine Geschichten ein bisschen entsprechend dieser Reaktionen: so passten sich seine Botschaften an die Bedürfnisse der Zuhörer an; Ich- und Du-Standpunkte verschmolzen ineinander. Leider erreichen solche Geschichten die aufmerksamkeitsgestörten Kinder wegen ihres schlecht entwickelten Ich-Standpunktes zu wenig. Erickson hat auch nie behauptet, dass man jedes Problem einzig mit Geschichten lösen kann.

Wie sich seine Lebensphilosophie auf den Umgang mit Schwierigkeiten des Lebens auswirkte, erklärte Erickson zum Beispiel folgendermaßen:

»Wenn die Leute krank werden, siehst du das Beste und das Schlechteste aus ihrem Dasein. Du solltest das akzeptieren und du solltest diesen Leuten das Recht geben, sich schlecht zu benehmen. Aber du kannst sie immer fragen: ›Musst du dich in einem solchem Ausmaß schlecht verhalten?‹
Meine Tochter Kristi hatte einen Schnitt an ihrem Bein, und sie hasste ihn, weil er eine Narbe hinterlassen würde. Sie machte ein großes Theater darum. Aber sie erzählte ihrem Freund auch nicht, dass es gut heilte, weil sie mehr Aufmerksamkeit von ihm erhielt, wenn sie sich beklagte. Er ging in einem andern Staat auf die Uni, und es war ein nettes Thema zum Diskutieren, eine nette Art, um Beziehungen aufrechtzuerhalten. (...)
Was können Patienten mit ihren speziellen Krankheiten anstellen? Sind Patienten so eingeschränkt, wie andere denken? Sie sind es nicht.
Jeder denkt, dass Krankheit ein Handikap bedeutet, aber ist es wirklich so? Du willst, dass Patienten erkennen, dass Krankheit, körperliche Behinderung, nur ein Teil ihrer ganzen Lebenserfahrung ist, und ich spreche als jemand, der es wirklich weiß. Ihr habt keine Ahnung von all den Dingen des Lebens, die ich gelernt habe, seitdem ich in diesem Rollstuhl sitze. Es ist wirklich verwunderlich. Dieser Rollstuhl hat mich eine Menge über die Werte des Lebens gelehrt und die wichtigen Dinge, die du haben kannst. Es ist wirklich kein Handikap.
Warum sollten Patienten geschockt sein wegen einer Krankheit oder Behinderung? Sie haben so viel anderes zu genießen. Wenn du Hypnose anwendest, dann schließt du diese Art von Ideen mit ein in deine Technik, sodass Patienten verstehen können, dass sie mehr in deine Praxis bringen als den Blinddarm, das Geschwür, den Krebs, die Arthritis.« (24, Übersetzung Ch. Z.)
Man kann diese Sicht der Dinge auch den Familien mit einem aufmerksamkeitsgestörten Kind vermitteln, denn ihnen fehlt eine solche Gelassenheit meistens. J. Duss-von Werdt sagte mir einmal, was ihn an Erickson immer wieder erstaune, sei seine ungeheure Präsenz im Umgang mit den Patienten.

Kurt

Geschichten wirken bedeutungsvoll, wenn sie einen Ich-Bezug bekommen. In Sachen Ich-Bezug müssen die aufmerksamkeitsgestörten Kinder zunächst viel lernen.

Kurt kam meist gerne und gut gelaunt zur Therapie. Natürlich war er nicht besonders mitteilsam. Wenn ich ihn etwas fragte und er meistens sagte, »Ich weiß nicht« oder »Es ist mir gleich«, fiel ihm selbst seine Unfähigkeit zu einem interessanten Beitrag nicht sonderlich auf. Auch schien er meine Hoffnung, mein Bedürfnis, meine Erwartung – oder wie man es auch immer nennen will –, dass er etwas von sich selbst preisgeben würde, nicht zu bemerken. Sich gefühlvoll verhalten oder über Gefühle zu reden schien ihm eher lästig zu fallen.

Meistens konnte er sich erst nach längerem Bemühen meinerseits zu einem nennenswerten Diskussionsbeitrag durchringen. Gab er dann doch einen Kommentar ab, lautete dieser meist so, dass die Sachlage eigentlich schon immer so gewesen sei. Seine Kommentare besaßen jenen so typischen Tonfall, der mir mitteilte, er wunderte sich, warum ich überhaupt auf die hirnrissige Idee käme, darüber zu reden.

Ablenkungen wie die Schwäne auf dem Fluss vor meinem Fenster oder Geräusche des Verkehrs blieben momentane Ablenkungen ohne persönliche Bedeutung. Mir wurde der Unterschied klar, als mich die Lastwagengeräusche an ein gutes Gefühl aus meiner Vergangenheit erinnerten und ich von einer Reise nach Südamerika erzählte. Auch wenn ich intensiv danach fragte, berichtete mir Kurt keine Assoziationen zu irgendwelchen ablenkenden Reizen.

Natürlich wollte ich etwas ändern. Da gab es Dinge im Leben von Kurt, die ihm dann doch nicht ganz gleich sein konnten. Immer wieder kam die Sprache auf seinen jüngeren Bruder, der ihn störte, ihm etwas kaputt machte oder bei Streitereien die Mutter auf seine Seite zog. Gewalt und Geschicklichkeit des jüngeren Bruders weckten bei Kurt eine hilflose bis mörderische Wut.

Dann gab es auch Albträume in Kurts Leben. In seinen Albträumen konnte er seiner Angst nicht entkommen. Deshalb ließ ich sie Kurt in Trance oft nochmals träumen: Wirklich erlebte Albträume und neu erfundene Albträume. In der Therapiestunde bei mir waren die Albträume erträglich. Der Therapeut war anwesend, und in Trance schaffte Kurt genügend Distanz zu seinen Angstträumen.

In Gedanken formten wir aus seiner Wut gefährliche Dinosaurier und andere Tiere. Wir überlegten, wie wir uns ihnen gefahrlos nähern könnten. So gewöhnte sich Kurt langsam und unmerklich an den Umgang mit Gefühlen. Angst und Wut hatten auch für Kurt etwas Bedrohliches, und irgendwie war er doch motiviert, sich damit zu beschäftigen, solange ich genügend behutsam vorging.

Wie bei den meisten aufmerksamkeitsgestörten Kindern gab es bei Kurt im Grunde seines Herzens viele gute Absichten, beinahe möchte ich sagen nur die besten Absichten. Diese Tatsache steigerte natürlich seine Überforderung in einer Welt mit gar nicht immer den besten Absichten. Und mit der Überforderung kam auch das gleichgültige Ausweichen oder die hilflose Verletzung.

Oft fühlte sich Kurt verletzt angesichts wirklicher und vermeintlicher Ungerechtigkeiten, denen er begegnete. Kurts Frontalhirnfähigkeiten waren da überfordert und so fühlte er sich besser beim Spielen und in Ablenkungen. Diese heile Welt stellte ihm Ausweichmöglichkeiten zur Verfügung; damit ging er leichter einer Auseinandersetzung mit reellen Schwierigkeiten aus dem Weg und er musste seine Frontalhirnfähigkeiten nicht trainieren. Ausweichverhalten und fehlende Problemlösungsfähigkeiten verstärkten sich gegenseitig, und er geriet immer stärker in einen Teufelskreis, indem er seine Hilflosigkeit gar nicht mehr zu erwähnen wagte, geschweige denn sie mit geeigneten Maßnahmen anzupacken. Aus meiner Perspektive interessieren mich von den Frontalhirnfähigkeiten vor allem die Kombinationsarten des Ich- und Du-Standpunktes.

Damit sich Kurt einen eigenen Ich-Standpunkt erarbeitete, musste ich ihn mit Schwierigkeiten konfrontieren, denen er nicht ausweichen konnte. Also redeten wir zusammen über seinen Bruder und die Albträume, genügend behutsam, dass ihn die Bedrohungen, die er in der Vergangenheit kaum wahrgenommen hatte, nicht zu sehr erschreckten.

Alleiniges Verständnis könnte Kindern mit andern Störungen helfen, Kurt würde Verständnis nicht beeindrucken. Er würde auch dem Verständnis ausweichen. Es scheint so, dass zur Entwicklung

des Frontalhirns eine gute Mischung angenehmer und unangenehmer Erfahrungen, Vergnügen und bewältigbaren Bedrohungen nötig ist, damit man in komplexen Anforderungssituationen blitzschnell zu entscheiden lernt, welche Einschränkungen von Wohlbefinden und eigener Lusterfüllung man zugunsten des sozialen Friedens in Kauf nehmen mag, oder wo andererseits die eigene Integrität zu sehr angetastet wird, sodass man sich berechtigterweise und sozial geschickt gegen gewisse Anforderung zur Wehr setzt.
Natürlich bildeten die Fragen, die ich Kurt über bedeutungsvolle Ereignisse in seinem Leben stellte, auch eine komplexe Anforderungssituation, in der er eben über die Bedeutung nachdenken musste, die er seinen Erlebnissen geben wollte, und gleichzeitig musste er in Betracht ziehen, was ich von ihm wollte und wie ich zufrieden zu stellen sei oder eben nicht reagieren würde.
Doch in der Erziehung und in der Kindertherapie ist es wie bei einer längeren Antibiotikumtherapie. Setzt man nur ein Antibiotikum ein, so entwickeln die Bakterien schnell Resistenzen. Setzt man nur auf eine einzige Erziehungsmethode, so lernen Kinder schnell, sich davon nicht mehr beeindrucken zu lassen.
So habe ich in der modifizierten Hypnotherapie neben den gängigen Therapietechniken vor allem das Induktionstraining zur Verfügung, welches das Frontalhirn ebenfalls trainiert und dem die Kinder nicht so gut wie den üblichen Fragen ausweichen können. Beim Induktionstraining verlieren die kindlichen Strategien des Unbeteiligt-Seins, des Nicht-Wissens und Nicht-Könnens ihre Wirkung, weil es gerade diese Strategien sind, die ich zur Induktion brauche.
Wie kann ein aufmerksamkeitsgestörtes Kind den Therapeuten auflaufen lassen, wenn er Ruhe, Nichts-Tun und eventuell sogar Langeweile fordert?

4. Kapitel

Drei Problemkreise: Schulleistungen, Emotionen und Verhalten

Die Erickson'sche Perspektive empfiehlt dem Therapeuten, dass er unmittelbar auf die Probleme eines Klienten eingeht und den Tücken einer verallgemeinernden Diagnose eher aus dem Weg geht. So ist das Etikett Aufmerksamkeitsstörung weniger eine therapierbare Schwierigkeit, sondern mehr ein Hinweis auf die Schwierigkeit der anvisierten Problemlösung. Die Probleme aufmerksamkeitsgestörter Kinder teile ich in drei Gruppen ein. Im Folgenden beschreibe ich für jede Gruppe mindestens ein typisches Fallbeispiel.

Schulleistungsprobleme: *Dorin*

Viele aufmerksamkeitsgestörte Mädchen sind in ihrer Schullaufbahn überhaupt nicht aufgefallen, außer dass die Leistungen nicht ihrem wahren Können entsprochen haben. Beim genaueren Hinschauen bemerkt man jedoch schnell ihr Ausweichverhalten und ihre träumerische Zurückgezogenheit. Ich wende mich nicht generell gegen Träumereien der Kinder, sondern finde sie, zum richtigen Zeitpunkt, sogar sehr heilvoll. Die ungesteuerten Träume bei Aufmerksamkeitsstörung kommen jedoch oft im falschen Moment vor, wenn die Lehrerin eine wichtige Anweisung gibt oder wenn die Kinder ihre Pflichten im Haushalt erledigen sollten.
So unauffällig die Probleme mit Schulleistungen sein können, gerade bei knapp genügendem Notendurchschnitt, so hartnäckig widersetzen sie sich therapeutischen Bemühungen. Kinder mit weit unterdurchschnittlichen Schulleistungen erachte ich nicht als geeignete Kandidaten für meinen Therapieansatz.
Die sanfte 12-jährige Dorin entwickelte sich während der halbjährigen Therapie von einem feingliedrigen Mädchen zu einer jun-

gen Dame. Sie war gewohnt zu gehorchen und kam ganz artig zur Therapie, obwohl ich mir gerade für ein Mädchen ihres Alters spannendere Beschäftigungen vorstellen konnte, als einen fremden Mann zu besuchen, auf einem Stuhl sitzend nichts zu tun, sich zu entspannen und Konzentration zu lernen.

Vor einigen Jahren erkrankte ihre Mutter schwer. Damals wohnte Dorin bei ihrer Großmutter. Jetzt hatte sich die Mutter gut erholt. Sie erzählte mir, sie käme auf Anraten der Lehrerin, weil Dorins Schulleistungen in den ungenügenden Bereich gerutscht seien.

Des Weiteren erfuhr ich, dass Dorins jüngere Schwester in die gleiche Klasse wie Dorin ging, Dorins Eltern aus dem früheren Jugoslawien stammten und Dorin ihre ersten Lebensjahre im Ursprungsland bei der anderen Großmutter verbracht hatte.

Dorin sagte mir, dass sie lernen möchte, sich besser zu konzentrieren. Manchmal könne sie der Lehrerin nicht zuhören; oft müsse sie die ablenkenden Kameradinnen beachten, obwohl sie es gar nicht wolle; bei Schularbeiten wisse sie manchmal nicht, was sie sagen oder schreiben solle.

Ich fragte Dorin, wie sie auf ihre schulischen Misserfolge reagiere. Dorin sagte, sie sei traurig und nervös. Selten und nur zu Hause würde sie wütend. Ihre Mutter würde schimpfen, wenn sie zu wenig bei der Sache sei.

Dann saß Dorin still da. Wie immer, wenn das Kind von sich aus nichts erzählte, erklärte ich Dorin, dass es angenehme und unangenehme Dinge im Leben gäbe: »Du kannst dich auf angenehme und unangenehme Empfindungen konzentrieren, während du ruhig und sicher bei mir auf dem Stuhl sitzt.«

Zuerst erinnerte sich Dorin an einen schönen Spaziergang in ihrem Herkunftsland. Sie streifte mit ihrem Hund über ihre Lieblingsplätze der Kleinstadt. Der Hund gab ihr Sicherheit. Ich erklärte Dorin, diesen Hund könne sie sich auch in der Schule immer wieder vorstellen, wenn sie mehr Sicherheit bräuchte.

Ich schlug Dorin vor, auch an ganz unangenehme Erinnerungen zu denken. Sie erzählte darauf von der Abwesenheit der Mutter, als sie schwer krank war; dazu erwähnte sie einen Tumult in der Schule und ihren damaligen Umzug in die Schweiz. Ich wollte, dass Dorin ein Symbol für ihre schlimmen Erinnerungen suchte. Sie entschloss sich für das Bild einer Schlange, ließ sich aber von dem Bild nicht erschüttern.

Ein emotionales Unbeteiligtsein behindert sowohl die Aufmerksamkeit wie auch den therapeutischen Aufbau genügender Motivation.

Später sagte Dorin: »Ich möchte lernen, ich möchte aufpassen können, ich möchte die Sprache der Lehrerin verstehen können.«

Ich antwortete: »Du wirst genügend stark werden, sofern du bei mir gut trainierst. Während des Konzentrationstrainings entspannst du dich und stellst dir in Gedanken die angenehmen und unangenehmen Dinge vor. Damit stärkst du die Kraft deiner Gedanken. Mit den starken Gedanken findest du selbst heraus, wie du besser hörst, verstehst, arbeitest und aufpasst. Zuerst schlage ich dir vor, dass du dir ein Lieblingslied durch den Kopf gehen lässt und du genau auf Takt und Melodie hörst. Ein Lied, das dir gefällt.« Dorin konzentrierte sich auf ihre Musik, so gut es ging.

Dann fragte ich: »Damals, als deine Mutter krank war, was hat dir geholfen, dass du nicht zu traurig warst?«

Dorin sagte: »Es kam ein anderes Mädchen zum Mittagessen zu Großmutter. Sie hieß Nicole, mit ihr hatte ich es lustig.«

Ich sagte: »Du siehst, es gibt immer etwas, das einem weiterhilft. Überlege dir bis zum nächsten Mal, was dir in der Schweiz besonders gefällt. Nimm auch in Gedanken dein Hündchen mit zur Schule; stell dir vor, an welchem Platz im Klassenzimmer du es sehen kannst.«

Die nächsten drei Sitzungen verbrachten wir mit den Liedern, die sie in Gedanken hörte; mit dem schönen Gefühl des Einschlafens und mit den beiden Katzen an den Beinen, die ihre Nervosität symbolisierten. Dorin bemerkte dazu, dass ihre Schwester und auch andere Kinder sie nervös machten.

Insgesamt habe ich Dorin acht Mal gesehen; in der zweiten Hälfte der Therapie fragte ich oft nach ihren Gefühlen, die bei Verlust oder Verlieren auftraten. Unerkannte Traurigkeit kann die Leistungsbereitschaft untergraben.

Ich sagte: »Niemand verliert gerne. Eigentlich unternehmen wir alles, damit wir nicht verlieren. Deshalb bist du auch bei mir, weil dich deine Ablenkbarkeit mit schlechten Noten zur Verliererin macht. Du hast deine Heimat ein Stück weit verloren. Du hattest Angst, deine Mutter zu verlieren. Jetzt willst du deine Klasse nicht verlieren, du willst dort bleiben. Ich schlage dir eine Konzentrationsübung vor:

Schau ganz konzentriert auf den Stuhl da, gegenüber. Stell dir deine Mutter so intensiv vor, bis du sie sehen kannst. Sag mir, was sie gerade macht.« Dorin sagte es mir.
Ich fuhr fort: »Deine Mutter ist jetzt in Gedanken immer bei dir, auch wenn du etwas Schwieriges erlebst. Stell dir jetzt die Schlange vor, lass dich ein klein bisschen von ihr erschrecken. Du bist jetzt genügend stark, sodass du dich vor der Schlange sicher fühlst. Gut. Jetzt bist du stark, du kannst deine Hand ganz leicht machen und sie in der Luft schweben lassen. Schau deine Hand an, man nennt diese Unbeweglichkeit Katalepsie. Schau auf deine Hand und du kannst dich in der Schule wiederfinden. Du hörst deine Lehrerin, dein Hund gibt dir Stärke und du konzentrierst dich auf die Deutscharbeit, wie wenn es ein lustiges Spiel wäre, das du gerne machst. Die andern Schüler sind weit weg, es kommt dir vor, als wärst du mit deiner Lehrerin alleine im Klassenzimmer.«
Zum Abschluss der Therapie unterstrich ich Dorins Selbstständigkeit: »Du alleine kannst dir helfen, aber du hast dein Unbewusstes zur Seite, das du jetzt in der Entspannung als Bilder, Töne, Erinnerungen, Geschmäcker und Gedanken erlebst. Du hast in der Therapie gelernt, dich zu entspannen, dich zu konzentrieren, und du kannst jetzt darauf vertrauen, dass du diese Fähigkeit auch in der Schule anwenden kannst, manchmal besser, manchmal weniger gut, je nachdem, wie fit oder wie müde du dich fühlst. Geh am Vorabend aber rechtzeitig schlafen, weil deine neuen Konzentrationsfähigkeiten nur wirken, wenn du gut ausgeschlafen bist.«
Dorin hatte mir erzählt, dass sie oft zu spät ins Bett ginge. Ich habe auch die Mutter darauf aufmerksam gemacht. Die Mutter hatte gelacht und gesagt, sie wolle darauf achten.
Bei der Schulleistungsstörung erkennt man deutlich, was passiert, wenn ein Kind teilweise nicht begreift, welche Strategien, Überlegungen und Verhaltensweisen zum gewünschten Erfolg führen. Dieses »Nicht-Einklinken« der Entwicklung passiert meines Erachtens deshalb, weil zufallsbedingt die richtigen Anreize fehlen oder andererseits Nicht-Verstehen-Können eine befriedigende Reaktion auf schwächere Anreize verhindert.
Ich habe Dorin mit einer eher intensiven Mischung von Therapietechniken bedacht, eine Mischung, welche andere Mädchen ihres Alters vielleicht dazu gebracht hätte, aufzustehen und wegzugehen, weil sie es nicht mehr aushielten.

Doch bei den Kindern, deren Aufmerksamkeitsstörung ausschließlich zu Schulleistungsproblemen führt, kann man ein hohes Ausmaß an geistiger Spannungslosigkeit erwarten. Aktivere Temperamente machen mit Verhaltensstörungen auf ihre Not aufmerksam und kompensieren mit Provokation »negativer« Beachtung, was ihnen an schulischer Befriedigung entgeht.
Die Therapie kann bei diesen Kindern nicht unbedingt auf wundersame Art Heilung bewirken, weil ihre Reaktionen eben schwach ausfallen und gerade jene geistigen Funktionen beeinträchtigen, mit denen man in der Therapie arbeitet.
Eine Ausnahme sind diejenigen Kinder, die durch ein umschriebenes Problem momentan blockiert sind. Bei diesen Kindern würde ich nicht von Störung der Aufmerksamkeit sprechen, ebenfalls nicht bei den Kindern mit einer einfachen Lernstörung.

Emotionale Probleme: *Viktor*

Als die Mutter mit Viktor zu mir kam, hatte er vom Kinderarzt bereits Ritalin erhalten. Die Mutter sagte, sie halte das Kind ohne Ritalin nicht aus. Sie selbst besäße ein dünnes Nervenkostüm, sie möchte nicht in Versuchung kommen, Viktor zu schlagen. Ihre Eltern hätten sie überaus streng erzogen. Sie wolle nicht so hart zu Viktor sein, aber bei ihm würden gar keine Erziehungsmaßnahmen wirken. Wenn Viktor von der Schule heimkomme, provoziere er, sei frech und halte keine Regeln ein, helfe nicht, wenn sie ihn darum bäte. Ganz schlimm werde es, wenn seine spontanen Wünsche nicht in Erfüllung gingen, zum Beispiel spielen oder ins Freie gehen. Nach einem solchen Verbot reagiere er bösartig, wirke dann wie »ausgewechselt«.
Am Morgen wache er häufig um sechs Uhr auf und fange an zu singen. Er meine es nicht böse, aber sie und ihr Mann ertrügen den Gesang schlecht, vor allem am Sonntagmorgen.
Viktor kam ganz brav zu mir, machte bei den Tests gut mit. Hinter seiner ruhigen Art spürte ich aber eine erhebliche Nervosität. Seine Ausdauer wurde dadurch kompromittiert. Auch wenn er im Intelligenztest überdurchschnittlich abschnitt, zeigte ein Aufmerksamkeitstest, dass er sein Lernpotenzial nicht ausschöpfte. Aber die

Mutter gab ihm Ritalin nicht wegen der Schulleistungen, sondern wegen seines provokativen Verhaltens zu Hause. Er habe gute Noten, in der Schule bestehe höchstens das Problem, dass er seinen Mund nicht immer halten könne. »Es rede ihm einfach«, sagte die Mutter.

Als Kind sei Viktor im höchsten Maße unruhig gewesen, habe in der Nacht so lange geschrien, bis die Eltern sich nicht mehr anders zu helfen wussten, als Klein-Viktor kalt abzuduschen. Bei ihm hätten die Schrei- und Bauchkrämpfe fünf Monate gedauert. Die ganze Zeit, bevor die Aufmerksamkeitsstörung diagnostiziert worden war, hätte die Mutter an sich selbst heftigst gezweifelt. Sie habe nicht mehr gewusst, »soll ich konsequenter sein oder mache ich alles falsch?«

Ich sagte ihr, von falsch könne man in der Erziehung nur selten reden, meistens seien die Erziehungsmaßnahmen unvollständig, gingen vielleicht zu wenig auf die individuellen Schwierigkeiten des Kindes ein. Ich schlug vor, dass die Mutter zusammen mit Viktor einen Namen suche sowohl für sein angenehmes wie auch für sein unangenehmes Verhalten. Ich erklärte, dass man im Leben oft so eine Art Rolle spiele, dass man sich zu Hause anders verhalte als in der Schule und dass man den Rollen, die man im Leben spiele, auch Namen geben könne.

Das nächste Mal erzählte die Mutter, sie hätten sich auf Teufelchen und Clown geeinigt. Viktor sagte, es packe ihn ein Teufelchen, wenn er frech sei und provoziere; eigentlich wolle er dies gar nicht. Ich gab der Mutter den Rat mit, Viktors verschiedene Rollen ruhig und humorvoll zu benennen.

Viktor kam alleine zu mir und ich sagte ihm, bei mir bedeute arbeiten: ruhig dasitzen, sich entspannen und nichts machen. Bei mir war Viktor immer sehr brav und kooperativ. Er konnte sich ordentlich entspannen, und zuerst sagte ich ihm, er solle sich etwas Schönes vorstellen, etwas, das er gerne mache, und dabei herausfinden, wie wohl er sich in seinem Körper fühle. Es gelang ihm recht gut, sich selbst in der Vorstellung beim Zeichnen zu sehen.

Dann sagte ich ihm: »Stell dir etwas anderes vor, das nicht so schön ist.« Viktor erinnerte sich an »Sturm Lothar«, wie er die Bäume gefällt hatte. Die gefällten Bäume hatten ihn sehr traurig gemacht.

Dann bat ich ihn: »Denk an etwas, das häufiger vorkommt, aber auch nicht so schön ist.«

Er sagte: »Mir kommt in den Sinn, wenn ich mir den Kopf anschlage oder wenn ich Angst habe um meine Mutter, es könnte ihr etwas passieren oder sie könnte sterben.«
»Wie könntest du deine Angst in den Griff kriegen«, fragte ich.
Er sagte: »Wenn ich Mami eine Freude mache, geht die Angst weg.«
Ich meinte: »Das geht gut, solange man gut bei Kräften ist. Wenn man müde ist, macht man der Mami nicht so oft eine Freude. Spür jetzt deinen Körper, wenn es dir nicht gut geht, was spürst du, wenn du nicht mehr gut bei Kräften bist? Was ist das Allerschlimmste für dich?«
»Wenn sie immer Nein sagen.«
»Dann verwandelst du dich wohl in ein Teufelchen.
Stell dir jetzt all die dummen Wörter vor, die das Teufelchen dir einflüstert. Das Teufelchen sagt dir, du sollst es sagen, damit deine Wut erträglich scheint.«
Viktors Wut konnte phänomenal zum Ausbruch kommen. Mich ließ er seine Wut nie sehen. Doch wir redeten von ihr. Ich sagte, er solle sich die Wut so vorstellen, wie wenn sich ein Ferkel im Dreck wühlt. Und dann solle er sich vorstellen, er selbst sei das Ferkel und das Wühlen im Dreck würde ihm Spaß machen.
»Zur richtigen Zeit darf man sich jegliche Vorstellungen erlauben; die Gedanken sind frei, dafür wird man nicht bestraft«, fügte ich an. Mein Vorschlag schien Viktor zu gewagt, er sagte: »Das Teufelchen hat das Ferkel gepackt.«
»Na gut«, meinte ich, »dann musst du aber lernen, auf gute Art Blödsinn zu machen, dass die Erwachsenen auch darüber lachen können oder es zumindest dulden. Das heißt: harmlose Späße, vielleicht auch Witze.«
In seinen Träumen herrschten Krieg und Zerstörung. Wenn er das Zimmer aufräumen sollte, dann würde er in seiner Wut am liebsten alles kaputtschlagen.
Koala-Bären symbolisierten seine Wünsche, und manchmal kam ihm seine Mutter als Bärentöterin vor. Deshalb lernte er in der Vorstellung seine Koalas beschützen, selbst wenn er den Forderungen der Mutter entgegenkam.
Beim nächsten Mal sagte Viktor nochmals, dass er sich am meisten ärgere, wenn seine Mutter ihm einen dringenden Wunsch abschlage. Ich sagte: »Dann geht es dir so schlecht, wie wenn du in einem

Spiel verloren hast. Auch deine Mutter verliert nicht gerne, und wenn es um die Erziehung geht, sollten auch Mütter ab und zu gewinnen. Deshalb hat sie mich engagiert, dass ich dir sage, du sollst sie auch manchmal gewinnen lassen.«

Viktor sagte: »Ich kenne einen Bub, den Dominik, der kann gar nicht gut verlieren. Ich will nicht so sein wie Dominik.«

»Wenn etwas in Erfüllung geht, dann bist du glücklich. Manchmal wird dein Glück gestohlen. Vielleicht ist da ein Drache auf Besuch und am Werk.«

»Wenn sie mir sagt, ich dürfe nicht draußen spielen. Oder ich spiele im Zimmer und sie sagt, geh schlafen und ich will noch nicht. Bei der Lehrerin ist ein Nein ein Nein. Beim Mami stürme ich so lange, bis sie vielleicht nachgibt.«

»Du setzt die Mutter unter Druck, um sie zu testen? Vielleicht ist es dir manchmal langweilig. Wäre es nicht komisch, wenn du plötzlich aufhörst zu ›stürmen‹ und du weißt gar nicht warum? Die Mutter ist meistens die Stärkere. Aber vielleicht bist du wenigstens stärker als der Drache?«

»Gestern hat mir meine Schwester gesagt: ›Als die Eltern mich früher geschlagen haben, habe ich gedacht, es solle etwas Schlimmes passieren, damit es den Eltern richtig leid tut.‹

Nach diesem Gespräch spielte Viktor intensiv mit dem Zirkus. Er konnte gut spielen.

Beim nächsten Mal fragte ich Viktor, auf welchem Gebiet er sich verbessern möchte, dann könnten wir da in Gedanken trainieren. Er nannte Tennis, Hockey und Fußball. Wir trainierten, in eine Trance zu gehen, und ich erklärte ihm das Wort Frustration, das sei, wenn ein wichtiger Wunsch nicht in Erfüllung gehe und dann die Enttäuschung oder das Teufelchen stärker sei. Oder wenn man vor Ende der Schulstunde spielen möchte.

Viktor berichtete: »Bei einem Streit zwischen meiner Schwester und meiner Mutter habe ich das Gefühl, ich dürfte gar nichts mehr machen. Manchmal mache ich absichtlich einen Blödsinn, um die beiden vom Streiten abzulenken.«

Viktor wünschte sich eine Welt, in der alles erlaubt sei. Mami hatte dort nie schlechte Laune, und seine 4 Jahre ältere Schwester durfte abends nicht länger in die Stadt als er selbst.

Ich schlug ihm vor, sein Lieblingstier, den Delfin, auf dem Stuhl gegenüber zu sehen und sich zu freuen, wie er und die andern Del-

fine sich im großen Meer tummelten und alles tun durften, was nicht gefährlich war. Dann verwandelte sich Viktor ebenfalls in einen Delfin und schwamm und tauchte mit den andern Delfinen. Ich sagte ihm, er solle so locker sein wie im Turnen, selbst wenn seine Mutter gelegentlich schlechter Laune war.«

Später erzählte mir Viktor wieder von seiner Schwester, die selbst bei Lappalien die Nerven verlor. Eigentlich hatte Viktor nichts gegen seine Schwester, die beiden kamen sich kaum in die Quere. Doch wenn Viktor am Abend schon eingeschlafen war, weckte ihn manchmal der Streit zwischen Eltern und Tochter. Er habe es bis jetzt noch nie geschafft, den störenden Lärm auszublenden, um besser einschlafen zu können.

So suchte ich Situationen, in denen man Geräusche und Stimmen natürlicherweise überhört. Plötzlich sagte Viktor, dass beim Auswendiglernen eines Gedichts die äußeren Stimmen verschwinden würden und erst wieder erschienen, wenn er fertig gelernt hätte. So begriff es, dass er den Streit überhören konnte; er musste sich nicht mehr jedes Mal darüber ärgern.

Viktor sagte: »In ein paar Jahren darf ich nicht so sein wie meine ältere Schwester, weil die Eltern dann wissen und schon geübt haben, wie sie mit solchem Verhalten umgehen können, und dann sind sie ganz streng zu mir.

Ich möchte gerne fliegen können, und Gerechtigkeit ist mir ganz wichtig, wie bei Superman.«

»Superman ist auch sehr gescheit, und wenn er merkt, dass sie ihm etwas verbieten will, fragt er seine Mutter humorvoll: ›So, und was willst du mir schon wieder oder als nächstes verbieten?‹ Auf diese Art muss er nicht ausrasten deswegen.«

Die emotionale Problematik erweist sich für den Therapeuten meist als sehr angenehm. Die meisten Kinder verhalten sich in der Therapie kooperativ und rasten vorwiegend zu Hause aus. So erkennt man auch die Kontextabhängigkeit der Symptome, die meist bei Überforderung auftreten. Auch wenn Aufmerksamkeitsstörung vorwiegend als »Stoffwechseldefekt« definiert wird, ist sogar dieser Defekt kontextabhängig. Mit Viktor zusammen habe ich folgende Geschichte erfunden:

Die Geschichte vom Tennisspieler

»Wenn dir etwas nicht gelingt oder wenn du etwas nicht darfst, ist dies nicht leicht für dich. Es ist für niemanden leicht.
Mach die Augen zu, ich will dir eine Geschichte erzählen, die du dir mit geschlossenen Augen vorstellst; du tust so, als würdest du träumen. Im Traum siehst du sehr klar. Und du glaubst, dir selbst passieren die Erlebnisse des Helden in der Geschichte. Wenn in der Geschichte eine Frage gestellt wird, beantworte sie still für dich. Im Traum kannst du nicht reden.
Der Junge, der beim Training so gekonnt auf den Tennisball einschlug, hieß Andi. Er traf den Ball meistens in der Mitte seines Tennisschlägers. Von der Mitte des Schlägers flogen die Bälle pfeilschnell in die gewünschte Ecke des gegnerischen Feldes. Hin und her sprangen die Bälle aller, so wie es der Trainer vorgezeigt hatte. Bei Andi flogen die Bälle exakter und schneller. Er sah sie besser und traf sie besser, selbst als die Sonne schon bedenklich schräg am Himmel stand und eine friedliche Abendluft über den Platz wehte, auf dem die Bälle hin und her sprangen.
Sonntags freute sich Andi auf den Wettkampf. Er stand früh auf und radelte zum Tennisplatz. Doch heftig schüttelte ihn die Enttäuschung, als er auf der Teilnehmerliste seinen Namen nicht bemerkte. Weil er nicht auf der Liste stand, durfte er nicht spielen, hieß es. Fassungslos stand er da, sein Atem stockte, die Augen erloschen in seinem starren Gesicht, eine Welt brach zusammen, bis eine gewaltige Wut ihn packte. Er schrie böse Worte in die Runde, gab der Tasche, die im Weg stand, einen Kick und knallte die Tür hinter sich zu. Er überhörte die besorgte Stimme seines Trainers, der ihn zurückrief. Überhaupt hörte er auf dem ganzen Heimweg keinen einzigen Ton, außer das Rauschen der Wut in seinen Ohren. Zu Hause fragte sein besorgter Vater: Was ist in dich gefahren?
Andi sagte ganz leise, ein Teufelchen habe ihn gepackt.
Sein Trainer mochte Andi gern. Er setzte sich dafür ein, dass Andi im Club bleiben durfte. Die Wettkampfrichter entschuldigten sich sogar, dass sie vergessen hatten, seinen Namen auf die Liste zu setzen.
So donnerten auch in der nächsten Woche Andis Bälle auf dem Platz hin und her.

Beim nächsten Sonntagsturnier stand zum Glück auch sein Name auf der Teilnehmerliste. Andi fühlte sich nervös und gewann den ersten Satz nur mit Glück. Als im zweiten Satz die Nerven blank lagen, entschied der Schiedsrichter unglücklicherweise, Andis Ball sei außerhalb der Linie gelandet. Und Andi hatte doch den Ball im Feld gesehen. ›Nein, nein, nein‹, brüllte er in die Runde, knallte seinen Schläger auf den Boden und verließ wutschnaubend den Platz.

Zu Hause sagte sein Vater sanft: ›Also Andi, so kann es nicht weitergehen. Was stellst du dir vor, was dir helfen kann?‹

›Nur der Engel kann mir helfen‹, antwortete Andi, ›doch wo finde ich den Engel?‹

›Ich weiß, wo du den Engel findest.‹

›Wie finde ich ihn?‹

›Schau auf die helle Stelle des Buffets, dort, wo die Sonne hinscheint. Schau konzentriert dorthin, bis du den Engel sehen kannst, den Engel, dessen Hilfe du dir wünschst. Wenn du ihn gefunden hast, sag mir, wie er aussieht.‹

Andi sagte: ›Er ist weiß mit Flügeln und einem goldenen Ring um den Kopf.‹

Sein Vater sagte: ›Jetzt hör gut zu, was dir der Engel zu sagen hat. Damit du ihn hören kannst, geh schnell in dein Traumland. Dort entspannst du dich, so als ob du dich vor dem Einschlafen müde ins Bett legst, dann siehst du den Engel und hörst, was er sagt. Nimm dir Zeit dafür.‹

Entspannt murmelte Andi: ›Der Engel sagt, er verstehe meine Enttäuschung: ‚Doch wenn du enttäuscht bist, suche mich mit deinen Augen. Immer, wenn du enttäuscht bist, kannst du mich an einer hellen Stelle finden, mich dort sehen und hören. Ich werde dich dann trösten und dir helfen. Denk daran, immer wenn die schwarze Wolke der Enttäuschung sich über dich stülpt, dann such mich im Licht und es wird dich trösten. Auch im Traum werde ich dich besuchen und dir helfen, am nächsten Tag munter mit dir lachen. Dein Teufelchen kann dich nur besuchen, wenn du enttäuscht bist. Die Enttäuschung öffnete die Tür für das Teufelchen.‘ Ich weiß jetzt, der Engel im hellen Fleck wird mir helfen‹, murmelte Andi zum Schluss.

Danach spielte Andi wieder regelmäßig mit beim Training. Sein verständnisvoller Trainer gab ihm nochmals eine Chance. Er glaubte an Andi. Und so flitzten die Bälle noch schneller und noch gezielter durch die kühlende Abendluft, die in der untergehenden Sonne einen sanften Herbst ankündete. Mit Hilfe des Engels kühlten seine Wut und Enttäuschung schnell, so wie der Tau und der Nebel des Herbstes ein heißglühendes Eisen stark und kalt werden lassen.

Mach deine Augen wieder auf und denk nach, wie leicht auch du die Enttäuschung eines Neins ertragen kannst. So leicht wie die Vögel, die sich im Herbst von ihren starken Flügeln nach Süden tragen lassen, fliegt dein Zorn nach der Enttäuschung eines Neins davon. Vom Süden kommt er verwandelt zurück als heißes Interesse für das Spiel, das du liebst.«

Verhaltensschwierigkeiten: *Manuel*

Der 8-jährige Manuel begegnete mir von Beginn an als offener, quicklebendiger und sympathischer Junge. Sein Vater war vor Jahren gestorben, seine Mutter lebte mit ihrem Freund zusammen. Während der Therapiezeit wurde die Mutter schwanger, und Manuel bekam ein kleines Schwesterchen. Die Mutter hatte vom Erscheinungsbild der Aufmerksamkeitsstörung gehört, darin Manuel wiedererkannt und bat mich deshalb um Unterstützung für ihren Sohn. Manuel kam von Anfang an den weiten Weg durch die Stadt alleine zu mir.

Außer brutalen Aggressionen fand man bei Manuel alle möglichen Verhaltensstörungen. Seine Untaten richtete er im Geheimen an oder er überdeckte sie mit seinem großen Charme. Wie schon gesagt, verhielt er sich mir gegenüber freundlich und offen. Er konnte aber auch lustlos und schlechter Laune sein, aber selbst dann blieb er höflich. Der Mutter machte es Sorgen, dass Manuel zu sehr den Weg des geringsten Widerstandes ging und sich in der Schule nicht gut konzentrierte.

Manuel beachtete Gefahr nicht. Zum Glück war er trotzdem relativ selten verletzt. Er sprang vom Dach eines Hauses in den Fluss. Einmal beklagte er sich bei mir, er habe Angst dabei, und ob ich ihm nicht die Angst wegmachen könnte. Ich antwortete ihm, das sei wohl eine gesunde Angst und ich sei froh, dass er diese habe.

Obwohl Manuel gerne ein netter Kerl sein wollte, strengte er sich dafür nicht besonders an, er ging den Weg des geringsten Widerstandes. Auch bei Dummheiten plagten ihn kaum Gewissensbisse. Furcht vor Bestrafungen kannte er nicht. Ausgesprochene Bestrafungen weckten bei ihm etwas Unmut, gepaart mit leichter Verstimmung. Doch sein optimistisches Temperament obsiegte.
Er kam in eine Schulklasse, in der die leistungsorientierte und bestrafungsbereite Lehrerin die Hälfte der Kinder so weit brachte, dass sie wegen psychosomatischer Störungen den Kinderarzt aufsuchten. Es gab auch einen Elternaufstand in dieser Klasse. Die Lehrerin mochte vor allem die braven, gescheiten Mädchen. Manuel weckte keine große Sympathie bei dieser Lehrerin. Doch als sie erfuhr, dass Manuel wegen Unaufmerksamkeit in Behandlung war, ließ sie ihn meistens in Ruhe. Auch diese Lehrerin überstand Manuel zwei Jahre lang unbeschadet. Den nächsten Klassenlehrer mochte Manuel dafür besonders gern leiden.
Zu mir kam Manuel willig, ohne besondere Begeisterung, aber auch ohne Abneigung. Anstrengung war ihm doch zuwider und er hielt sich meistens nicht an den abgesteckten Arbeitsrahmen meines Sofas. Ich musste ihn oft zurückholen. Auch zappelte er lieber mit Armen und Beinen, als dass er sich ruhig entspannt hätte. Er reagierte kaum auf Appelle bei Arbeitsbeginn. Es kam mir vor, wie wenn er es genösse, dass ich ihn lange überzeugen musste. Nach genügend Überzeugungsarbeit bereitete ihm seine Mitarbeit plötzlich Spaß. Dann machte er es sich auf dem Sofa bequem und sagte: »Lassen Sie meine Hand schweben, damit ich mich entspannen kann.« Und er lag fünf Minuten ruhig da.
Manchmal machte es ihm mehr Spaß, das Baby zu spielen, und er zappelte, was das Zeug hielt.
Dann sprachen wir auch von Verhalten, welches bei Erwachsenen Anstoß erweckte.
Das Lügen gewöhnte er sich schnell ab. Es kamen Trotzanfälle, kleinkindliches Toben und Opposition vor. Er warf Schneebälle an die Fensterscheiben, sodass sie kaputtgingen. Manuel erklärte es damit, dass bei diesen Gelegenheiten sein inneres Teufelchen tobte. Es würde mit der Umgebung in Unfrieden leben. Wir nahmen uns viel Zeit, dass Manuel sein Teufelchen besser kennen lernte, es besser steuern konnte und auch Verantwortung übernahm. Doch die Fortschritte kamen nur langsam.

Gerne machte Manuel das Automatische Schreiben. Es kam ihm lustig vor, dass seine Hand ohne Anstrengung ein paar Buchstaben oder Wörter aufs Blatt kritzelte, ohne dass er wusste, was sie schrieb. Er fand es entspannend. Ich sagte: »So kann deine Bewegungsfreude sich austoben, ohne dass es für dich anstrengend ist.«
Die Geburt seiner kleinen Schwester nahm er genauso gelassen. Er spielte gerne den Clown, nicht nur bei seiner kleinen Schwester. Er durfte auch bei mir den Clown spielen, allerdings fiel es ihm schwerer, wenn er von mir dazu aufgefordert wurde.
Bei Manuel hatte ich den Eindruck, dass es seine Haltlosigkeit ihm erlaubte, ziemlich viel Blödsinn zu machen, ohne dass er deswegen unter Schuldgefühlen litt. Doch seine Liebenswürdigkeit ließen die Verhaltensstörung eher harmloser aussehen, als sie sich vielleicht später einmal auswirken könnten.

Verhaltensschwierigkeiten: *Pierre*

Der ungesteuerte Wirbelwind Pierre, 6 Jahre jung, machte einzig, was er wollte. Noch nie zuvor hatte ich es erlebt, dass ein Kind dieses Alters schon nach fünf Minuten aus der Testsituation davonlief, einen Wutanfall bekam und nicht mehr zur Rückkehr zu bewegen war. Später erklärte er mir mit größter Treuherzigkeit, dass er diese Dinge einfach nicht machen wolle, und das sei einfach so.
Zwei Mal war Pierre aus zwei verschiedenen Kindergärten ausgeschlossen worden. Er hatte die richtige Distanz zu den andern Kindern nicht gefunden, hatte sie gebissen und gekratzt. Zudem unterbrach er häufig den Kindergartenablauf mit seinen Störgeräuschen und -aktivitäten. Die Kindergärtnerinnen hatten sein Verhalten nicht mehr ertragen, und einige Eltern anderer Kinder hatten sich beschwert.
Trotz seiner Treuherzigkeit hatte ich nicht die Absicht, Pierre in die Therapie zu nehmen. Das Sozialamt wollte Pierre aus der Familie nehmen und an einem geeigneten Ort unterbringen.
Für Pierres älteren Halbbruder hatte die Behörde soeben einen Heimplatz gefunden. Die Mutter fühlte sich von ihrem älteren Sohn so abgelehnt, dass sie sich außerstande sah, für ihn weiter zu sorgen. Pierre allerdings, mit dessen Vater sie jetzt verheiratet zu-

sammenlebte, wollte sie bei sich behalten. Ich setzte mich für das Anliegen der Mutter ein, weil ich ihre Entschlossenheit spürte, sich für Pierre zu engagieren. Sie besuchte mit ihrem Mann regelmäßig eine Ehetherapie. Ihr Mann arbeitete zuverlässig als Informatiker. Früher, noch bevor Pierre zur Welt gekommen war, hatte sie Drogen konsumiert; jetzt war sie davon geheilt.

Später erzählte sie mir, dass sie zwischen 2 und 16 Jahren aufs Schlimmste missbraucht worden war.

Sie meinte: »Ich habe Pierre als Kleinkind wenig Körperkontakt geben können wegen meiner schlimmen Erfahrungen in der Kindheit, und vielleicht ist Pierre deshalb noch nicht so weit, dass er eine sozial angemessene Körperdistanz einhält.« Pierre kam anderen Menschen in unangebrachten Situationen zu nahe. Manchmal klebte er auch an mir.

Es folgten einige Schulversuche und -wechsel, bis Pierre einen geeigneten Lehrer fand. Bei einigen Therapiesitzungen war Pierre alleine mit mir, manchmal nahm auch die Mutter daran teil. Ich führte auch einige Eltern- und Familiensitzungen durch. Ich ließ mir von der Mutter die Erlaubnis geben, dass ich Pierre in der Einzelsitzung bei Bedarf festhalten durfte. Pierre hielt die Grenzen des Arbeitsrahmens oft nicht ein, d. h., er verließ das Sofa. So musste ich ihn halten, um einer Verfolgungsjagd durch das ganze Haus vorzubeugen. Es entstanden heftige Kämpfe, die mir Pierre nicht übel nahm, obwohl ich der Stärkere blieb. Die häufigste Gedankenübung mit Pierre war zu Beginn das Babyspiel. Er durfte wie ein Baby auf dem Sofa strampeln. Natürlich durfte er auch von schönen und weniger schönen Dingen träumen, aber seine Träume dauerten nur sehr kurz. Meine häufigsten Fragen zielten darauf, dass Pierre herausfinden musste, welche beruhigenden Gedanken ihm erlaubten, die vorgegebene Zeit auf dem Sofa durchzuhalten.

5. Kapitel

Vier Persönlichkeitstypen

In der Erickson'schen Perspektive nimmt die Utilisation individueller Eigenschaften den ersten Platz ein. Erickson hat immer wieder betont, wie wichtig in einer Therapie das Eingehen auf die individuelle Persönlichkeit sei, allerdings ohne dass er genau beschrieb, wie er die zur Utilisation geeigneten Merkmale jeweils aufgespürt hatte. Ich habe diese Schwierigkeit anderweitig diskutiert und eine Einteilung in vier Persönlichkeitstypen zur therapeutischen Orientierung vorgeschlagen. (4) Ohne einen Menschen auf seinen Persönlichkeitstyp zu reduzieren, soll diese Einteilung Möglichkeiten der Utilisation aufzeigen.
In der Hypnotherapie unterscheide ich in Anlehnung an Kuhl angenehme und unangenehme Empfindungen und fokussiere den Patienten auf deren Wahrnehmung (4). Die unangenehmen Empfindungen warnen vor einer Bedrohung, die angenehmen öffnen für die Vergnügen des Lebens. Gut ausgeprägte Sensibilität für unangenehme Empfindungen fördern den Ich-Modus und die Entwicklung zum Ich-Menschen, gut ausgeprägte Sensibilität für angenehme Empfindungen machen den Weg frei für den Du-Modus und die Entstehung des Du-Menschen.
Ich-Menschen unterteile ich in große und kleine Persönlichkeitstypen, je nachdem, mit welchen bevorzugten Strategien sie sich schützen wollen: der Große mit Macht und der Kleine mit Sich-Verstecken.
Bei den Du-Menschen gibt es ebenfalls zwei Persönlichkeitstypen: Die Aktiven bemühen sich um Gesellschaft. Die Passiven teilen der Welt paradoxerweise mit, dass sie mit ihr nichts zu tun haben wollen. Früher nannte man die Passiven »passiv-aggressiv«. Sie galten als schwer therapierbar. In der Tat muss man die Passiven zuerst zum Mitmachen verführen, und haben sie sich teilweise zum aktiven Typ gemausert, braucht es wie beim aktiven Typ große Überzeugungsarbeit, dass sie zwischendurch auch ruhig und entspannt an sich selbst denken und in einer Art Pause ge-

danklich absorbiert an *einem* Ort verweilen. Ablenkbarkeit bedeutet eine Art geistige Hyperaktivität, und so sind die Strategien im Umgang mit aktiven Typen für alle Kinder mit Aufmerksamkeitsstörung notwendig; einzig sind aufmerksamkeitsgestörte Kinder mit einem aktiven Persönlichkeitstyp doppelt schwer zu überzeugen, wie kostbar gedankliche Ruhe sein kann.
Es gibt keine reinen Persönlichkeitstypen. Jeder Mensch besitzt eine Vielzahl an Fähigkeiten, und so benenne ich meine Klienten nach dem Persönlichkeitszug, der sich bei mir am meisten zeigt. Da den aufmerksamkeitsgestörten Kindern vor allem ein guter Selbstbezug fehlt, sind sie alle in gewissem Sinn Du-Menschen. Trotzdem stelle ich auch bei diesen Kindern große und kleine Ich-Typen fest, die vor allem durch ihre Art der Verletzlichkeit auffallen. Große Typen leiden an einer narzisstischen Verletzlichkeit, Kleine an einer depressiven. Im therapeutischen Umgang ist es wichtig, den großen Typ zu loben und nur beiläufig auf Probleme hinzuweisen; der kleine Typ ist normalerweise der ideale Klient, der leider Gottes aber nur kleine Fortschritte macht, weil er lieber klein bleibt und es ihm an realistischer Selbstbehauptung im sozialen Kontext fehlt. Eine wichtige therapeutische Strategie für den kleinen Typ ist die Geduld.
Ich werde für alle vier Typen je ein Beispiel geben.
Neurobiologische Forschungen haben verschiedene neuronale Systeme für unbewusste Emotionsverarbeitung entdeckt. Es wird die Existenz eines komplexen emotionalen Unbewussten postuliert. Es sind diese labilen, aber doch fixierten, unbewusst-emotionalen Reaktionen, welche die verschiedenen Persönlichkeitstypen kennzeichnen: vorwiegend Angst und Trauer bei den Kleinen; Interesse, Wut und Scham bei den Großen; labile Freude bei den Aktiven; Abneigung, Ekel und Trauer bei den Passiven.
Wenn man mit aufmerksamkeitsgestörten Kindern zu tun hat, empfindet man die Idee der unbewussten Emotionen ebenfalls sehr plausibel, gerade wenn wieder einmal ein ungesteuerter Affektausbruch oder eine negative Stimmungsphase über die Bühne gegangen ist. Als wichtigen Faktor für das Wohlbefinden wie auch für therapeutische Fortschritte nannte Ledoux ein gutes Zusammenspiel zwischen Bewusstsein und emotionalem Unbewussten. Er schrieb dazu: »Unsere Emotionen sind leichter zu beeinflussen, wenn wir nicht bemerken, dass wir beeinflusst werden.« (7, S. 65)

So defizitär die aufmerksamkeitsgestörten Kinder in der Selbstregulation ihrer Emotionen sind, so hyperalert schätzen sie ihr Gegenüber mit seinen Absichten ein. Mit anderen Worten, sie bemerken sehr schnell die Fehler ihrer Umgebung, hören aber kaum ihre »innere Stimme«.
Demgegenüber ist für ein fruchtbares soziales Lernen Gelassenheit von großer Bedeutung: »Ich habe mich ganz gut im Griff, so kann ich es mir leisten, mich vom wohlwollenden Gegenüber positiv beeinflussen zu lassen.« Die Hypnose ist die stilisierte Reinform dieser Beeinflussungsart. Aufmerksamkeitsgestörte Kinder wehren sich oft gegen Hypnose und sie scheinen im Lernprozess doppelt behindert zu sein, es fehlen sowohl Selbstregulation wie auch emotionale »Responsiveness«, d. h. Offenheit für positive Anregungen. Ledoux führte weiter aus, dass das Bewusstsein nur akzeptiert, was bewusst plausibel erscheint. So werden neuere Erkenntnisse zuerst oft abgelehnt, weil sie im ersten Moment noch nicht »einleuchten«. Vorurteile bleiben daher hartnäckig bestehen. Was beim Lernprozess zusätzlich helfen würde, positive Neugier für die Anliegen der Erwachsenen und konstruktive Selbstkritik, fehlt bei aufmerksamkeitsgestörten Kindern häufig.
Gleiches gilt für die Persönlichkeitsstörungen, die Extremformen der Persönlichkeitstypen. In der Therapie zeichnen sich Hyperaktivität und Persönlichkeitsstörungen durch ihre Hartnäckigkeit aus.
Noch ein kurzes Wort zur »gesunden« Persönlichkeit. Eine gesunde Persönlichkeit bewegt sich flexibel und situationsangepasst in allen vier Typen oder Rollen. (17)

Sonja, der »aktive Typ«

Sonja plapperte und bewegte sich unaufhörlich und munter wie ein klarer Bergbach im Frühling. Sonjas Mutter zeigte viel Verständnis für sie und verlangte auch von der Therapie keine Wunder, sie suchte eine zusätzliche Unterstützung der schulischen Förderung. In den acht Jahren ihres jungen Lebens hatte Sonja nach schwierigen Ehejahren und Scheidung ihrer Eltern schon viele Wechsel erlebt.

Mich überforderte Sonjas Munterkeit gelegentlich und dann wusste ich nicht mehr weiter. Darauf schaute mich Sonja mit ihren treuherzigen Augen ganz unschuldig an. Fühlte ich mich stark genug, benutzte ich Sonjas Aktivitäten als Ausgangspunkt für einen weiten Weg zur Ruhe: »Warum sich nicht in ein Baby verwandeln und mal fünf Minuten fröhlich mit den Beinen strampeln, so unbeschwert wie ein kleines Kind, das noch keine Schulaufgaben machen muss und nachher erschöpft und selig in einen tiefen Schlaf fällt? Warum nicht aus der Therapiestunde eine Turnstunde machen und zehn Minuten Gymnastik absolvieren, um nachher bereit zu sein für die Meditation in der nächsten Schulstunde?
Oder mal auf den Händen sitzen, sie sozusagen gefangen nehmen und etwas erfinden, dass sich die Hände auch in der Gefangenschaft wohl fühlen?« Ich setzte mich ebenfalls auf meine Hände, und meinen Händen und mir ging es ausgezeichnet.
Sonja besaß gute Selbsthypnose-Fähigkeiten, zum Beispiel tauschte sie bei Kopfschmerzen einfach ihren inneren Film aus, und das Kopfweh verschwand. Das hatte sie mir am Anfang der Therapie erzählt. Doch wenn ich sie in der Therapiestunde bat, in Gedanken einen ruhigeren Film einzulegen, schaute sie mich mit ihren treuherzigen Augen an, als ob sie nicht richtig verstanden hätte, was ich von ihr wollte.
Höchst selten nur wünschte sich Sonja eine Entspannung, verlangte, dass ich ihre Hand kataleptisch durch die Luft schweben ließ, und einmal schlief sie sogar ein dabei.
Manchmal erfanden wir gemeinsam Geschichten von Panthern und Pferden, deren Schwierigkeiten in Sonjas Vorstellungen ganz schnell gelöst wurden. Ich erklärte ihr, dass in einer wirklich spannenden Geschichte die Probleme nicht so schnell gelöst werden; es würden neue Schwierigkeiten auftauchen, damit sich die Spannung in der Geschichte vergrößert.
Wegen ihres großen Harmoniebedürfnisses setzte Sonja ihre ganze Energie und Fröhlichkeit dafür ein, Anerkennung und Zustimmung zu bekommen. Leider passte in ihrem Empfinden Harmonie nicht mit Ruhe und Stille zusammen.
Probleme oder ein eigener Ich-Standpunkt interessierte sie nicht. Sonja konnte Probleme benennen oder nachplappern, aber die Worte schienen für sie keine wirkliche Bedeutung zu haben. Sie verkörperte damit ganz die aktive Persönlichkeit, die sich un-

ermüdlich für Lebenslust engagiert, auch wenn Nachdenklichkeit oder gelegentliche Trauer angemessener wäre.
Die Mitschüler behandelten Sonja nicht nur auf die nette Art. Deshalb ging sie zuweilen nicht mehr gerne zur Schule.
In einer Therapiestunde wählte sie das Känguru aus, das sie während unserer Arbeitszeit unterstützen sollte.
Ich fragte: »Welcher Unterschied besteht für dich zwischen dem Plüsch-Känguru und deinen Schulkameraden?«
Sonja sagte: »Mit dem Känguru kann ich spielen, es knuddeln und es lässt alles mit sich machen, ich kann mit ihm reden, es beruhigt mich und es hat ein feines Fell. Die Schüler sagen böse Worte, sie machen Krach während des Unterrichts, auch wenn die Ampel auf Rot steht, das heißt wenn eigentlich alle ruhig sein müssten. Der Krach stört mich beim Arbeiten.«
Ich sagte: »Du könntest lernen, wie man den Krach nicht mehr hört, wie man ihn ausblendet. So wie du im Schlaf keinen Lärm mehr hörst, konzentrierst du dich während der Schulstunde nur noch auf deine Aufgabe, wie im Traum erledigt sich die Aufgabe von selbst, unausweichlich bis zum Ende, und du hörst den Lärm gar nicht mehr.
Um diese Fähigkeit zu trainieren, hilft dir jetzt das Känguru: Hör jetzt genau hin, was das Stofftier-Känguru zu dir sagt. Du verstehst seine Worte in deiner Vorstellung. Wenn du jetzt etwas hörst, das es in Wirklichkeit nicht gibt, erlebst du in der Schule das Umgekehrte: der Lärm ist verschwunden, es gibt ihn nicht mehr, du hörst ihn nicht. Hier bei mir fügst du die Känguru-Worte hinzu, in der Schule verschwindet der überflüssige Lärm. Das Känguru erzählt dir jetzt etwas, obwohl ich *nicht hören kann, was es sagt. Dafür hörst du den Lärm in der Schule nicht mehr.«*
Sonja flüsterte: »Das Känguru sagt, es habe mich gern. Aber es dürfe wohl nicht zu mir nach Hause kommen.«
Ich antwortete: »Es darf vielleicht schon einmal zu dir kommen, aber heute hast du dir schon etwas anderes ausgewählt. Stell dir jetzt vor, dass du in der Schule bist und der Lärm ist dir gleichgültig.«
Sonja versuchte es, doch bald wurde es ihr langweilig. Sie wollte spielen.
Ich sagte: »Man kann es nicht immer nur schön haben im Leben. Ich möchte, dass du noch ein bisschen mit mir arbeitest. Arbeiten

ist manchmal langweilig. Ich finde, es wäre gemein von dir, wenn du dich nicht mit mir langweilen willst, wenn du mich mit der Langeweile im Stich lässt.«

Delia, der »passive Typ«

Delia kam als 9-jähriges Mädchen zu mir. Die Mutter berichtete, in der Schule sei sie sehr angepasst, aber gehemmt und ungeschickt. Sie erschrecke leicht. Im Gegensatz dazu würde Delia zu Hause lautstark befehlen. Die Lehrerin habe festgestellt, es gäbe feinmotorische Probleme, sie würde mit der Schere schlecht umgehen. Die Schulleistungen bewegten sich im ungenügenden Bereich.

Bei mir verhielt sich Delia zunächst sehr schüchtern und beteiligte sich sehr zurückhaltend an den Testuntersuchungen. Von sich aus sagte Delia nichts. Ihre Antworten erreichten mich mit erheblicher Zeitverzögerung.

Delias Mutter wirkte zerbrechlich und hilflos. Sie selbst sei ohne Liebe in einem Heim aufgewachsen. Später gestand sie mir, sie könne sich nicht helfen, sie müsse Delia im Gegensatz zu ihrem älteren Bruder einfach verwöhnen. Immer wenn ihr Vater sie kritisiere, würde Delia »einschnappen«. Ihre ganze Familie leide an mangelndem Selbstbewusstsein, fügte die Mutter an.

Zuerst hatte ich nicht die Absicht, Delia eine Therapie anzubieten, ihre Schulleistungen schienen mir zu knapp. Warum die Mutter für Delia unbedingt eine Therapie bei mir haben wollte, habe ich nicht herausgefunden. Aber es hat geholfen, dass sie in kritischen Phasen die Therapie nicht abgebrochen haben.

Also kam Delia ganz schüchtern in die Einzeltherapie, ins Gedankentraining, wie ich ihr meine Art der Therapie erklärte.

Wegen ihrer extremen Zurückhaltung schlug ich ihr vor, sie solle eine freche Zwillingsschwester ins Leben rufen bzw. erfinden. Delia taufte ihre Zwillingsschwester Cèline, und Cèline getraute sich so ziemlich alles, wovor sich Delia fürchtete. Cèline war ein richtiger Räuberhauptmann, sprach mit allen Kindern und gab der Lehrerin witzige Antworten.

Ich hatte viel Mitleid mit Delia, dass sie bei mir so hart arbeiten musste. Man sah es ihr an, wie schwer sie arbeiten musste, und sie selbst hatte ebenfalls viel Selbstmitleid. Diese Härte erinnerte sie an die Abende, wenn sie ins Bett musste, obwohl sie nicht einschlafen konnte.

Während des harten Trainings bei mir taten Delia die Beine weh, und sie fand heraus, dass die freche Katze ihr die Beine zerkratzt hatte. Zur Linderung rieb ihr die Mutter in der Vorstellung die Beine ein.

Ich ließ Delia träumen, was die freche Katze alles tun durfte. Sie durfte faulenzen und Blumen ausreißen. Die Katze fing Mäuse, spielte mit ihnen und quälte sie. Die Katze löste unbemerkt den Knopf der Schuhbändel, wenn die Besitzer der Schuhe nicht darauf achteten.

So hatten wir die Katze und Cèline, die sich ziemlich freche Sachen getrauten. Doch Delia litt immer noch so fürchterlich, weil sie bei mir arbeiten musste. Ich fragte sie: »Woran erinnert dich das Unbehagen bei mir? Was hast du am wenigsten gerne?«

Nach langer Pause sagte Delia: »Wenn Mami mich schlägt und wenn die Lehrerin schimpft.«

Ich zeigte viel Mitleid und Verständnis wegen dieser Vorkommnisse. Ich legte der Mutter nahe, auf das Schlagen zu verzichten. Delia erzählte mir auch, dass sie sich manchmal zu einem Nachbarn flüchtete, wenn die Mutter wütend war.

Zudem beklagte sich Delia, dass ihr Bruder sie oft vom Computer vertreibe. Computerspiele waren Delias Lieblingsbeschäftigungen. Ihr Bruder kam ein paar Mal mit zur Therapie. Er erzählte mir von Delias launischem Verhalten zu Hause. Die häusliche Situation Delias wurde mir zunehmend unklarer, ich konnte nicht einschätzen, wann Delia Opfer und wann sie Täterin zu Hause war.

Einmal muss ich einen grässlichen Fehler gemacht haben. Delia kam noch widerwilliger zur Therapie. Welchen Fehler sie mir nicht verzieh, sagte sie mir nicht, auch als die Mutter selbst nachfragte, wollte sie ihn mir nicht verraten.

So kam Delia wieder in die Einzelstunde, noch zurückhaltender, noch abweisender, mit noch schlechterer Laune, ihr Gesichtsausdruck sprach Bände.

Ohne dass sie dafür Verantwortung übernehmen musste, verhielt sich sich jetzt viel frecher, wirkte dabei allerdings nicht sehr befreit. Sie glich schon fast einer Jugendlichen.

Beinah unbeeindruckt machte ich mit der Therapie weiter, erzählte ihr einige Märchen, von denen Aschenputtel ihr am besten gefiel. Einmal erfand Delia selbst eine Märchenszene: »In der Küche gab es eine Hexe, die redete in einem fort. So mussten Diener die Hexe nach draußen befördern. Doch die Hexe kam immer wieder zurück, um in der Küche etwas Feines zu essen.«

Wenn Delia so abweisend dasaß, bewegten sich nervös ihre Fingerspitzen. Ich machte einen Witz und sagte: »Die Fingerspitzen sind so nervös, weil Delia im Ofen langsam gebraten wird, wie im Märchen ›Hänsel und Gretel‹, nur geht hier die Geschichte ein bisschen anders.« Ein Lächeln huschte über Delias Gesicht, den Humor hatte sie eigentlich nie ganz verloren.

Ich klagte ihr mein Leid, wie schwer ich es mit dieser Therapie habe. Ich fragte: »Willst du mir nicht helfen, dass ich meine Arbeit ein bisschen besser mache?« Ein leises Lächeln war die ganze Antwort.

An einfachen Induktionsübungen beteiligte sich Delia nicht. Bei den Geschichten konnte sie besser mitmachen.

Mathematik war Delias große Schwäche. Ich fragte: »Wenn du rechnen musst, was ist dir lieber, was macht dir mehr Spaß, dich abzuquälen, bis du die Lösung gefunden hast, oder es einfach sein zu lassen und es nicht zu können?«

Ziemlich schnell antwortete Delia: »Nicht können macht mir mehr Spaß.«

Oft bat ich Delia zu Beginn der Sitzung, an etwas Schönes zu denken. Sie spielte gerne auf ihrem Gameboy. Auf dem Gameboy gab es ein Asterix-Spiel. Deshalb unterhielten wir uns über Asterix, Obelix, Miraculix und die frechen Römer. Delia stellte sich vor, wie ein violetter Zaubertrank aus dem Gameboy tröpfelte. Ich sagte: »Es wäre gut, wenn du den Zaubertrank mit in die Schule nimmst. Es täte mir furchtbar leid, wenn er gerade während der schlimmsten Matheprüfung versiegen würde. Es dauert eine Weile, bis Miraculix einen neuen Trank gebraut hat.«

Oft redeten wir über ihre schlechte Laune und wie man sie erkennt: Jemand mit schlechter Laune
lacht nicht,
dessen Augen strahlen nicht,
reagiert schnell gereizt,
ist schnell zu Verachtung und Verurteilung bereit,

mag nichts machen,
geht nicht auf gute Vorschläge ein,
lacht nicht, wenn jemand einen Witz erzählt,
lässt sich von Begeisterung, Freude oder Interesse nicht anstecken,
fühlt sich selbst unwohl,
kann sich nicht entscheiden, nimmt keine Stellung,
verletzt die Familienangehörigen, damit sich die eigene Stimmung bessert, zum Beispiel mit Türenknallen.

Ich erklärte: »Es ist deine Hilflosigkeit, die zu schlechter Laune führt; doch die Laune bessert sich, wenn du den Problemen einen Namen gibst, wenn du sie benennst, weil du dich damit weniger hilflos fühlst.«

Nach den Sommerferien berichtete Delia stolz und erfreut, dass sie eine gute Matheprüfung geschrieben hatte. Ich fragte sie, wie sie das geschafft habe. Delia erklärte: »Beim Üben hat sich etwas verändert. Wenn ich einen Lösungsweg durchrechne, dann kann ich ihn mir merken. Früher habe ich ihn sofort vergessen.«

Ich sagte: »Es ist schön, wenn der Lösungsweg jetzt in deinem Hirn kleben bleibt. Früher ist er wohl davongerutscht wie ein hübsches Mädchen auf der Wasserrutschbahn nach unten.« Delia lächelte bei dieser Vorstellung.

Das nächste Mal begann ich wie schon oft: »Dir geht es wohl sehr schlecht, wenn du jetzt bei mir so hart arbeiten musst. Ich habe doch ein bisschen Mitleid mit dir. Wenn es schon so anstrengend ist bei mir, mach es dir wenigstens bequem. Damit es dir vor lauter Anstrengung nicht noch schlecht wird, mein Teppich täte mir so leid, wenn er vollgekotzt würde ... es würde alles kleben ... ich brauche meinen Teppich noch ... Also denk, bitte, mir und dem Teppich zuliebe, an eine schöne Erinnerung.«

Delia lächelte und sagte nach einer Weile: »Nach den nächsten Ferien nimmt unsere Lehrerin ihr Dienstaltergeschenk, dann hat sie noch drei Wochen Ferien zusätzlich.«

»Da freut sie sich sicher intensiv darauf. Weißt du, was intensiv heißt? Intensiv ist, wenn man etwas ganz fest spürt oder wenn man etwas lange oder kräftig macht. Es gibt Intensiv-Tenniswochen, da übt man besonders häufig. Ein Schmerz kann intensiv sein, wenn er stark schmerzt. Hast du dich einmal so schwer verletzt, dass du einen intensiven Schmerz gespürt hast?«

»Nein«.

»Aber vielleicht bist du einmal sehr traurig gewesen, dann spürt man einen intensiven Schmerz im Herz. Übrigens, weißt du, warum wir so ein intensives Denktraining machen? ... Ich gebe die Antwort gleich selber. Natürlich nur, um dich intensiv zu quälen.«
Ich sagte es mit einem Zwinkern im Auge, und Delia lächelte.
»Nein, natürlich nicht, sondern damit du gut denken lernst. Zum Beispiel wenn man eine Beule ins Auto macht. Dass man dann denkt, ah ist das schön. Oder wenn deine Mutter eine Beule macht: Dein gut denkender Vater wird dann nicht wütend, sondern sagt, bin ich froh, dass du das Auto eingebeult hast. Was hättest du lieber, wenn der Vater das sagt oder wenn er wütend wird?«
»Wenn er das sagt.«
»Also sind schöne Gedanken etwas Tolles. Mein Gedankentraining ist dann auch nur noch halb so schlimm, weil dir deine schönen Gedanken helfen. Dann ist das Gedankentraining in Zukunft immer so angenehm, wie das harte Training der Vergangenheit bei der Beendigung nach einer halben Stunde angenehm war.
In der Schule ist es ja auch manchmal hart.«
»In der Schule ist es nie hart.«
»Und wenn du warten musst, wenn die Lehrerin keine Zeit hat?«
»Dann lese ich meine Übungsblätter.«
»Ich finde, du solltest dich ruhig auch ein bisschen entspannen. Ich will dir ein Geheimnis verraten ... Aber nicht weitersagen ... Man kann auch in Gedanken spielen, ein schönes Spiel mit den Buchstaben machen ... man erholt sich dabei und lernt noch dazu. So geht das Warten leichter vorbei.«
Vielleicht wäre die Therapie mit Delia auch für mich zu hart gewesen, hätte ich nicht unbedingt mehr über schlechte Laune erfahren wollen.
Hier eine Geschichte, die ich für Delia erfunden habe. Delia hat mir dabei geholfen.

Die Geschichte vom roten und grünen Monster

Ein alter Therapeut erzählte mir dieses Märchen, das er zusammen mit einem hübschen Mädchen in einem alten, geheimnisvollen Heft gefunden hatte. Damals, vor vielen Jahren, als der Therapeut

es mir erzählte, kuschelte ich mich in seinen Sessel, entspannte meinen Körper und hörte gebannt mit geschlossenen Augen zu.
Der Therapeut erzählte mir das Märchen vom roten Würgemonster und grünen Anschissmonster: »Vor vielen Jahren verhexten zwei Monster meine Praxisräume. Die beiden Monster hatten es vor allem auf die hübsche Sandra abgesehen.
Kaum hatte Sandra meine Praxis betreten, wurde sie von den beiden Monstern gepackt. Das rote Monster legte seine rauh gefurchten Pfoten so um Sandras Hals, es kitzelte ekelhaft. Noch schlimmer, der Druck um den Hals nahm ihr die Luft, es würgte sie und sie brachte kaum ein Wort heraus. Ihr charmantes Lächeln blieb aus. Das grüne Monster kam ihr nicht so nahe, aber es roch abscheulich, schlimmer als der Gestank fauler Eier. Sandra rümpfte ganz entsetzt ihre Nase. Wir nannten sie das rote Würgemonster und das grüne Anschissmonster. Als Sandra zum ersten Mal diese Namen hörte, musste sie gegen ihren Willen ein bisschen lächeln. Es war ihr gar nicht zum Lachen zu Mute.
Ich sagte zu Sandra: Ich bewundere deinen Mut. Es ist sehr tapfer von dir, dass du mich besuchen kommst. Es tut mir leid, dass du solche Qualen erleiden musst. Ich habe dich gerne, aber leider haben die Monster dich noch lieber.
Ich weiß, das rote Würgemonster kitzelt dein Halszäpfchen, so dass du es am liebsten wegkratzen möchtest, es lässt deine Kehle austrocknen und macht dir einen trockenen Mund. Der Geruch der faulen Eier dringt in deinen Körper. Es lähmt deine Muskeln, und so sind deine Arme und Beine ganz schwer und lahm. Tief in deinem Herzen entstehen eine riesige Wut und ein ungeheurer Hass, weil du ihnen hilflos ausgeliefert bist. Doch es nützt nichts, diese Gefühle stecken zu tief drinnen. Am liebsten möchtest du die beiden Monster schlagen, um sie zu vertreiben. Aber du kannst dich in deiner Lähmung nicht wehren, und deine Verzweiflung wächst.«
Während ich dem Therapeuten vergnügt lauschte, fühlte ich mich verstanden und erleichtert. Ich selbst war noch nie von diesen beiden Monstern befallen worden – sie finden mich vermutlich nicht so geeignet zum Knutschen –, aber ich weiß, sie lieben dich manchmal, und dann leidest du an dieser Lähmung, und deine Hilflosigkeit überträgt sich so auf mich, dass ich es kaum mehr aushalte.

»Ich weiß, du bist ein tapferes Mädchen«, fuhr der Therapeut fort. »Irgendwie muss es möglich sein, dass du die beiden Monster vertreibst. Damit würdest du mir einen großen Gefallen tun. Zwar haben sie dich am liebsten, aber sie befallen auch andere hübsche Mädchen, die mich besuchen kommen. Und die Monster treiben in meinen Räumen ihr Unwesen.
Aber wie kannst du sie vertreiben, wenn der Gestank des Anschissmonsters deine Muskeln lähmt und das Würgemonster dir die Luft zum Atmen nimmt?
Warum konnte dies nur passieren?
Ich glaube, ich weiß warum. Vor einiger Zeit waren die Monster klein und niedlich. Sie standen am Straßenrand, als du mit deinen Eltern vorbeigegangen bist. Die beiden Monster waren schutzlos und verzweifelt, doch sie verliebten sich sofort in dich. Sie baten deine Eltern, dass sie bei euch Schutz finden könnten. Aber Papa hat nur gelacht und Mama sagte, sie habe auch ohne die niedlichen Monster genug Sorgen. Aus Sehnsucht nach Liebe und Schutz hatten die beiden Monster danach beschlossen, Berge von Nahrung in sich hineinzustopfen. Weil sie so groß wurden und weil sie wussten, dass Sandra einmal in meinen Räumen auftauchen würde, nahmen sie allen Mut zusammen und richteten sich in meinen Mauern gemütlich ein.«
Ich habe den Therapeuten gefragt, was wir unternehmen können. Er sagte, »die Monster sind halb taub. Weißt du, was taub heißt? Sie verstehen dich und mich nur, wenn wir sie anschreien. Sie verstehen nur, wenn man mit ihnen schimpft. Doch deshalb ist ihre Sehnsucht nach Liebe so groß. Deshalb suchen sie die Liebe bei dir. Mit der Zeit ist es ihnen ja gleichgültig geworden, wenn man mit ihnen schimpft. Hauptsache, sie werden beachtet. Ja, sogar das Schimpfen sehen sie als Zeichen von Liebe an.
Also musst du ganz laut und heftig mit ihnen schimpfen. Schau genau hin, wenn du mit ihnen schimpfst. Du kannst sehen, wie ihre Verkrampfung verschwindet und sie sich in ihrem Glück sonnen. Nicht nur das: Je länger du mit ihnen geschimpft hast, umso kleiner werden sie, umso weniger können sie dich belästigen. Dafür hören sie wieder besser.
Und dann, in der schönsten Mondnacht des Sommers, gehst du mit den beiden Monstern tanzen. Dann werden sie sich verwandeln. Willst du wissen, in wen sie sich verwandeln werden? Soll

ich für dich einen Blick in die Zukunft werfen? Warte einen Moment, ich nehme meinen Zauberkristall hervor und werfe einen Blick hinein. Du bist ganz gespannt. Die Sicht ist noch etwas verschwommen. Ah, jetzt kann ich es sehen. Die Monster werden ganz weich, und dann ... stehen Tom und Jerry im Mondschein, die Katze und die Maus, die sich so häufig schlagen, und es tut ihnen nicht weh. Es ist lustig, weil sie es nur zum Spaß tun. Und beide sind sich ebenbürtig.«
Sandra konnte sich gegen ein Lächeln nicht wehren.
Von nun an mochte sie häufiger mit den andern Kindern herumtollen. Zum Spaß ließ sie sich auch ab und zu in eine harmlose Rauferei ein. Doch meistens lachte sie freundlich, die hübsche Sandra.
Weil die Monster jetzt so klein sind, können wir uns im Sessel gemütlich einrichten und entspannter miteinander plaudern.

Der therapeutische Umgang mit dem passiven Typ bringt große Schwierigkeiten mit sich. Früher »passiv-aggressiv« genannt, verwechselt er bewusst seinen manifestierten Widerwillen mit Ich-Stärke. Als Therapeut verstrickt man sich immer wieder in seiner widersprüchlichen Kommunikation, wenn er einem vehement klarmacht, dass er nichts mit dem Therapeuten zu tun haben will – zugleich aber die gegebene Situation nicht verlässt.

Stefan, der »große Typ«

Der äußerst hübsche und intelligente Stefan war so sehr von sich selbst überzeugt, dass er immer Recht haben musste. Wenn die Mutter eine Forderung an den 8-Jährigen stellte, kam es einer Majestätsbeleidigung gleich, weil Stefan nicht glauben konnte, dass irgendetwas an seinen Plänen nicht stimmte. Wenn die Mutter ihn zu einer Pflicht ermahnte, konnte dies doch nichts anderes bedeuten, als dass Mutter im Unrecht war! So erledigten sich alle Aufträge nur mit großen Kämpfen, Krämpfen und Zeitverzögerung. In der Schule schrieb Stefan die Buchstaben und Wörter über Jahre falsch. Er behauptete, so sei es richtig. Er selbst wusste schließlich am besten, wie man Buchstaben schreibt, auch wenn die Lehrerin anderer Meinung war!

Natürlich lag keine bewusste Absicht dahinter, so wie die meisten Faktoren einer Persönlichkeit gewöhnlich unbewusst ihre Wirkung entfalten.
Dass die Mutter ihn zu mir schickte, war für Stefan aber gänzlich unerträglich. Sich in einer Psychotherapie helfen zu lassen stellte für jemanden, der seiner eigenen Ansicht nach alles perfekt erledigte, wirklich den Gipfel des Unsinns dar.
Natürlich konnte ich über diese unbewussten Vorgänge nur Vermutungen anstellen; sein Verhalten wies allerdings deutlich auf solche Vorgänge hin. Stefan selbst hätte es nie und nimmer so formuliert oder eine solche Vermutung von mir bestätigt.
Stefan benötigte dringend eine Zahnbehandlung. Neben seinen grässlichen Löchern hatte er sich zu allem Elend noch die Hälfte eines Vorderzahns herausgeschlagen. Bei zwei Zahnärzten war er schon weggelaufen. Den dritten mochte er ein bisschen, doch auch bei seinem Lieblingszahnarzt geriet er derart in Panik, dass er nicht behandelt werden konnte.
Stefan war seit ein paar Monaten bei mir in Therapie, und so bat mich seine Mutter um Hilfe. Ich schlug vor, eine richtige Hypnose zur Linderung seiner Ängste durchzuführen. Bei der Anleitung zur Entspannung suggerierte ich ihm nebenbei Möglichkeiten für sein Unbewusstes, wie es die Ängste besser im Zaun halten konnte. Stefan ging nicht in eine richtige Trance, sein Hauptanliegen bestand darin, mir zu beweisen, dass ich ihn nicht hypnotisieren konnte. Er sagte mir am Schluss, er habe mir nur vorgespielt, in einer Hypnose zu sein. Irgendwie fanden Mutter, Zahnarzt und Stefan dann doch einen Weg, um die nötigen Zahnbehandlungen ohne Narkose durchzuführen.
In den Einzelsitzungen spezialisierte sich Stefan darauf, mir zu zeigen, wie ungern er kam und wie sehr er mich hasste. Und es machte ihm richtig Spaß, mich all dies fühlen zu lassen. In diese Auseinandersetzungen flocht ich dann immer wieder die mir wichtig erscheinenden Suggestionen ein.
Stefan: »Warum muss ich zu Ihnen kommen?«
»Damit du bei mir dein Vorderhirn trainierst.«
Stefan: »Ein solches Training habe ich nicht nötig. Ich komme nicht gerne zu Ihnen.«
Ich antwortete: »Ich fühle mich geehrt, wenn du extra bei mir vorbeikommst, um mit mir zu streiten. Sogar mit dir zu streiten macht

mir Spaß. Niemand kann das so gekonnt wie du. Streiten wir doch auf eine angenehme Art, dazu braucht man das Vorderhirn. Wir sind einfach verschiedener Meinung, darum ist es gut, wenn wir streiten.«

»Ich habe ein gutes Vorderhirn.«

»Mit Hilfe deines Vorderhirns kannst du mich zum Beispiel ins Wasser werfen in deiner Vorstellung. Dank des Vorderhirns musst du es nicht in Wirklichkeit tun. Die Vorstellung macht dir genauso Spaß wie die Wirklichkeit.«

Stefan knirschte und grollte in seiner lustvollen Feindseligkeit.

Ich fuhr fort: »Mit einem guten Vorderhirn macht man auch gerne Schulaufgaben.« Ich wusste um seine unendlichen Schwierigkeiten wegen der Schulaufgaben.

»Das will ich gar nicht wissen. Sie sind gemein.«

»Gemein, dass ich gerne mit dir streite?«

»Sie machen mich ganz wütend.«

»Vielleicht bin ich ein kleiner Teufel. Aber mit einem starken Vorderhirn kannst du sogar meine Schlechtigkeit und die Wut aushalten, die ich in dir auslöse. In Wirklichkeit ist ein starkes Vorderhirn sogar gefährlich. Die größte Gefahr ist, dass du mit der Zeit mich sogar gerne bekommen könntest.«

Auch Stefan hatte ein bisschen Spaß an diesem Streit. Jedenfalls spielten wir in der zweiten Hälfte der Stunde ganz lustvoll ein Brettspiel, das Stefan sich gewünscht hatte.

Manchmal suchte Stefan während unserer Arbeitszeit Herausforderungen und wollte mit mir zum Beispiel spielen, wer es länger aushält, nichts zu sagen. Ich ging auf seine Angebote ein. Irgendwie legte Stefan die Spielregeln immer so aus, dass er sich selbst am Ende als Sieger feiern konnte. Oft erzählten wir uns auch Geschichten oder erfanden zusammen eine gemeinsame Geschichte wie die folgende:

Die Geschichte von der Seilbahn

Jedes Kind und eigentlich jeder Mensch kennt seinen Sorgendrachen. Nur gescheite Menschen können die Sorgendrachen auch sehen. Die meisten spüren ihren Drachen nur als schwere Last, die ihnen Angst einjagt.

Vor vielen Jahren, als erst wenige, altertümliche Autos über die Straßen ratterten, lebte Simon bei seinen lieben Eltern wohlbehütet in ihrer Hütte. Die Mutter nahm sich viel Zeit für ihn, und dies war nicht selbstverständlich in jener harten Zeit. Manchmal wollte Simon alleine spielen; das war der Mutter auch recht, weil sie im großen Garten nach ihrem Gemüse schauen musste.
Am liebsten spielte Simon mit den quadratischen Steinen, die sein Vater ihm geschenkt hatte. Sein Vater hatte früher als Bergführer gearbeitet. Sein Vater liebte die Steine der Berge, und so hatte er nach jedem Ausflug einen Brocken zu Tal gebracht. Aus den Steinbrocken schlug er unzählige, kleine quadratische Steinchen heraus, mit denen Simon jetzt spielte. Jedes Steinchen besaß eine eigene, interessante Musterung. So ließ Simon mächtige Burgen entstehen, die von den erwachsenen Besuchern und von den Kindern bewundert wurden. Doch noch lieber baute Simon Seilbahnen, mit gespannten Seilen und Bähnchen, die hinauf- und hinunterfuhren. Bei den Seilbahnen gab es immer kunstvoll gebaute, übergroße Bergstationen.
In jener Winternacht wachte Simon plötzlich auf, weil er einen Besuch spürte, den er nicht sehen konnte. Komisch, dachte er, und weil er nicht gerade ängstlich veranlagt war, schlief er wieder ein. In der nächsten Nacht erschien sein Besuch wieder, und dieses Mal gruselte es ihn schon ein bisschen, denn sein Besuch stieß leise, aber grässliche Laute aus. Angestrengt schaute Simon in die Dunkelheit, bis er die weiße Gestalt schwach sehen konnte. Sobald er sie sah, herrschte wieder geheimnisvolle Ruhe im Zimmer.
Simon flüsterte: Sag mir, wer du bist! Sag mir, was du willst!
Simon bekam keine Antwort. Diese Stille beruhigte ihn keineswegs. Was konnte er nur tun?
In jener Zeit glaubten die meisten Menschen noch an den lieben Gott, und so flehte Simon inständig zum lieben Gott, er möge ihm doch helfen. Weil Simon so lieb und ehrlich bat, erhörte der liebe Gott sein Flehen und gab dem Gespenst eine Stimme.
So nahm Simon allen Mut zusammen und fragte das Gespenst, was es bei ihm suche.
Einsilbig gab das Gespenst zur Antwort: »Ich darf nicht reden!«
Enttäuscht und müde schlief Simon ein. Er glaubte, es sei hoffnungslos.

Beim nächsten Besuch des Gespensts in der bitterkalten Winternacht fragte Simon wiederum den lieben Gott um Rat. Der liebe Gott sagte ihm, er solle den Besucher fragen, warum er nicht reden dürfe.

Simon tat so, und das Gespenst sagte: »Wenn ich rede, dann tue ich einem anständigen Menschen sehr weh.«

Simon verstand nicht, was das Gespenst meinte. In der nächsten Nacht fragte Simon den lieben Gott nochmals um Rat. Es war so kalt, dass sein Atem in der Luft gefror und seine Zähne klapperten. Der liebe Gott erklärte, er solle fragen, wem es denn um Gottes willen weh tun würde.

Das Gespenst sagte: »Deinem Vater.«

Nach dem Abendessen zog Simon seinen Vater sanft aufs Sofa und sagte: Darf ich dir eine Geschichte erzählen? Der Vater nickte, und Simon erzählte ihm alles. Der Vater nickte verständnisvoll. Er blickte nachdenklich, und Simon konnte den Schmerz sehen.

»Gut, dass du frägst, mein Sohn«, sagte der Vater. »Ich will dir meine Geschichte erzählen, die sehr schmerzt. Du kennst die Steine, mit denen du so gerne spielst und die ich von den Bergen gebracht habe. Ich habe meinen Beruf als Bergführer geliebt. Die Berge sind gefährlich, aber ich war ein vorsichtiger Führer und habe meine Gäste immer wieder sicher zu Tal gebracht. Mit einer Ausnahme.

Zu Beginn einer mehrtägigen Bergtour fuhren wir mit der Seilbahn nach oben. Es herrschte dichter, kalter Nebel. Doch die Wetterprognose für die kommenden Tage versprach Sonnenschein. Am ersten Tag hatten wir nur eine kürzere Wanderung zur Hütte auf dem Programm. Doch wie gesagt, der Nebel war sehr dicht, und so tranken wir im Restaurant der Bergstation einen warmen Tee. Dann machten wir uns bereit zum Aufbruch. Ich sagte der Gruppe, sie solle auf mich warten, ich müsste einem Freund, der gerade mit der Bahn ankam, seinen Höhenmesser zurückgeben. Ich traf meinen Freund und er erzählte mir von Sorgen mit seiner Frau. Ich konnte ihn unmöglich einfach stehen lassen. So kehrte ich später als geplant zur Gruppe zurück. Ein älterer Mann hatte sich schon auf den Weg gemacht. Doch im Nebel verfehlte er den Weg, den er nicht kannte, und, wie wir erst am nächsten Tag herausfanden, stürzte er eine Felswand hinunter.

Wir gingen nicht auf die Bergtour. Es waren traurige, bedrückende Tage, trotz der strahlenden Sonne im tiefblauen Himmel. Dieser Unfall bewog mich, den Beruf zu wechseln. Die Traurigkeit hat den Schmerz gemildert und es tut jetzt nicht mehr so weh.«
Simon fühlte sich seinem Vater sehr nahe, als sie sich auf dem Sofa aneinander kuschelten. Sie spürten die Wärme und das Gefühl der Liebe.
Nach diesem Abend schlief Simon wieder ruhig. Schöne Träume segelten durch seinen tiefen Schlaf. Am Tag, beim Spielen, baute er aus den Steinen ein Dorf mit Straßen und Gehsteigen, auf denen Menschen spazierten. Simon war sich sicher, dass er allen Sorgendrachen, sollten ihm solche in Zukunft begegnen, mutig begegnen würde.

Der »große Typ« benötigt vom Therapeuten viel Bewunderung, damit er sich wegen seiner Angst vor der eigenen Nichtigkeit nicht so stark »aufblasen« oder »aus dem Fenster lehnen« muss, wodurch die therapeutische Situation schwerst beeinträchtigt würde. Manchmal gelangt er zur Erkenntnis, dass seine Existenzberechtigung nicht von übermenschlicher Größe abhängt. Oft kann man seine narzisstische Verletzung jedoch nicht genügend heilen. (S. auch 4)

Fritz, der »kleine Typ«

Der 8-jährige Fritz wurde von der Mutter zu mir geschickt. Sie machte sich Sorgen um seine schulische Entwicklung. Soeben hatte sie erfahren, dass Fritz im nächsten Schuljahr die Förderklasse besuchen würde. Sie hatte die Beschreibung eines zwar ruhigen, aber doch aufmerksamkeitsgestörten Kindes gelesen und erkannte darin ihren Fritz. Fritz war ein sehr ruhiger, kräftiger Junge, der wegen seiner höflichen und angenehmen Art in der Schule nicht als aufmerksamkeitsgestört auffiel. Doch die Mutter kannte ihn besser. Die Lehrer wussten nicht, dass sich Fritz früher sehr aggressiv verhalten hatte.
Nach der Schule kam Fritz immer völlig erledigt nach Hause. Beim Hausaufgabenmachen erschien er der Mutter schwer von Begriff und schnell überfordert.

Bereitwillig erzählte mir Fritz bei unserer ersten Begegnung von seiner Müdigkeit und Überforderung. Vor allem das Schreiben machte ihn müde und schlecht gelaunt; dabei kam er ins Trödeln. Auf meine Frage antwortete er, dass dann im Kopf ein unangenehmes Durcheinander entstünde. Weiter ließ er sich nicht auf eine Diskussion der Probleme ein, er sprach lieber von angenehmen Erlebnissen. Trotz seiner geselligen Art – er erzählte mir eine weitläufige, witzige Geschichte – machte mir Fritz aber einen niedergeschlagenen Eindruck.

In der Folge wollte er es mir fast immer recht machen, stieß aber schnell an seine Grenzen und wusste dann nicht mehr weiter. Seine Nervosität konnte ich an seinen Händen erkennen, während er mich mit seinen großen dunklen Augen treuherzig anschaute, als wollte er mich überzeugen, dass es bei ihm gar keine Probleme gäbe. Trotz offensichtlicher Schwierigkeiten in der Schule und bei schriftlichen Hausaufgaben verschwieg er die Probleme am liebsten, tat so, als wären sie nicht da.

Damit das Unangenehme ihn nicht niederdrückte, sprachen wir abwechslungsweise auch von seinem Lieblingshobby, dem Fußball. Am liebsten stand er im Tor und verhinderte Torschüsse des Gegners. Dann leuchteten seine Augen, wenn er an seine Paraden dachte.

Darauf fragte ich ihn nach körperlichen Verletzungen. Er erzählte, dass er kürzlich sein rechtes Knie an der Autotür hart gestoßen hatte und einmal verletzte er sich das linke Knie bei einem Fahrradsturz so heftig, dass er es nicht mehr strecken konnte. Einreibungen hatten damals geholfen. Ich bat Fritz, sich so genau an den Schmerz zu erinnern, bis er ihn spüren konnte. Er probierte ganz heftig, aber er schaffte es vorerst nicht. Also ließ ich ihn ein bisschen ausruhen. Er erzählte mir, dass er sich am liebsten zu Hause erholte, in seinem Bett die Augen zumachte und einschlief. Er solle etwas träumen, sagte ich, einen schönen oder auch einen schrecklichen Traum. Fritz träumte von seinem Lieblingsessen, einer feinen Pizza.

Der grüne Power Ranger, sein größtes und stärkstes Idol, musste ihm bei der Entspannung helfen. Vor allem eine unbewegliche Handkatalepsie – die Hand in der Luft locker schweben lassen – fiel ihm sehr schwer, anfänglich schaffte er es trotz der Hilfe des Power Rangers nicht. Sobald er sich etwas länger entspannen muss-

te, dann, wenn statt oberflächlicher Kooperation wirkliche Ausdauer gefragt war, wurde er unruhig, und seine Schwächen kamen zum Vorschein. Ich fragte ihn, was ihm am meisten Unlust bereitete, er sagte, außer beim Schreiben bekäme er auch eine schlechte Laune, wenn die andern Kinder draußen spielen durften und er heimgehen müsse.
Ich verglich seine Unlust mit dem Schmerz nach dem Knieunfall. Auch eine Unlust tut weh. Also musste er eine Salbe gegen die Unlust erfinden. Er schaffte es nur ganz kurz, diese Salbe in der Vorstellung lindernd einzureiben.
Ich versuchte es mit einem andern Trost. Ich sagte, wenn er einmal groß wäre, dürfte er tun, was er wolle, dann würde er nur noch Vergnügliches machen. Er wollte Busfahrer werden. Er würde auch gerne gegen Banditen kämpfen.
Ich meinte, um gegen die Banditen zu gewinnen, müsste man sie schon sehr gut kennen, er solle sich doch das Leben eines Banditen vorstellen. Im zweiten Anlauf träumte er ein bisschen von den Banditen. Er erzählte mir davon, entschuldigte sich aber, dass ihm nicht viel in den Sinn käme.
Erst viel später in der Therapie getraute sich Fritz, einen Horrortraum zu träumen. Ich fragte ihn, was denn schlimmer sei, Angst oder der Verlust des Geldes. Das Schlimmste für ihn sei die Vorstellung des Verhungerns, meinte er.
Dann ließ ich ihn nochmals einen schlimmen Traum träumen und ihn mir erzählen. Er machte seine Hand kataleptisch, um sich zu entspannen. Er stand auf dem Balkon des 13. Stockwerkes eines Hochhauses und erlebte die Angst, »wenn dich jemand herunterstößt.« Auch erfuhr ich, dass er vor den großen Buben Angst hatte, es sei denn, die große Wut packte ihn.

Bei den kleinen Persönlichkeiten herrschen unterschwellig häufig Bedrohung und Angst vor, die sie in den Ich-Modus zwingen. Ein ängstlicher Ich-Modus kompromittiert die Durchsetzungskraft. Sie müssen lernen, mit dem Gefühl der Bedrohung aktiver umzugehen, das Skelett aus dem Schrank zu nehmen und zu überlegen, ob sie den Gedanken an die schlimmste Sache auf der Welt überleben. Ist das Schlimmste gesagt, redet es sich über andere Vorstellungen und Gefühle einfacher. Natürlich muss man viel Geduld aufbringen.

6. Kapitel

Schwierigkeiten in der Therapie

In diesem Kapitel stelle ich die speziellen Schwierigkeiten, denen man während der Therapie bei Aufmerksamkeitsstörung begegnet, in den Mittelpunkt meiner Überlegungen, nicht ohne dabei schon mögliche therapeutische Antworten zu skizzieren, wie es der Erickson'schen Tradition entspricht, die sich immer auch auf Lösungen orientiert: man überlegt sich schon beim »Pacing«, was später für das »Leading« als mögliche Ressourcen utilisiert werden kann. Im 7. Kapitel, nach dem »Warm-Laufen« in Kapitel 6, steht das »Leading« noch eindeutiger im Zentrum meiner therapeutischen Überlegungen.

Nachdem ich als junger Therapeut zuerst mit lieben, introvertierten Kindern gearbeitet hatte, staunte ich nicht schlecht, welche Überraschungen mir die aufmerksamkeitsgestörten Kinder bereiteten. Und diesen Überraschungen begegnete ich zuerst recht hilflos. Da wurden blitzschnell Grenzen getestet und schamlos überschritten. An schlechten Tagen funktionierte die Erregungskontrolle überhaupt nicht. Solange es nach ihren Wünschen lief, war die Welt dieser Kinder noch einigermaßen in Ordnung, doch meine Wünsche zu berücksichtigen kam für sie nicht in Frage. Meine Vorschläge ignorierten sie schlichtweg, ich meinte an eine Wand zu reden. Setzte ich mich gegen ihren Widerwillen durch, wurde ich mit schlechter Laune und Abneigung bestraft. Ich konnte den Kindern nicht klarmachen, dass Anstrengung mit späterer Freude belohnt würde. Die Bequemlichkeit dominierte. Sobald ich sie aus den Augen verlor, richteten sie irgendwelchen Blödsinn an. Ich ging die Therapie ja mit den besten aller Absichten an, doch Ablenkung oder Ausweichverhalten schien für sie stärker, erfreulicher und angenehmer zu sein als ein gemeinsames, anstrengendes Projekt.

Warum ist dies so schwierig? Eine mögliche Antwort liefert die Gefühlslage bei Aufmerksamkeitsstörung. Nicht nur, dass diese Kinder ihre Gefühle und Stimmungen schlecht steuern können,

auch bestimmen die einmal vorherrschenden Gefühle die kognitiven Abläufe. Wie man bei Depressionen weiß, führt die negative Stimmung zu negativen Gedanken. Ledoux erklärt diesen Vorgang damit, dass der Hippocampus – zuständig für kognitive Erinnerungen – und die Amygdala – zuständig für emotionale Erinnerungen – intensiv miteinander verdrahtet sind; dabei ist der Einfluss des Gefühlszentrums Amygdala auf den Hippocampus stärker als umgekehrt. (7, S. 227) Generell haben die Gefühle einen mächtigen Einfluss auf das Gehirn, indem sie dessen Aktivitäten synchronisieren. Wie ich schon früher beschrieben habe, dominiert bei Aufmerksamkeitsstörung oft ein Gefühlsspektrum zwischen Unbekümmertheit und euphorischem Übermut. Ein solche Stimmungslage hilft nicht beim Erlernen verantwortungsvoller Steuerung. Und die Kinder haben gar keine Mittel zur emotionalen Veränderung in der Hand.
Eine andere neurophysiologische Erkenntnis hilft zum Verständnis dieser Kinder. So genannte »Als-ob-Schleifen« erzeugen Gefühle, indem man sich vorstellt, wie sich körperliche Rückmeldungen anfühlen. (7, S. 318) So kann man zum Beispiel in Panik geraten, indem man sich eine Herzrhythmusstörung einbildet. »Als-ob«-Vorstellungen sind nicht nur zentral beim Lernvorgang, sondern auch bei der Hypnose. Bei beidem haben viele aufmerksamkeitsgestörte Kinder große Mühe. Aus ihrer unveränderbaren, leichtsinnigen Stimmungslage heraus setzen sie ihre unzweifelhaft vorhandene Phantasie eben für leichtherzige Blödeleien und Träume ein, aber nicht für ernsthafte, spontane und kooperative Interaktionen mit einem Erwachsenen.
Viele innerseelische Vorgänge erscheinen den Menschen opak, und so erfinden sie sich Begründungen, an die sie dann glauben (7, S. 36), auch wenn sie sicherlich nicht stimmen. Wie sehr die Kinder mit Aufmerksamkeitsstörung darunter leiden, wenn sie etwas nicht wissen, zeigt sich schön am Automatischen Schreiben oder Zeichnen. Es zeigt sich in der Schwierigkeit mit der Hypnose generell und im impulsiven Verhalten, das auch so eine Art Unfähigkeit im Umgang mit Ungewissheit darstellt, als Ungeduld oder mangelnde Gelassenheit. Vermutlich hat Gelassenheit mit einem starken Frontalhirn zu tun. Vielleicht ist es sogar diese Unfähigkeit im Umgang mit Ungewissheit, die der ausgeprägten Ablenkbarkeit zu Grunde liegt, weil die Kinder solche Störreize sofort er-

gründen müssen. In Hypnose sollten sie lernen, unwichtige Reize zu ignorieren.
Falls es ihnen nicht gelingt, kann es der Therapeut stellvertretend für sie tun, indem er in eine ruhige, extern-fokussierte Trance geht, ähnlich wie in der Geschichte von Peseschkian, der vom berühmten Arzt erzählte, welcher einen tyrannischen König heilen musste. Der Held der Geschichte schlug einen unangenehmen Einlauf vor, und als sich der König wütend empörte, fügte der Held an, natürlich nicht für den König, sondern für ihn selbst. Und dem König ging es darauf besser, der geniale Heiler durfte weiterleben. (29)

Fritz

Sie haben von Fritz schon im 5. Kapitel gehört. Nach einigen Therapiemonaten wirkte er weniger depressiv. Manchmal kam er mir sogar leicht manisch vor. Natürlich ging er dann besonders leichtherzig über seine persönlichen Schwierigkeiten hinweg. Nichts schien ihn betroffen zu machen. In der Schule bestanden immer noch massive Schwierigkeiten mit Ausdauer und Konzentration, aber immer noch redete er nicht darüber und schien unberührt.
Fritz hatte sich an das Gedankentraining gewöhnt und machte allem Anschein nach gut mit, bis ich entdeckte, dass er nicht wirklich das machte, was ich ihm auftrug.
Ich sagte ihm, er solle davon träumen, ein Bandit zu sein. Fritz verhielt sich sehr angepasst und fiel durch seine Nervosität auf. Ein etwas frecheres Auftreten würde ihn lockerer machen.
Nach dem Traum erzählte er auf meine entsprechende Frage hin, es sei spannend gewesen. Ich wollte wissen, was er genau erlebt habe. Es verstrich einige Zeit mit hartnäckigem Befragen, bis ich endlich erfuhr, dass im Traum gar kein Bandit vorgekommen war. Er hatte sich nicht vorgestellt, was ich ihm gesagt hatte! Ich stellte ihn zur Rede. Er sagte: »Es ist kein Bandit da, weil die Polizei in der Nähe ist.«
Ich sagte: »Stell dir einen Ort vor, wo die Polizei nicht in der Nähe ist.«
Viel später antwortete er: »Im Schwimmbad kann der Bandit Geld klauen, und die Leute brauchen Zeit, bis sie ein Telefon erreichen.«

Fritz und ich waren uns jederzeit des Gedankenspiels bewusst: er selbst würde nie und nimmer klauen.
Ich sagte: »In Gedanken und in den Träumen ist alles erlaubt. Die Albträume bringen deine überflüssigen Ängste zur Müllabfuhr. Und in den Banditenträumen lernst du dich sicher fühlen.«
Er sagte: »Die Banditen machen mir Angst.«
Ich sagte: »Es ist gut, deine Ängste zu kennen. Jetzt in der Pause stell dir zur Angstlinderung ein bisschen Fußball vor, da fühlst du dich stark und sicher, weil du gut Fußball spielen kannst.«
So näherte sich Fritz seinen Gefühlen immerhin ein Stück weit, um sie später einmal wenigstens ein bisschen besänftigen oder steuern zu können. Das fällt aufmerksamkeitsgestörten Kindern besonders schwer. Der Kontrast mit dem geliebten Fußball minderte seine Ängste. Um überhaupt zu ihnen vorzustoßen, musste ich mit nüchterner Hartnäckigkeit insistieren, dass er auch entsprechend meinen Vorgaben träumte. Ich ließ mich von seinem diffusen Ausweichen nicht beeindrucken, musste es aber zuerst merken, dass er auswich.
Das nächste Mal begann ich routinemäßig wie folgt: »Arbeiten heißt bei mir nichts tun. Du kannst schlafen und von etwas Schönem träumen.«
Fritz meinte: »Am Tag kann ich nicht schlafen.«
Ich antwortete: »Stell dir einfach vor, du tust so, als würdest du schlafen. Du liegst in deinem Bett und solltest aufstehen. Deine Mutter kommt dich wecken, aber du willst noch nicht aufstehen. Dann stellst du dich schlafend, damit du noch ein bisschen länger unter der wohligen Decke bleiben darfst.« Darauf hatte Fritz einen schönen Traum: Er träumte davon, mit einem Motorboot über das Meer zu rasen, so wie er es in den Ferien gesehen hatte.
Ein anderes Mal erzählte mir Fritz: »Ich habe in der Nacht etwas Schlimmes geträumt. Ich bin zwei Minuten in der Aare geschwommen, es kam ein Polizeiboot, ich habe es nicht gesehen und das Boot hat mich überfahren. Ich glaube, ein Albtraum lügt einen an.«
Ich sagte: »Ein Albtraum ist wie die Müllabfuhr. Man wird die Angst los.«
Fritz entgegnete: »Wenn man im Traum ist, meint man, es sei wirklich. Da hatte ich Angst. Am Tag erschrecke ich nur selten.«
»Wenn die Angst ein Tier wäre, wie sähe das Angsttier aus?«

»Es wäre ein Tiger oder ein Löwe, eine Gift- oder Würgeschlange. Vor einer Schnecke hätte ich keine Angst.«

»Schau dir den Tiger genau an und spür die Angst in deinem Körper. Gib dem Angstgefühl im Körper eine Farbe. Gib auch dem angenehmen Gefühl eine andere Farbe, vielleicht deine Lieblingsfarbe. So hast du einen hübschen Unterschied zwischen angenehmer und unangenehmer Farbe. Nach diesem Erlebnis fühlst du dich mit der angenehmen Farbe im Körper doppelt wohl.«

Meistens versuche ich eine Therapiegeschichte in leichtem und geschwindem Fluss zu erzählen. In einer wirklichen Therapiestunde läuft es nicht so glatt, wie Sie es hier lesen. Auch bei Fritz musste ich oft nachfragen oder verschiedene mögliche Antworten vorschlagen, aus denen er auswählen konnte. Oft antwortete er zuerst ungenau oder unsinnig. Seine richtigen Antworten wiederholte ich mehrmals, damit sich sein Unbewusstes die nützliche Antwort einprägen würde.

Auf schwierige Fragen findet man nicht immer und sofort eine Antwort. Wegen meiner schwierigen Fragen lernte Fritz, die Ungewissheit eine bestimmte Zeit auszuhalten. Dies ist eine gute Erfahrung gegen vorschnelle Impulsivität. Auch lernte er dabei etwas über die Bedeutung der Wörter und über die Genauigkeit der Formulierungen.

Aufmerksamkeitsgestörte Kinder antworten häufig: »Ich weiß nicht.« Deshalb ließ ich Fritz Automatisches Zeichnen ausprobieren. Beim automatischen Zeichnen stellt die Hand etwas dar, von dem der Kopf nicht weiß, was es ist.

Ich sagte: »Da hast du eine feste Unterlage und einen Zeichenblock. Hier ist auch ein Kugelschreiber, den du locker in deiner Hand hältst. Lass jetzt deine Hand etwas zeichnen, aber schau nicht hin, was sie zeichnet. Denk an etwas anderes.« Es bereitete Fritz ungemeine Mühe, dass er es nicht sofort wissen durfte, was seine Hand hingekritzelt hatte. Zur Ablenkung fragte ich ihn sofort nach anderen unangenehmen Dingen. Er erwähnte den Regen, den er nicht mochte. Regen weckte bei ihm Unlust, wie das Automatische Zeichnen, bei dem es ihm auch später noch Mühe bereitete, nicht gleich sofort hinzuschauen.

Es besteht der erstaunliche Widerspruch, dass aufmerksamkeitsgestörte Kinder besonders häufig die Erwachsenen über ihr Erleben und über ihre Absichten im Unklaren lassen möchten, selbst aber unbedingt und sofort wissen müssen, wenn eine Ablenkung ihre Aufmerksamkeit erregt. Zum Beispiel hört man die Sirene eines vorbeifahrenden Krankenwagens, und die Kinder kleben wie der Blitz am Fenster. Die Planungs- und Steuerungsfähigkeiten des Frontalhirns helfen beim Aufbau der Gelassenheit, um die dringlichen Impulse etwas lockerer zu nehmen.

Verschiedene Schwierigkeiten

Folgende Schwierigkeiten treten bei den meisten Aufmerksamkeitsstörungen auf. Ich möchte sie stichwortartig aufzählen (Pacing) und mögliche therapeutische Strategien (Leading) anfügen.

Körperliche Unruhe und Nervosität bei Gespräch oder Hypnose: Ich erkläre den Kindern, dass jeder Mensch am Morgen eine bestimme Menge geistiger Energie besitzt, die für den ganzen Tag reicht. Die Energie ist eigentlich durchsichtig, kann aber von den Kindern angemalt werden, sodass sie die Energie in einer bestimmten Farbe sehen können. Wenn das Kind sich bewegt, kämpft oder spielt, dann fließt die Energie vom Kopf – dort kommt sie her – durch die Wirbelsäule am hinteren Hals in die Muskeln des Körpers. Am Hals gibt es einen Wasserhahn, der den Energiefluss regelt. Der Hahn hat ebenfalls eine bestimmte Farbe. Die Kinder können lernen, die Energie zu steuern. Wenn sie sich bewegen, dann soll der Hahn offen sein. Während der Entspannung schließt sich der Hahn, wie im Schlaf, wenn man träumt, und alle Energie bleibt im Kopf. Während des Denktrainings bleibt die Energie ebenfalls im Kopf. Beim Sprechen bleibt die meiste Energie im Kopf, denn man muss überlegen, was man sagt, aber ein kleiner Teil der Energie fließt in den Mund und in die Atmung, sodass man beim Sprechen einige Töne und Wörter herausbringt. Diese wie auch andere Vorstellungen müssen öfter geübt werden.

Trainingsmüdigkeit: Zuerst lasse ich die Kinder ihre Müdigkeit im Körper spüren. Dann erinnere ich sie an ihren Lieblingssport oder -hobby und an die vielen Versuche und Trainings, die sie bereits durchgemacht haben, um jetzt so geschickt zu sein.

Angst vor Versagen in der Schule: Wertvoll ist das Ansprechen und Diskutieren des Problems, da diese Kinder den Problemen lieber aus dem Weg gehen und lieber nicht darüber sprechen. Ich verlange von den Kindern, dass sie sich an schlechte Prüfungen erinnern, dabei ihren Körper spüren, der Angst eine Tiergestalt geben und das Tier beruhigen. Darauf sollen die Kinder hilfreiche Erinnerungen suchen, Situationen, in denen sie erfolgreich Angst überwunden haben. Bei Fritz zum Beispiel beim Schwimmen im Meer.

Wutausbrüche: Der Wut kann man ebenfalls eine Tiergestalt geben. Danach werden möglichst viele Beruhigungstechniken gesucht, die das Kind kennt.

Wenn Papa wütend wird: Dazu kann man viele Möglichkeiten besprechen, wie zum Beispiel den Vater nicht reizen, genügend Distanz wahren, sich in eine Schutzhülle kleiden. Die Kenntnis problematischer Situationen und Reaktionen hilft manchmal, Teufelskreise der Provokation zu durchbrechen. Noch wichtiger scheint mir die konkrete Erfahrung des Kindes, dass es mit seinen gewohnten Verhaltensweisen den Therapeuten nicht oder nur spaßeshalber provozieren kann.

Passivität: Aufmerksamkeitsgestörte Kinder kommen oft zu spät, wenn sie sich Vorteile verschaffen oder sich ins positive Licht rücken könnten. Fritz meldete sich nicht in der Schule, auch wenn er die Antwort wusste. Ich sagte ihm, ich vermute, eine Lähmung würde seine Hand vom Aufstrecken abhalten. Also probierten wir die Handlähmung in Form einer hypnotischen Katalepsie aus.
Nachts träumte Fritz von Räubern, gegen die er sich nicht zur Wehr setzen konnte. Ich ließ ihn auch in Hypnose von den Räubern träumen, die seine Schätze klauten; die Schätze symbolisierten den Erfolg in der Schule. Ich besprach mit Fritz, wie er sich fühlte, wenn er passiv war, und wie er sich in einem Albtraum fühlte. Ich ließ ihn dieses unangenehme Gefühl der Depersonalisation erkennen und dieses in eine angenehme hypnotische Depersonalisation verwandeln.

Müssen statt dürfen: Allgemein sträuben sich aufmerksamkeitsgestörte Kinder, wenn sie das Gefühl haben, sie müssten etwas tun, das sie nicht wollen. Wegen ihrer wenig wirksamen Erregungskontrolle können sie die Spannung nicht lindern, die alle Menschen befällt, wenn sie etwas müssen. Wegen ihrer Frontalhirnschwäche koordinieren sie fremde und eigene Wünsche nicht so gut; Einsicht in die Realitäten der Welt ist auch nicht ihre Stärke; das unzuverlässige Zeitgefühl verunmöglicht ein Aufschieben der eigenen Wünsche. Die passiven, nicht hyperaktiven Kinder mit Aufmerksamkeitsstörung bekunden vielleicht erst in der Pubertät Mühe mit dem Müssen, weil sie sich früher eher fügten oder herausschlichen, sich in der Jugendzeit aber wegen innere oder äußere Anforderung vermehrt zur Selbstbehauptung gedrängt fühlen. Ich tröste die Kinder oft mit der Feststellung, dass die Welt nicht so ist, wie sie sein sollte, und dass man sich sein Glück trotzdem verdienen könnte. Ein Diamant mit Zauberkraft würde ihnen helfen, dass ihre Wünsche besser in Erfüllung gingen. Oder sie spielen in einem Traum oder einer Geschichte den König, der seine Freiheit genießt.

Die Geschichte vom geschlagenen Hund erzähle ich den Kindern, bei denen ich befürchte, dass sie zu häufig geschlagen werden. Diese Geschichte hilft den Kindern, über das schwierige Thema zu sprechen und den Schlägen aus dem Weg zu gehen. Falls möglich, spreche ich auch mit den Eltern darüber.

Unkontrollierbare Verhaltensweisen wie leichte Tics, Juckreiz oder psychogener Husten: Bei der Arbeit mit Aufmerksamkeitsproblemen kommt es einem manchmal vor wie in einer Dermatologie-Vorlesung über Juckreiz, bei der die behandelten Probleme gerade die entsprechende Empfindung auslöst und man sich bald wie in einem Affenkäfig wähnt; so treffend schilderte einmal ein guter Kollege eine solche Veranstaltung. Bei Kindern mit Aufmerksamkeitsstörung juckt und zuckt es sogar, ohne dass ich davon sprechen muss. Es sind kaum kontrollierbare, entfremdete Verhaltensweisen. Ich gebe den Symptomen einen Namen wie zum Beispiel Ameisen, die einen stören. Dann kann der Kampf losgehen, man muss herausfinden, wer stärker ist. Einmal litt Fritz an einem lästigen, längeren Reizhusten. Als Bild für den Husten erfand ich Quackenten und Löwen, die andauernd von sich hören ließen. Da ich Fritz schon gut kannte, provozierte ich ihn sanft, indem ich hustete und behauptete, die Quackente habe mich ebenfalls befallen.

Robustheit: Natürlich bringt Aufmerksamkeitsstörung nicht nur Probleme, sondern auch Vorteile in der Therapie. Neben der Liebenswürdigkeit treffe ich immer auch auf schnelles Verzeihen und

Gutmütigkeit. Selten sind diese Kinder wegen eines kleinen Missverständnisses beleidigt. Ich kann die Probleme beim Namen nennen, ohne dass die Kinder in Scham versinken.

Paul

Wie schon im 2. Kapitel erwähnt, verfügte Paul über ein riesiges Repertoire an Ablenkungsmanövern und hatte eine Meisterschaft im Ausweichen erlangt. Ebenso faszinierend und erstaunlich waren seine gutmütige Naivität und Vertrauensseligkeit. Er empfand keine Verletzung und keine Gewissensbisse, wenn ich ihn immer wieder an seine eigentliche Aufgabe erinnerte.

Um Verletzung, Selbstbefangenheit, Verantwortung, Zielgerichtetheit empfinden zu können, bräuchte Paul einen eigenen Ich-Standpunkt. Nicht dass er in andern Sektoren seines Seelenlebens keinen Ich-Standpunkt gehabt hätte, doch im schulischen und im verantwortlichen Bereich fehlte er; ich stelle mir diese Defizite als blinden Fleck oder als Lähmung vor, die durch Abneigung erhalten bleibt.

In meinem Therapiesetting werde ich nicht so schnell ausgehebelt. Ich verlange ja nur Nichts-Tun, das ist einfach durchzuhalten. In einem Erickson'schen Ansatz benutzt man das Offensichtliche. Man nennt dieses Vorgehen die Utilisationstechnik. Doch bei aufmerksamkeitsgestörten Kindern ist nicht alles utilisierbar: Bei Destruktivität und schädlichen Grenzüberschreitungen wären die Verluste zu groß. Ist aber einmal die Grenze gezogen, können Ablenkbarkeit und Ausweichverhalten gut utilisiert werden. Wie bei Paul gut ersichtlich, benutze ich viele seiner Ablenk- und Ausweichmanöver als Ausgangspunkt einer hypnotischen Induktion. Ein übermäßig ablenkbares Kind erlebt so in meiner Therapie einfach kürzere, dafür häufigere Induktionen.

Wie immer saß Paul auf seinem Stuhl, und ich schlug ihm vor, vom Bauernhof zu träumen. Er hatte mir das letzte Mal erzählt, dass er wegen seiner starken Muskeln gerne auf dem Bauernhof arbeitete. Paul erinnerte sich gut daran, wie er einmal auf dem Bauernhof mitgeholfen hatte, zum Beispiel die Kühe in den Stall zu treiben und ihnen Futter zu geben.

Während des Traumes saß Paul ziemlich zappelig auf dem Stuhl. Der Traum war schnell zu Ende, ohne dass er mir etwas davon erzählte. So fragte ich: »Und was machst du auf dem Bauernhof nicht so gerne? Was ist anstrengend, vielleicht so anstrengend, dass du nachher Muskelkater hast?«

Paul sagte: »Das kann man nicht sagen.« Sogleich wurde seine Aufmerksamkeit abgelenkt, dieses Mal war es die Heizungsröhre, die ihn faszinierte.

Ich fragte: »Stell dir vor, du lebst auf dem Bauernhof. Jetzt kommt jede Nacht ein Fuchs auf Besuch, und er nimmt sich gleich ein Huhn mit.«

Etwas interessierter sagte Paul: »Dann fang ich den Fuchs ein und sperre ihn in den Käfig. Am nächsten Tag lass ich ihn wieder frei. Dann kommt er nie wieder, weil er weiß, was mit ihm passiert. Wenn er zurückkehrt, passiert ihm wieder das Gleiche.«

Paul stellte sich vor, wie der Fuchs auf dem leeren Stuhl saß, allerdings nur einen sehr kurzen Moment lang. Dann richtete sich seine Aufmerksamkeit wieder auf die fast kalte Heizungsröhre. Es war ein schöner, goldener Herbsttag im Oktober.

Ich sagte: »Kannst du deine Hand dort lassen, wo sie ist, nämlich auf der Heizungsröhre, und die Röhre so lange festklammern, bis sie so heiß wird, dass du deine Hand wegziehen musst? Halte deine Hand auf der Heizungsröhre, ganz fest und unbeweglich, solange du die Hitze aushalten kannst!« Es dauerte etwa zwei Minuten, und dann sagte Paul, die Hand sei ganz heiß. Ich schlug vor, dass die Hand jetzt unbeweglich an einem andern Ort, auf der Stuhllehne etwa, liege, bis sie ausgekühlt sei. Paul ertrug auch diese Unbeweglichkeit etwa zwei Minuten lang, sagte darauf, es sei unangenehm, die Hand ruhig zu halten, und begann, mit dem Fensterladen zu spielen.

Ich bemerkte: »Vermutlich hast du so sehr Angst, du könntest deine Hand nicht mehr bewegen, dass du jetzt nicht mehr aufhören kannst, mit dem Fensterladen zu spielen. Doch dann geht die Angst weg, du siehst ja, dass du die Hand bewegen kannst. Jetzt halt deine Hand wieder ruhig, solange du keine Angst bekommst, sie sei gelähmt.«

Paul antwortete, und ich wusste nicht genau, was er damit meinte: »Das kann man nicht sagen.«

»Dann ruh dich doch mal schön aus, bis du wieder reden kannst.«

Paul wollte jetzt lieber spielen. Ich sagte ihm: »Die Arbeitszeit ist noch nicht vorüber. Ich bin gespannt, wie gut du bis zum Schluss durchhältst. Achte darauf, wo du jetzt nervös und zappelig wirst.«
»Ich weiß nicht wo.«
»Wenn du nichts spürst, hältst du es sicher noch eine ganze Ewigkeit aus.«
»Ich glaube, ich werde in den Beinen etwas nervös.«
»Weißt du, warum ich dich so hart trainieren lasse? Damit du stark wirst.«
»Ich bin stark.«
Wie schon gesagt ließ sich Paul schnell ablenken und besaß wenig Ausdauer bei der Arbeit. Auf die Schwierigkeiten angesprochen, tat er so, als gingen ihn seine Probleme nichts an. So utilisierte ich seine Ablenkungen immer wieder für hypnotische Phänomene, z. B. Katalepsie und Träume, und forderte ihn bezüglich seiner Stärke heraus. Weil Arbeitsort und -zeit klar vorgegeben waren, musste ich um die Einhaltung der Grenzen nicht kämpfen, nur darauf hinweisen. Wenn er meine Arbeit als zu hart empfand, zuckte ich mit den Schultern und bemerkte, das Leben sei manchmal hart, das könne ich nicht ändern. Ich versuchte nicht, mich in jeder Situation beliebt zu machen.
Einige Jahre später kam Paul immer noch zur Therapie, nur in größeren Abständen. Er war viel ruhiger geworden. Er sagte: »Eigentlich bin ich nicht mehr so unglücklich, wenn ich Aufgaben machen muss. Gut, im Sommer will ich hinaus und den Schnee hab ich auch gerne. Aber jetzt im Herbst, da mache ich Aufgaben und nachher verkrieche ich mich für einige Zeit in meinem Zimmer.«
»Was macht dich noch am ehesten nervös?«
»Meine Fehler bei Schularbeiten mag ich gar nicht gerne korrigieren. Ich mag nicht hinschauen, was ich falsch geschrieben habe.«
»Du solltest zwischendurch absichtliche Fehler machen und deine Mutter herausfinden lassen, welches absichtliche und welches unbeabsichtigte Fehler sind. Als meine ältere Tochter Rahel Diktate lernen musste und sie daran fast verzweifelt wäre, habe ich ihr gesagt, sie solle beim Übungsdiktat auch ein paar absichtliche Fehler einflechten. Es bereitete ihr viel Spaß und Vergnügen. Nachher nahm sie die Diktate bedeutend lockerer und lernte besser. Man sollte wirklich begreifen, was ein Fehler ist, und dann kann man

damit umgehen; man sollte selbst entscheiden, ob man sie macht oder sein lässt. Jeder Mensch macht Fehler.«
Paul befand sich bereits in der Pubertät, und so setzte er sich ruhiger aufs Sofa. Im unteren Stock hämmerte ein Handwerker, und Paul sagte humorvoll: »Herein.«
»Hör doch in aller Ruhe dem Klopfen zu und freue dich, dass du *nichts tun musst. So verwandelst du das Aufregende in etwas Beruhigendes. Was kann dich am meisten aufregen?«*
»Wenn mein Bruder mich ärgert oder schwierige Schulaufgaben.«
»Bei den schwierigen Aufgaben helfen die Medikamente, dass du dich nicht allzu sehr aufregen musst.«
»Am letzten Donnerstag habe ich vergessen, die Medikamente zu nehmen. Dann bekamen wir eine ganz schwierige Mathematikprüfung. Zuerst wusste ich nicht, wie anfangen. Dann habe ich ganz kräftig in meinem Innern geschimpft, und dann ging es sehr gut, auch ohne Medikamente.«
Ich erzählte Paul eine Episode aus dem humorvollen Film »Good Morning Vietnam«, in der das Schimpfen dem Soldaten beim Überleben geholfen hatte. (18) Daraufhin erzählte auch Paul mehrere lustige Episoden aus Filmen, die er kürzlich gesehen hatte.
Begründeter Stolz auf eigene Leistungen hilft nicht nur Kindern beim Bewältigen schwieriger Hindernisse. Sobald man über die Schwierigkeiten diskutieren kann, sind sie nur noch halb so schlimm. Eine gute Erregungskontrolle hilft bei der Diskussion: »Wie verwandle ich Aufregung in Beruhigung?«

Kurt

Kurts Verhalten auszuhalten fiel mir häufig schwer. Ich gab mir Mühe, es mir nicht anmerken zu lassen, ich wollte nicht, dass er mich provozierte. Außer seinem häufigen Grinsen bestach Kurt am Anfang durch Einfältigkeit und Humorlosigkeit. Ich sagte mir, aus irgendeinem Grund müsse der liebe Gott Kurt zu mir geschickt haben, entweder um mich für etwas büßen zu lassen oder damit ich etwas Wichtiges für mein Leben lernte.
Wenn Kurt mit der Burg spielte, dann klauten die bösen Räuber immer zuerst den guten Rittern ihren Schatz, die Guten eroberten

den Schatz zurück und bestraften die Bösen auf brutalste Art. Je extremer Kurt die Bösen bestrafen ließ, umso diabolischer freute er sich.

Auch sonst existierten für Kurt wenig Grautöne. Im Spiel quälten Kurt keine Zweifel, wem der Schatz gehörte. Wollte oder brauchte ein guter Spieler etwas, erkämpfte er es sich ohne Rücksicht auf die Bedürfnisse anderer Spieler.

Ohne eine Miene zu verziehen erzählte mir Kurt einmal, dass der Raptor bei den Dinosauriern immer der Stärkste sei; er gewinne immer, und dies sei gut so.

Im Traum musste sich Kurt einige Male in ein vierjähriges Kind verwandeln und allen Blödsinn anstellen, den er sich nur ausdenken konnte. Wenn ein kleines Kind Blödsinn macht, kann ich das verstehen, und die Vorstellung des vierjährigen Kurts, der Blödsinn macht, tröstete mich.

Ich sagte: »Dem kleinen Kind macht es Spaß, Blödsinn zu machen. Dem großen Kind macht es Spaß, über Blödsinn zu reden.«

Wenn Kurt seine Hände ruhig halten musste und es nicht konnte, hatte ich Verständnis für seine Schwierigkeiten. Dann sagte ich zu ihm, auch weil ich seine Einfältigkeit als eine Art Gefängnis sah: »Stell dir vor, du bist wie ein Vogel im Käfig gefangen.«

Natürlich war es für Kurt sofort klar, dass der Vogel im Nu mit Hilfe seines Schnabels die Gitterstäbe aufgeritzt hatte. Natürlich wäre es mir lieber gewesen, wenn er sich auch erlaubt hätte, ein bisschen traurig zu sein. »Immerhin«, fügte ich an, »vergisst du beim Ausdenken einer lustigen Geschichte, dass die Hände gefangen sind.«

Ruhig dazusitzen fiel Kurt sogar außerordentlich schwer. Ich vermutete, er litt unter sehr unangenehmen Gefühlen der Depersonalisation, das heißt, er spürte sich nicht mehr richtig. Ich konnte vorerst nicht mit ihm darüber reden, denn ein Verständnis für Depersonalisationsgefühle würde ihn völlig überfordern, wenn er sogar einfachere Körperreaktionen nicht spürte.

Ich dachte, einige Action-Geschichten würden ihn ablenken. Kurt hatte mir erzählt, dass er nachts von Einbrechern träumte. Also ließ ich ihn in Trance den Traum nochmals träumen. Als er aus der Trance zurückkam, sagte Kurt: »Der Einbrecher verfolgte mich. Ich ging ins Bett und versteckte mich unter der Decke. Dann ver-

setzte ich dem Einbrecher mit der Pfanne einen Schlag auf den Kopf.«
Ein anderer Traum handelte von seinem Bruder. Beide kämpften miteinander, und Kurt schlug ihm die Faust in den Bauch. Darauf sagte der Bruder: »Ich gebe auf, du hast gewonnen, du bist stärker.«
Natürlich balancierte ich all die schlechten Gefühle und Erlebnisse mit angenehmen Empfindungen und Erinnerungen aus. Bei Kurt handelte es sich bei den angenehmen Erinnerungen um Spiele. Diese Balance ist für meine Arbeit selbstverständlich, auch wenn ich sie nicht immer erwähne.
Um Kurts großen Wünschen und Ansprüchen entgegenzukommen, schlug ich ihm ebenfalls vor, in Gedanken König zu sein. Sein Bruder machte ihm aber auch als König das Leben schwer. In der Vorstellung half da nur noch das Kopfabschneiden, da sein Bruder ihm das Königreich wegnehmen wollte. Seine Lehrerin hatte Kurt einmal schockiert, als er aufschrieb, er wünschte, sein Bruder wäre tot. Ich erfand für die Geschichte eine Fortsetzung: Der Geist des Bruders konnte nicht schlafen, weil er sich rächen wollte; der Geist konnte seinem Bruder Kurt nichts antun, verhexte aber sein Schloss.
Kurt äußerte sich zufrieden über diese Lösung.
Seine Zerstörungslust blitzte immer wieder hervor, ohne dass Kurt sie mir offen zeigte. Ohne Zusammenhang erzählte ich nebenbei von einem Bombenleger, ohne zu erklären, dass ich seine Zerstörungslust als Bombenlegen bezeichnete. Wir tauschten lustige Vorstellungen aus, was alles der Bombenleger im Land des Spieles zerstörte. Dann schlug ich Kurt vor, er solle sich vorstellen, wie er seine Nachbarn ärgerte. Also klingelte er in Gedanken an der Haustür und lief davon.
In einem zweiten Schritt baute ich den Selbstbezug ein. Ich sagte, jedes Mal, wenn Kurt jemanden erfolgreich geärgert habe, hätte er in Gedanken eine Bombe gelegt. Die Bomben kämen eher vom Teufel als von ihm selbst, meinte Kurt. Ich selbst fühlte mich erleichtert, nachdem ich, ohne zu verletzen oder abgewiesen zu werden, einen Weg gefunden hatte, Kurts Destruktivität anzusprechen, ein Problem, das mich lange Zeit hilflos gemacht hatte.
Kurt störte immer wieder den Unterricht unter anderem damit, dass er völlig unpassend das Wort »Shampoo« in die Runde brüllte.

Ich sagte: »Du willst eigentlich gar nicht schreien, also muss es ein anderer Teil von dir sein, der stören will. Suchen wir doch für diesen anderen Teil ein Bild.« Zuerst erfand Kurt einen Dinosaurier oder ein Monster, das jeweils brüllte. Ich konnte Kurt dazu überreden, dass er das Monster in einen liebenswürdigen Orca-Wal verwandelte. Den Orca würde er jeweils zu Hause in der Badewanne lassen, wenn er zur Schule ging. Und die Laute des Wals störten den Unterricht nicht mehr, weil sie so weit weg waren. Wie zu erwarten besserte sich Kurts Verhalten; gelegentlich fand der Wal unbemerkt dennoch den Weg in die Schule.
Manchmal halfen keine Beruhigungstechniken, und Kurts Hände bewegten sich wie von selbst. Dann ließ ich Kurt auf seine Hände setzen. Ich selbst saß auch auf meinen Händen und schwärmte vom guten Gefühl in den Händen. So lernte Kurt seine Gefühle besser kennen. Er probierte verschiedene Stellungen, bis er ein angenehmes Gefühl in den Händen bekam.
Manchmal wollte Kurt zu viel, wollte es allen recht machen, und dann ging es erst recht schief. Zum Glück verstand mich Kurt, als ich ihm erklärte, dass man langsam besser zum Ziel kommt, als wenn man im schnellen Tempo stolpert.
Im Gegensatz zu andern Kindern mit Aufmerksamkeitsstörung sprengte Kurt den Therapierahmen nicht mit handfesten Mitteln. Doch die Hartnäckigkeit und die aggressive Note seiner Probleme forderten den Therapeuten auf andere Art heraus. Vor allem seine Begriffsstutzigkeit und seine unreife Ich-Bezogenheit erforderten lange Therapiebemühungen.

Manuel

Sie kennen Manuel bereits aus dem 4. Kapitel. Einmal schien ihm mein Angebot der Entspannung überhaupt nicht verlockend und so spielte er herausfordernd mit dem knarrenden Fensterladen. Ich fragte: »Sag mir, was wäre das Schlimmste, das dir passieren könnte?«
»Wenn ich nicht mehr mit der Playstation spielen dürfte.«
»Weil es auch Spaß macht, kannst du dafür jetzt mit dem Fensterladen spielen. Mehr noch, du findest dieses Spiel vielleicht lustig,

wenn du entdeckst, dass du nicht mehr aufhören kannst, mit dem Fensterladen zu spielen. Anfangen und aufhören sind die schwierigsten Dinge im Leben. Du sitzt manchmal vor der Playstation oder vor dem Fernseher, und du kannst ihn nicht mehr abstellen, nicht mehr aufhören. Oder du musst Schulaufgaben machen und weißt nicht wie anfangen. Also spiel mit dem Fensterladen. Oft kann auch deine kleine Schwester nicht aufhören mit Spielen.«
»Darf ich auch mit der Uhr spielen?«
»Das dürfte nicht so einfach sein. Dazu müsstest du zuerst mit dem Fensterladen Schluss machen. Aber das kannst du nicht. Aber es ist ja so beruhigend, den Laden knarren zu lassen. Eine schöne Musik. Du musst jetzt einfach eine viertel Stunde weitermachen. Wenn du aufhören willst, dann musst du stattdessen die Augen schließen und vom Fensterladen träumen. In der Nacht wirst du sowieso davon träumen.«
Im Gegensatz zu Paul hörte Manuel eine viertel Stunde lang nicht auf mit dem Laden zu spielen. Nachher verhielt er sich bedeutend ruhiger und kooperativer.
Mein Setting, das die Zeit und den Raum genau definiert, erleichtert die Utilisation der lästigen Verhaltensweisen, die nicht zur Reifung des Frontalhirns beitragen. Ohne definierten Zeit- und Ortsrahmen würde das Verhalten beim Versuch der Utilisation eskalieren. Das entfremdete, automatisierte Verhalten, wie das lästige, nervöse Spielen mit dem Fensterladen, lässt sich jedoch in einem solchen, sicheren Rahmen mit paradoxen Verschreibungen gefahrlos utilisieren. Sobald Manuel meine paradoxe Anweisung befolgte, spielte er nicht mehr unkontrolliert mit dem Fensterladen, sondern er folgte mir. Machte er etwas anderes, dann bewies er auf diese Art die Kontrolle über sein Verhalten. In beiden Fällen gewöhnt er sich an effiziente Verhaltenssteuerung.

7. Kapitel

Gedankentraining durch wiederholte Hypnoseinduktionen

Mancher Leser musste sich lange gedulden, bis ich nun das Kernstück meiner praktischen Arbeit mit den Kindern darlege. Es geht um die Utilisation des oberflächlichen, ablenkenden Verhaltens zum Zweck einer Hypnoseinduktion. Es geht darum, in verzweifelten Situationen doch noch Beruhigung zu schaffen, bei der das Kind den Hauptteil der Arbeit leistet und nicht einfach auf Befehl oder moralischen Appell hin seine Waffen streckt: Das Kind soll aus eigenem Antrieb, aus eigener Verantwortung, Anstrengung und Fähigkeit Erregungskontrolle lernen, sogar wenn es ein Erwachsener verlangt. Dies hilft ihm, mit komplexen Anforderungssituationen umzugehen. Dazu muss der Therapeut genügend stark sein, um sich gegen die Manöver des Kindes zu schützen, Manöver, die ihn provozieren und aus der Ruhe bringen sollen. Dazu braucht es den klar abgesteckten örtlichen und zeitlichen Rahmen. Dazu braucht es auch die Fähigkeit des Therapeuten, sich phasenweise unbeliebt zu machen und seine eigene Unfähigkeit zuzugeben. Ich entschuldige oft meine langweilige »Vorstellung« und habe viel Mitleid mit den Kind, das so etwas erdulden muss; nicht ohne dass ich den Nachsatz anfüge, für das Training seiner Gedanken sei die jetzige Situation ausgezeichnet und das Leben sei halt oft hart. Solange der Therapeut sich zu sehr anstrengt und bemüht, damit er dem Kind alles recht macht, ist es für das Kind ein Leichtes, den Therapeuten aus der Fassung zu bringen. So wenig die Kinder manchmal leisten, so schnell entdecken sie das Versagen des Erwachsenen und beschweren sich lautstark.
Wie schon erwähnt, muss man sich bei aufmerksamkeitsgestörten Kindern damit abfinden, dass keine »tiefen« halbstündigen Trancen am Stück entstehen. Es sind eher 10–20 kurze Induktionen im Laufe einer halben Stunde. Der Therapeut muss sich an das immens schnelle Tempo des Kindes anpassen! Da vor allem der An-

fang einer Induktion das Frontalhirn anregt, hat es die Natur vermutlich so gewollt, dass auch diese Kinder in letzter Konsequenz gerade das üben, was sie am meisten brauchen und sich so nicht in einer herrlich langen Trance erholen können.

Noch ein paar Sätze zur hypnotischen Induktion: Eine Induktion findet immer dann statt, wenn es dem Therapeuten gelingt, ein hypnotisches Phänomen hervorzulocken (im Englischen »elicit«), sei es Katalepsie, Imagination und Halluzination, Zeitveränderung, Körperveränderungen wie Ruhe, Wärme oder Entspannung etc. Trance ist der Zustand, in dem ernst gemeinte Aktivitäten ohne Effort ablaufen. Trance ist meist nicht das Ergebnis eines banalen Befehls: »Sei jetzt ruhig!«, sondern die günstige Reaktion auf den Vorschlag: »Wenn du genug lang mit den Beinen gestrampelt hast, sind sie vielleicht so müde, dass sie von selbst Lust bekommen, so zu tun, als würden sie schlafen.« Dabei wird auf gelernte Fähigkeitsmuster zurückgegriffen, die man zuvor indirekt in Gang gebracht hat. (26) Fast alle meine Techniken, die ich in diesem Buch beschrieben habe, beruhen auf diesem Prinzip. Sie finden dazu in jedem Kapitel eine Menge konkreter Beispiele. Diese Beispiele sollen auch auf indirektem Weg Ihre Fantasie wecken, wie Sie Ihren eigenen Stil im Umgang mit aufmerksamkeitsgestörten Kindern finden. Erickson'sche Therapie ist nicht unbedingt eine Liste von Kochbuchrezepten, sondern eher eine Haltung kombiniert mit geübten Fertigkeiten.

Die Fertigkeiten beruhen auf Erfahrung und der Handhabung des Utilisationsprinzips, das eine interessante Parallele zur evolutionären Hirnentwicklung aufweist. Ledoux schrieb: »Statt von Null anzufangen, arbeitet die Evolution mit dem, was sie hat ... Biologische Maschinen werden jedoch nicht aufgrund ausgeklügelter Konstruktionspläne zusammengebaut. Das menschliche Gehirn zum Beispiel ist nun einmal die komplizierteste Maschine, die man sich vorstellen oder auch nicht vorstellen kann, und doch wurde es von niemandem konstruiert. Es ist ein Produkt evolutionärer Bastelei, indem im Laufe sehr langer Zeiten eine Menge kleiner Veränderungen zusammengekommen sind.« (7, S. 112) In unzähligen Induktionsversuchen gebe ich dem Kind ebenfalls Angebote zu kleinster Veränderung seiner Frontalhirnfähigkeiten.

Optimaler, das heißt leichter Stress unterstützt das Lernen auf Grund der förderlichen Wirkung von kleinen Adrenalindosen

(7, S. 262). Aufmerksamkeitsgestörte Kinder sind nun schnell unter- oder überfordert, sie sind unbeteiligt oder zu aufgeregt. Beides wirkt einer Gedächtnisstärkung entgegen. In meinen zahlreichen Induktionen suche ich den Punkt, an dem das Kind mit einer Ich-Beteiligung reagiert ohne »überzuschießen«. Die moderate Ich-Beteiligung ist für mich der Gradmesser für den optimalen Lernstress. Die Kinder sollen an diesem Punkt gleichzeitig ernsthaft und spontan reagieren können. Auch aus einer anderen neurobiologischen Erkenntnis wird die Notwendigkeit einer genügenden Intensität beim Lernvorgang untermauert: Die so genannte Langzeitpotenzierung bezeichnet eine Veränderung der neuronalen Verknüpfung, die nach intensiven, repetitiven Reizen zu Stande kommt. (7, S. 232)

Die bewusste Wahrnehmung und Aufmerksamkeit wird vom so genannten Arbeitsgedächtnis gesteuert, das vor allem auch in Frontalhirnanteile lokalisiert ist. Ein Lernvorgang spielt sich so ab, dass einzelne Wahrnehmungsmuster im sinnesspezifischen Kurzspeicher festgehalten werden, aber nur ins Bewusstsein gelangen, wenn sie die Aufmerksamkeit der Überwachung im Arbeitsgedächtnis gefesselt haben. (7, S. 293) Das Arbeitsgedächtnis vergleicht dann diese Muster mit bekannten Erfahrungsmustern aus dem Langzeitgedächtnis, um der konkreten Wahrnehmung einen Sinn oder eine Bekanntheit zuzuschreiben. Auch hier stelle ich die Hypothese auf, dass aufmerksamkeitsgestörte Kinder in diesem Ablauf entweder über- oder untertreiben, sodass der Bewusstheit einer Erfahrung wenig Raum zur Verfügung steht. Deshalb berichten diese Kinder nur sehr ungenau oder allgemein mit »Ich weiß nicht«, »Es ging gut«, »Es war schön« über Erlebnisse. (3) Meine Induktionen verlangsamen den Erfahrungsfluss, sodass die angemessene Modulation der Wahrnehmung eine größere Chance erhält.

In der nächsten Fallgeschichte schildere ich den Beginn einer Therapie und den Aufbau meines Settings.

Sascha

Der 10-jährige Sascha kam auf Empfehlung zu mir in Therapie, Sascha litt an Wutausbrüchen, Verstimmungen und Stinklaunen, wenn seine Mutter ihm Grenzen setzte, etwas von ihm verlangte oder seine Wünsche nicht erfüllte. Für Schulaufgaben interessierte sich Sascha wenig und entsprechend waren seine Leistungen ungenügend. Gegenüber seiner jüngeren Schwester reagierte er eifersüchtig und gewalttätig. Bei mir verhielt er sich gutmütig und leicht verlangsamt.

Weil Sascha sich so folgsam im bequemen Sessel ausbreitete, konnte ich ihm in aller Ruhe meine Arbeitsweise erklären: »Ich möchte dir genau sagen, wie es bei mir abläuft. Zuerst arbeiten wir eine halbe Stunde. Da bestimme ich, über was wir reden und was wir machen. Nachher spielen wir noch 20 Minuten. Dann bestimmst du, was wir spielen, sofern deine Wünsche im Rahmen meiner Möglichkeiten liegen. Es gibt Playmobil, Brettspiele, Tischtennis, Tischfußball, ein Computerspiel und die Spiele, die du siehst.

Bei mir arbeiten bedeutet, dass du den Bereich des Sofas nicht verlassen darfst. Du kannst ein Stofftier als Begleiter für die Arbeit auswählen, wenn es dir zur Beruhigung oder bei einem Rollenspiel hilft. Wenn du mit dem Tierchen schlägst oder nervös an ihm herumzupfst, lege ich es auf den Sessel gegenüber. Dann kannst du in Gedanken mit ihm spielen.

Doch es geht auch ohne Tierchen. Ein anderes Spielzeug bekommst du nicht. Du kannst dir eines vorstellen, wenn du es unbedingt brauchst.

Arbeiten heißt bei mir Gedankentraining. Zu diesem Training sollte man sich entspannen. Du kannst besser denken, wenn du ruhig bist. In großer Nervosität denkt niemand klar oder gut. Ich vergleiche das Denken gerne mit dem Reiten auf dem Pferd. Ein nervöses Pferd musst du zuerst beruhigen, bevor es sich vernünftig reiten lässt. So redest du zuerst beruhigend mit ihm oder du streichelst es. Deshalb stell dir selbst zur Beruhigung etwas Schönes vor.

Arbeiten heißt bei mir Nichts-Tun. Wenn du dich noch nicht so gut entspannen kannst, wird es dir vermutlich schnell langweilig und du fühlst dich nicht so wohl. Dann trainierst du am besten deine Gedanken, indem du mit ihrer Hilfe die Langeweile vertreibst, dir etwas Schönes vorstellst oder eine schöne Erinnerung hervorrufst:

mit andern Worten, du zauberst mit deinen Gedanken ein Wohlbefinden in deinen Körper hinein.
Ja, wo fühlst du dich noch unwohl, wo in deinem Körper ist noch etwas Nervosität übrig geblieben?
Das Leben besteht aus angenehmen und unangenehmen Beschäftigungen. Zu den angenehmen Dingen gehört spielen und mit den Freunden herumtollen. Unangenehm ist zum Beispiel, wenn du dich in der Schule mehr anstrengen musst, als dir lieb ist. Wenn zum Beispiel die Lektion für deinen Geschmack zu lange dauert. Die Pause ist dann zum Glück wieder angenehm.
Wir machen also ein Gedankentraining, indem du dir die angenehmen und unangenehmen Dinge in deinem Leben vorstellst und darauf achtest, wie die Vorstellungen das Wohlbefinden in deinem Körper verändern.
In der Schule brauchst du deine guten Gedanken dringend, damit es dir gut geht. Zu Hause gehst du spielen oder Musik hören, wenn du möchtest, dass es dir gut geht. In der Schule darfst du das nicht, du kannst nicht einfach davonlaufen, wenn es dir nicht gut geht. Aber zu deiner Beruhigung kannst du dir in Gedanken alles Mögliche ausdenken, wenn du einmal keinen guten Tag hast. Es gibt in der Schule immer Momente, in denen der Lehrer nichts Wichtiges zu dir sagt, sodass du ruhig ein paar Augenblicke träumen kannst und gut erholt nachher umso besser aufpasst.
Das Schlimmste bei meinem Training ist die Langeweile, falls sie dich gefangen nimmt. Ich gebe zu, ich bin nicht der beste Unterhalter, so wie du sie im Fernsehen siehst. Ich möchte dich ja nicht unterhalten, sondern ich möchte, dass du lernst, dich in schwierigen Situationen selbst zu unterhalten, ohne dass du die andern Kinder dabei störst. Es tut mir furchtbar leid, wenn du wegen meines langweiligen Gedankentrainings so leiden musst, aber du hast es in deiner Hand, ob du mit deinen spannenden Gedanken dein Los verbesserst oder ob du deine Tapferkeit trainierst und damit die ganze Langeweile aushältst, weil du deine kostbaren Gedanken nicht für das Training vergeuden willst. Aber du darfst dir in der Fantasie ruhig spannende Geschichten ausdenken. Auch spreche ich gerne mit dir darüber und ich zeige dir gerne, wie du dich entspannen und deine Nervosität bekämpfen könntest. Ich stehe dir zur Verfügung, ich muss einfach schauen, dass wir die Arbeitszeit genau einhalten. Ohne exaktes Training wird man nicht stark.

Zur Belohnung spielen wir während den letzten 20 Minuten der Therapiestunde. Darauf kannst du dich während der Arbeit freuen. Du wählst dann aus, was wir spielen. Das Spiel ist die verdiente Belohnung für die harte Arbeit.«

Für Sascha skizzierte ich ausführlicher meine Arbeitsvorstellungen als bei anderen Kindern, weil er so gutmütig zuhörte. Den meisten Kindern erkläre ich meine Regeln tröpfchenweise. Natürlich wiederhole ich häufig die Regeln und ihre Begründung, weil sie die Kinder in brenzligen Situationen vergessen. Dabei bleibe ich sehr ruhig.

Nach der Darlegung meiner Regeln fängt das »Therapiekarussell« erst richtig an. Schnell oder ganz schnell probieren die aufmerksamkeitsgestörten Kinder den Ausbruch oder Aufstand, je nach Entwicklungsalter, Temperament oder Individualität auf ihre eigene Art. Darauf kommt es mir an: Nicht die Kinder haben mich provoziert, sondern ich setze den Ausgangspunkt der Aktion. Die Ablenkungen und Ausbrüche verwandeln sich so in Kristallisationskeime eines Ich-Standpunktes und sie werden von mir utilisiert als Beginn einer Hypnoseinduktion. Es bleibt meistens bei der Induktion, nur ausnahmsweise gelangen die Kinder in tiefere oder längere Trancen.

Eigenständige Trancen kommen bei ruhigeren Kindern häufig vor, doch eine Trance bei mir entspringt meinem Wunsch, und meine Wünsche kollidieren oft mit den Wünschen der Kinder. Aufmerksamkeitsgestörte Kinder gehen mit komplexen Anforderungssituationen nicht so gut um, deshalb übe ich diese Situationen immer wieder.

Normalerweise folgt die Hypnotherapie der Regel: Fühle dich zuerst wohl, mach dich zuerst stark, und danach lösen wir das Problem gemeinsam mit Hilfe deiner Stärken.

Die Probleme aufmerksamkeitsgestörter Kinder inszenieren sich so schnell, dass keine Zeit für den Aufbau von Ruhe und Sicherheit bleibt. Daher kehrt sich das Setting um: »Zuerst machst du mir unmissverständlich klar, dass du dich unwohl fühlst, und dann suchen wir gemeinsam nach Wegen, die dein Wohlbefinden verbessern. Ich weiß, dass es dir nicht gut geht, wenn du ruhig dasitzen musst, wenn du deine Gedanken trainierst, damit sich dein Wohlbefinden mit Hilfe deiner starken Gedanken verbessert. Ich möchte mich dafür entschuldigen, dass du dich zuerst etwas unwohl fühlst, bevor du etwas Neues lernst.«

Hier noch einmal die bereits erwähnte Situation von Sascha. Meistens gab sich Sascha bei den Schulaufgaben die größte Mühe. Er liebte seine Mutter und es tat ihm leid, dass er sie immer wieder enttäuschte. Aber seine eigenen negativen Reaktionen waren so stark, dass sie seine Arbeit trotz guten Willens ruinierten!

Sascha besaß Sinn für Humor, und so erfand er den Kobold als Bild seiner schlechten Laune und des schlechten Verhaltens; der Kobold überfiel ihn jeweils und zwang ihn zu unerwünschten Reaktionen. So sprachen wir offen und locker über seine Wutausbrüche und Eifersucht; nicht Sascha, sondern der schwarze Kobold war der Schuldige. Natürlich lehnte Sascha den schwarzen Kobold völlig ab und mit einem Schmunzeln entdeckte er, dass er den schwarzen Kobold strenger behandelte, als seine Mutter mit ihm umging.

Ich sympathisierte auch mit Saschas Eifersucht, dass seine Mutter die jüngere Schwester bevorzugte und sie weniger streng behandelte. Vor allem an Weihnachten und Geburtstagen wachte Sascha mit Sperberaugen darüber, dass seine Schwester nicht die wertvolleren Geschenke erhielt. Ich fragte Sascha, ob er sich mehr darauf freute, einen Winter lang Ski zu fahren, oder ob er sich mehr auf seinen Geburtstag freute. Wie aus der Kanone geschossen verkündete er: »Ich freue mich viel mehr auf meinen Geburtstag.«

Da Sascha sich schnell von seiner Schwester provozieren ließ, fragte ich ihn, wer da eigentlich der Boss in ihrer Familie sei. Sascha sagte: »Meine Mutter ist der Chef.« Ich meinte, das stimme nicht. Zumindest zeitweise sei die jüngere Schwester der Boss. Sie müsse nur »Bapp« sagen, und Sascha reagiere. Damit habe sie sein Verhalten hundertprozentig unter Kontrolle, weil Sascha ja automatisch, wie unter einem Zwang, darauf reagiere. Also überlegten wir ausgiebig die Befehlsverhältnisse in der Familie und wie Befehle manchmal unbemerkt und indirekt wirkten. Wir kamen zu dem Ergebnis, Sascha müsse unheimlich aufpassen, dass seine Schwester ihm nicht das Verhalten vollkommen vorschreibe – was er zu allem Elend überhaupt nicht merken würde.

Raphael

Seine Unzufriedenheit mit sich und der Welt spiegelte sich offen im Gesicht des 9-jährigen Raphael. Raphael war intelligent, und er konnte sich gut entspannen, wenn er in seinem Zimmer Kassetten hörte. Manchmal überfiel Raphael die große Wut. Einmal ging er in die Schule sogar mit dem Messer auf ein anderes Kind los. Zu seiner Mutter sagte Raphael, er wolle nicht mehr bei ihr wohnen, er ziehe um zur Großmutter. In der übrigen Zeit verhielt sich Raphael sanft und lieb. Er spielte gut und gerne. Seine Eltern waren geschieden, und sein Vater kümmerte sich wenig um ihn.

Die ganze Schule könne ihm den Buckel herunterrutschen, dachte Raphael meistens. Ich stellte es mir bildlich vor und sagte, das vollständige Herunterrutschen sei eine Frage der Kraft und der Ausdauer. Raphael dachte dabei an Wrestler.

Ich fügte an: »Trainieren ist für dich wohl etwas Unangenehmes, Anstrengendes, vor allem in der Schule. Dabei baut sich eine Nervosität auf, eine richtige Spannung. In Nervosität steckt viel Energie. Und warum diese Energie nicht für das Training, für die Schule nutzen, weil du dann schneller denken kannst und du mit den Aufgaben schneller fertig wirst?

Du kannst die Spannung und die Nervosität für das Erledigen der Aufgaben einsetzen und dich dann freuen, wenn du die lästigen Aufgaben schnell hinter dich gebracht hast. Du kannst dir die Nervosität und Spannung als eine Wespe vorstellen. Wenn die Wespe da ist, solltest du genau aufpassen, und das hilft dir wiederum beim Konzentrieren; die gute Aufmerksamkeit lässt dich die Aufgaben schnell und gut erledigen.«

Zu Beginn der nächsten Sitzung bemerkte ich: »Gott sei Dank gibt es die Schule, weil du da beweisen kannst, wie stark du bist. Pass dann auf die Wespe auf. Je nervöser du bist, umso besser für dich.«

Raphael sagte: »Alles in der Schule macht mich grantig.« Sein Elend war klar in der Schule lokalisiert, er ließ es dort, und darum konnte sich Raphael bei mir recht gut entspannen. Zwischen meiner Praxis und der Schule lag eine große Distanz. Als er sich gut entspannt hatte, sagte ich, er solle über seine Kämpfe nachdenken. Sollte er mit seiner Mutter über den Wohnort oder über die Schule streiten?

Ich sagte: »Um diese Frage zu entscheiden, lass deine Hand einen Buchstaben schreiben. Einen Buchstaben, und du weißt nicht, was die Hand schreibt. Ein ›S‹ heißt, dass du über die Schule streiten willst, ein ›W‹ heißt, über die Wohnung streiten.«
Raphael schaute ungläubig zu mir hinüber. Er schüttelte den Kopf und fand es lustig. Zu seiner Überraschung schrieb seine Hand einen Buchstaben. Ich schaute nicht hin, aber Raphael konnte den Buchstaben entziffern. Ich sagte, er könne das Blatt Papier zusammenfalten und in die Hosentasche stecken. Zu Hause würde er sich an das Blatt Papier erinnern.

Melanie

Melanie träumte in der 4. Klasse noch häufig im falschen Moment. Das habe sie vom Vater geerbt, sagte die Mutter. Die Mutter brachte sie zu mir, weil sie ihrer Meinung nach in der Schule bei weitem nicht die Leistung erbrachte, zu der sie eigentlich fähig wäre.
Melanie hasste Mathematik. Lieber träumte sie, als dass sie Rechnungen löste. Ich schlug ihr vor, beides miteinander zu kombinieren: »Du kannst beim Rechnen oder in den Ziffern etwas Lustiges entdecken. Humor ist, wenn man trotzdem lacht.
Natürlich lacht man nur, wenn man sich nicht zu sehr anstrengt. Am Anfang, wenn man etwas Neues lernt, dann strengt man sich an. Mit der Zeit geht es einfacher und dann kommen die guten Ideen wie von selbst.«
Melanie bekam mehr Spaß beim Rechnen, wurde besser und verhielt sich mir gegenüber offener, lockerer und frecher.

Kurt

Im Folgenden schildere ich mehrere typische Sitzungen mit Kurt, der schon in früheren Kapiteln vorgestellt worden ist. Diese Sitzungen illustrieren sowohl Techniken bei Kindern, die noch am Anfang der Therapie stehen, wie auch bei solchen, die schon länger in Therapie sind. Natürlich kam Kurt in den Genuss all meiner

Induktionstechniken, die Sie von andern Fallbeschreibungen kennen und die ich hier nicht alle wiederholen will.

Ruhig sitzen fiel Kurt sehr schwer. Es zuckte, biß, kratzte – alles an ihm war in Bewegung.

Trotz guten Willens und Vernunft fühlte sich Kurt seiner Unruhe hilflos ausgesetzt. In einer solchen Situation hielt ich die Technik des Benennens und der Paradoxie für wichtig. Beide Techniken ergänzen sich.

Auch ein hilfloser Therapeut kann den Problemen wenigstens einen netten Namen geben. Vermutlich ist dies auch ein Grund, warum überhaupt Sprache erfunden wurden: als Schutz gegen böse Geister, die unsere Vorfahren hilflos machten. Vor allem auch unfassbare innerseelische Vorgänge bekommt man besser in Griff, wenn man sie benennt oder sich als Bild vorstellt. Zudem eröffnet ein guter Name viele Möglichkeiten für eine paradoxe Intervention. Hat man zum Beispiel für das störende Symptom ein doch irgendwie herziges Tierchen erfunden, kann man jederzeit hingehen und es streicheln.

Meistens saß Kurt unruhig und nervös auf seinem Stuhl. Was ihn zu unaufhörlichen Bewegungen veranlasste, bekam den Namen Ameise. Kurt stellte sich die Ameisen bildlich vor und machte sich auf den Weg zu ihrer Vertreibung. Manchmal war er stärker, manchmal waren die Ameisen stärker. Das ewige Beißen auf verschiedenen Hautstellen begann ihn zu interessieren, als ich ihm den Namen Ameise vorgeschlagen hatte. Er wollte sie wirklich vertreiben, und manchmal tat es mir nur schon beim Beobachten weh, mit welcher fast übermenschlichen Anstrengung er sich zu beherrschen versuchte, weil er beweisen wollte, dass er die Ameisen vertrieben hatte.

Dann bat ich Kurt, er möchte doch – weil er schon ein starker Kerl sei – die Ameisen absichtlich herbeirufen, und damit befand sich Kurt in einer paradoxen Situation. Er musste jetzt selbst entscheiden, ob er die Ameisen wollte oder nicht. Meistens wollte er sie nicht, aber um mir einen Gefallen zu tun, stimmte er ihrer Anwesenheit manchmal großzügig zu.

Natürlich sind auch die gewollten Albträume eine Art paradoxe Technik, wenn Kurt sich auf diese leicht unangenehme, aber letztlich doch ungefährliche Art seinen Problemen stellen musste. Ich sagte auch zu ihm, Albträume seien eine Art Müllabfuhr für über-

flüssige Probleme. Wenn man nur genug davon träumt, wird man sie los.
Auch als ich seine Shampoo-Schreie in der Schule als Orca-Laute bezeichnete (siehe Kap. 6), benutzte ich sowohl eine Benennungs- als auch eine paradoxe Technik. Kurt sollte den Orca-Wal ja gerne bekommen, damit er das Schreien steuern lernte. Etwas Liebes nimmt man eher in Besitz, und was einem selbst gehört, lässt sich besser dirigieren. Besitz ist das Gegenteil der Entfremdung. Manchmal nannte ich seine Schreie auch herausfordernd »Kurts Plappermaschine«.
Als sich Kurt wieder einmal gemein gegenüber seiner Mutter benommen hatte, erfand ich das Bild einer Schlange in seinem Innern. Ich sagte: »Die Schlange spritzte Gift auf Mami, und Mami reagierte nicht besonders beglückt. Aber vielleicht kannst du das Gift für etwas Sinnvolleres gebrauchen. Mäuse fangen wäre ein Beispiel. Deine schlechte Laune verwandelst du in ein Stinktier, und dann kannst du das Verhalten des Stinktiers beobachten.«
Damit ich selbst seine mangelnde Einsicht und seine Angriffe besser ertrug, sprach ich das Problem an. Zuerst vorsichtig und indirekt. Wir erfanden Geschichten vom dummen »Grinsaff«.
Später sagte ich es ihm lieb, aber direkt ins Gesicht, wenn ich eine Aussage für besonders dumm hielt. Kurt kannte mich damals schon 1½ Jahre. Es war zum Beispiel dumm, dass er sich so einfach von seinem Bruder provozieren ließ. Kurt lernte, den Bruder nicht zu beachten. Dabei utilisierte ich Kurts Eifersucht zu seiner Entwicklungsförderung. Bis dahin hatte Kurt geglaubt, es sei seiner Eifersucht Genüge getan und er habe seine Überlegenheit bewiesen, sobald er seinen Bruder beim Raufen besiegt hatte. Doch mit Überlegenheit auf geistigem Gebiet – vernünftiger und ruhiger reagieren –, könnte er seine Stärke noch nachhaltiger beweisen, fügte ich an.
Ich sagte, es sei dumm, die Mutter immer auf dieselbe Art zu ärgern. Eigentlich wollte Kurt seine Mutter überhaupt nicht ärgern. Es sei dumm, seine Wünsche nicht zu verwirklichen.
Es sei dumm, nicht zu merken, dass in der Schule die Lehrerin befahl und sonst niemand. Man könnte sie ja täuschen, indem man nicht arbeitete und in Gedanken ein lustiges Spiel erfand. Bei einem guten Spiel würde die Lehrerin ihre Freude zeigen. Also würde nach einem guten Spiel der Daumen der Lehrerin nach

oben zeigen, nach einem blöden Spiel nach unten. So wusste Kurt immer, woran er war.

Kurt lernte einen eigenen Trick, damit die Schulstunden schneller vorbeigingen. Wie üblich sprach ich oft vom Zeitverständnis, aber das hypnotische Phänomen der Zeitverzerrung hatte Kurt ganz alleine erfunden. So musste Kurt vor allem gegen Ende einer Stunde weniger leiden.

Wir sprachen vom Gewinnen und Verlieren. Eine ungerechte Schiedsrichterentscheidung beim Hockeyspiel hatte Kurt bis anhin nicht akzeptieren können. Ich sagte ihm, wenn er dann vor lauter Wut davonlaufe, verliere er doppelt. Eigentlich verliere ja niemand gerne. So lernte Kurt, nach außen Ruhe zu bewahren, auch wenn er innerlich ganz aufgewühlt war.

Kurt kam gewöhnlich willig zur Therapie. Eines Tages fragte ich ihn im Lift, auf welchem Gebiet er sich verbessern möchte oder was er besser wissen wollte. Nach wiederholtem Fragen sagte er: »Nichts.«

Ich fragte: »Was möchtest du in mein Zimmer zaubern, ein Tier oder einen Gegenstand, das hier bei uns im Zimmer sein könnte und dir Ruhe und Geborgenheit schenken würde?«

Er sagte, er wünschte sich am meisten eine Katze.

Ich sagte: »Schau intensiv auf den Stuhl da drüben. Stell dir vor, was die Katze dort macht. Stell es dir so intensiv vor, dass du es sehen kannst und du mir sagst, was für eine Katze es ist und was sie macht.«

Kurt schaute auf den angegebenen Stuhl und sagte nach einiger Zeit: »Es ist eine schwarze Katze mit grünen Augen. Sie putzt sich eben.«

Ich wiederholte mehrmals: »Diese Katze hilft dir. Sie verschafft dir Wohlbefinden. So kannst du auch schwierige Dinge bewältigen, wie z. B. jetzt das Gedankentraining bei mir, das überhaupt nicht einfach ist.

Unsere Welt ist nicht so, wie sie sein sollte. Deshalb gibt es viele Dinge, die uns daran hindern, glücklich zu sein. So z. B. vor zwei Jahren, als sich deine Mutter große Sorgen um dich machen musste, weil du in der Schule Probleme hattest und die Lehrerin nicht mehr weiterwusste. Stell dir vor, du selbst seiest ein Außerirdischer vom Mars und kommst Kurts Mutter besuchen, um ihr zu helfen. Du bist jetzt der Außerirdische. Was sagst du Kurts Mutter?«

Kurt: »Er sagt, sie solle sich keine Sorgen machen.«
»Aber Kurts Zukunft ist wirklich in Gefahr, vielleicht kann er nicht in der Schule bleiben und einen Beruf lernen!«
»Kurt sollte in der Schule keinen Blödsinn mehr machen und auf die Lehrerin hören.«
Ich sagte: »Vielleicht kann der Außerirdische Kurt hypnotisieren, um so mit seinen außerirdischen Kräften Kurt dazu zu bringen, dass er in der Schule ruhig zuhört. Probier es mal.«
Kurt saß überdurchschnittlich ruhig da. Ich wollte den Schwierigkeitsgrad der Situation noch erhöhen, nahm seine linke Hand und ließ sie kataleptisch in der Luft schweben. Hyperaktive Kinder halten eine Handkatalepsie normalerweise nur ganz kurz aus, und auch Kurt hatte es zuvor nie lange ausgehalten.
Kurt ließ seine Hand weiterhin in der Luft schweben, und ich sagte: »Gut, du bist jetzt wieder du selbst. Lass die Hand weiterhin so in der Luft. Stell dir etwas vor, das dir hilft, ein angenehmes Gefühl in der Hand zu bekommen. Es ist nicht einfach. Vielleicht liegt die Hand auf einem Kissen, damit Arm und Hand und Schulter sich leicht fühlen. Vielleicht schwimmt sie auch im Wasser.«
Kurt: »Sie schwimmt im Wasser.«
»Hol ein paar schöne Wassererinnerungen hervor. Du gehst gerne ins Schwimmbad. Die schönen Erinnerungen geben dir ein gutes Gefühl, auch wenn man in einer nicht ganz leichten Situation ist wie hier bei meinem Gedankentraining oder manchmal in der Schule, wenn man warten muss. Erinnerungen können immer helfen, schöne Erinnerungen, so wie wenn du ins Wasser tauchst.
Du machst es gut. Schau zwischendurch hin, was die Katze macht. Erinnere dich an die Ameisen, die dich am Anfang der Therapie ganz fürchterlich gestört hatten; sie haben verhindert, dass du damals so ruhig wie jetzt auf dem Stuhl gesessen bist.
Du hast inzwischen viele starke, eigene Kräfte, die dir helfen. Du sollst deine eigenen Kräfte kennen. Wo hast du sie her?«
»Ich habe es gelernt.«
»Du kannst stolz darauf sein. Fühl dich wohl mit deiner Katze. Übrigens, hast du es gerne, wenn man über dich redet?«
»Kommt drauf an.«
»Auf was?«
»Ob es etwas Gutes ist oder nicht.«
»Was hilft, wenn es nicht gut ist?«

»Ich höre einfach nicht zu.«
»Also erinnere dich trotzdem an etwas Schlimmes, das über dich geredet wurde. Ich weiß, das Schlimme ist nicht einfach auszuhalten, aber es geht besser, wenn du dich entspannst. Du nimmst das gute Gefühl der Katze, das gute Gefühl des Schwimmens und das gute Gefühl deiner fliegenden Hand mit und überlegst mal, von wem du das Schlechte noch am ehesten hören könntest.«
»Von meinen Freunden kann ich es noch am besten ertragen.«
»Also hör mal in deiner Erinnerung den Freunden gut zu, nimm das gute Gefühl mit und so kannst du es ertragen. Es ist nicht einfach, aber nachher kannst du stolz darauf sein, dass du es ausgehalten hast. Man kann nach einer schwierigen Aufgabe verdientermaßen stolz sein, wenn man sie geschafft hat.
Gut, die Arbeit für heute ist bald getan. Aber du musst noch Abschied nehmen von deiner Katze. Wie lässt du sie verschwinden? Sagst du Tschüss, oder springt sie davon?«
»Sie springt davon.«
»Also schau genau hin, wie sie davonspringt.
Dann mach die Augen zu und komm aus der Entspannung heraus. Wie machst du es, dass auch deine Hand wieder dir gehört?« Seine Hand reagierte nicht.
»Dass du wieder mit ihr spielen kannst?« Jetzt erst ließ Kurt seinen Arm sinken und bewegte die Hand wieder.
Diese Sitzung sollte Kurts Ich-Standpunkt stärken: Er setzte sich mit sich selbst und mit seinen Problemen auseinander. Zu Beginn hatte er die Existenz der Probleme nicht beachtet, so musste ich für ihn zuerst mit Hilfe des Gedankentrainings und der Hypnose ein Problem schaffen, nämlich herauszufinden, wie er die hypnotischen Phänomene erleben konnte: visuelle Halluzination, Depersonalisation, Identitätswandel und Handkatalepsie. Auch lernte er etwas über objektives Denken, indem er den Standpunkt der Mutter überlegte.
An einem andern Tag eröffnete mir seine Mutter, dass Kurt ausgesprochen sauer sei. Sie habe es abgelehnt, ihm sein Taschengeld, das er jeweils am Samstag erhalte, schon heute, Donnerstag, zu geben.
Als seine Mutter gegangen war, fragte ich ihn, warum ihm seine Mutter wohl so etwas Schlimmes angetan habe. Kurt sagte: »Mutter besitzt selbst auch nicht so viel Geld. Und ich muss lernen, dass man im Leben nicht alles haben kann.«

Ich fragte: »Worüber bist du unglücklich? Dass Mami so streng ist, dass sie nicht so viel Geld hat, dass die Welt manchmal hart ist oder dass du so heftig reagiert hast?«
Kurt meinte: »Dass ich so heftig reagiert habe.«
»Willst du deine heftige Reaktion eher mit einer Bombe vergleichen oder mit einer geplatzten Wasserleitung oder mit etwas ganz anderem?«
»Es ist wie eine geplatzte Wasserleitung.«
»Ja, das ist nicht gut für das Haus, das steht jetzt halb unter Wasser. Warum konnte die Leitung wohl platzen?«
»Die Ratten haben die Leitung angeknabbert.«
»Die Leitung war also geschwächt wegen der Ratten. Vermutlich wurde aber zusätzlich der Fluss der Leitung unterbrochen, indem der Hahn plötzlich und heftig zugedreht wurde. So wurde der Wasserfluss gestoppt, es gab einen Rückstau und der Druck erhöhte sich. Auch deine Wünsche, die du dir mit dem Geld erfüllen wolltest, wurden durch Mutters Nein plötzlich gestoppt. Da braucht es einen Stauraum, der das zurückfließende Wasser auffängt, sodass der Überdruck die Leitung nicht zum Platzen bringt. Der Stauraum ist etwas, das einen tröstet. Was könnte dich trösten?«
»Ich kann mir meinen Wunsch am Samstag erfüllen.«
»Zusätzlich kannst du dich auch schon gut entspannen. Lass deine Hand in der Luft fliegen, stell dir vor, dass du dich wohl fühlst, stell dir deine Mutter vor, die da drüben im Stuhl sitzt und dir zufrieden zuschaut.«
Kurt gelangte in eine lange Trance. So gut und so lang und so leicht war er noch nie in Tance gewesen. Er stellte sich einige angenehme Erinnerungen vor, und seine Hand schwebte mehr als 10 Minuten lang unbeweglich in der Luft.
Ich sagte: »Das Wichtigste im Leben ist, dass man es sich angenehm einrichtet, sogar wenn die andern Menschen nicht das machen, was man will. Und du schaffst es schon recht gut.«
Kurt agierte seine Schwierigkeiten nicht mehr einfach ungesteuert aus, sondern er sprach so darüber, dass es etwas nützte. Die Schwierigkeiten bedrängten und besetzten das Kind nicht mehr, sondern Kurt bekam sie in den Griff, auch wenn die Probleme selbstverständlich nicht alle verschwanden. Zum Glück.
Kurt erreichte bei einem Betragenswettbewerb die zweithöchste

Punktzahl der Klasse. Es gab etwas zu feiern, und die Mutter wollte zur Belohnung alleine mit Kurt ins Kino gehen.
Ich sagte: »Nehmen wir an, du willst einem andern Kind helfen bei ähnlichen Schwierigkeiten, wie du sie früher hattest. Was würdest du ihm sagen? Sag im Moment nichts. Überleg zuerst fünf Minuten lang. Überleg alles, was dir in den Sinn kommt, dann wäge ab, was eher hilft und was nicht, und manchmal sind es mehrere Dinge gleichzeitig, die helfen.« Ich wiederholte diese Sätze ein paar Mal.
Nach fünf Minuten sagte Kurt: »Das andere Kind soll in Therapie gehen. Es soll gut mitmachen und dann kommt der Erfolg von alleine.«
»Das heißt, du machst gut mit beim Trainieren und dann vertraust du deinen unbewussten Fähigkeiten.« Ich erklärte noch ein bisschen, was ich unter dem Unbewussten verstand. Ich fuhr fort: »Am schwierigsten ist es meistens, wenn du etwas anderes willst als deine Mutter, als deine Lehrerin oder als deine Freunde. Vielleicht wirst du dabei wütend, oder du musst nachgeben. Nachgeben heißt, dass du deinen Willen nicht durchsetzt.
Wo fällt es dir am leichtesten nachzugeben, wo fällt es dir nicht so leicht?«
Kurt überlegte: »Am leichtesten kann ich nachgeben, wenn meine Freunde wollen, dass ich beim Hockey im Tor stehe. Am meisten bin ich enttäuscht, wenn mein Vater versprochen hat, dass es zu Mittag Pommes frites gibt und es sind keine Pommes frites da.«
»Was tröstet dich dann?«
» Ich freue mich, wenn es am nächsten Tag Pommes gibt.«
Ich ließ Kurt darüber nachdenken, was das Leben der Mutter und sein Leben friedlicher machen könnte, ohne unnötige Aufregung.
Kurt sagte: »Für Mami wird es friedlicher, wenn ich und mein Bruder weniger streiten. Ich könnte mich etwas früher auf den Schulweg machen, dann wird der Gang in die Schule für mich gemütlicher.«
Da Kurt schon große Fortschritte gemacht hatte, probierte ich wieder einmal das Automatische Schreiben.
Ich sagte: »Manchmal hilft eine Art Geschicklichkeitsübung bei der Entspannung. Du lernst Fußball spielen, am Anfang ist es schwierig und du bist noch ein bisschen ungeschickt. Aber mit der Zeit und etwas Übung machst du es automatisch richtig. Du spielst

dann mit deinem Unbewussten. Du kannst auch deine Hand unbewusst schreiben oder kritzeln lassen, während du an etwas anderes denkst. Du hast mir gesagt, du denkst gerne an Tiere. Stell dir die Tiere vor, und dein Unbewusstes lässt einfach deine Hand kritzeln. Du musst nicht wissen, was sie schreibt. Sie kann ganz alleine geschickt sein. Obwohl es schwierig ist, kannst du dich dabei wohl fühlen. Nimm dir Zeit, damit du dich wohl fühlst.«

Kurt nahm sich Zeit, und seine Hand kritzelte auf einem Schreibblock. Er schaute nicht auf das Blatt. Später ließ ich ihn an die Tiere denken ohne das Kritzeln. Ich fragte ihn, bei welchem Mal er sich besser gefühlt hätte. Er sagte, mit dem Kritzeln zusammen könne er sich besser entspannen.

An einem anderen Tag war Kurt wieder schlechter Laune. Die Mutter erzählte vor der Sitzung: »Wir hatten am Wochenende Streit. Die Sammlung der Pokemon-Bilder führte dazu, dass Kurt sein Taschengeld, das er sich verdienen muss, sofort für die Bilder ausgab. Dann verschenkte er einige wertvolle Bilder an einen Freund, der selbst nie Bilder gekauft hat. Kurt wollte sich auf diese Weise beliebt machen. Zudem stritt er sich immer wieder mit seinem Bruder wegen der Bilder. Wir Eltern haben das Sammeln der Pokemons ein Jahr lang zugelassen, jetzt haben wir genug, wir haben es ihm verboten.«

In der Einzelstunde sagte ich zu Kurt: »Das Leben ist hart mit einem Pokemon-Verbot. Da kommt dir die Welt ziemlich ›beschissen‹ vor. Ich denke, da ist die schlechte Laune berechtigt. Erlaube dir jetzt eine schlechte Laune, erlaube dir, unter der schlechten Welt zu leiden. Die schlechte Laune kann dir vorkommen wie ein dreckiger Bach, in dem du badest oder ein Raum, in dem Rauch ist und du bist darin eingesperrt. Ich kann dich fragen: Willst du gerne in dieser schlechten Welt bleiben, oder findest du etwas darin, das dir trotzdem gefällt?«

Kurt sagte nach einigem Überlegen: »Ich kann mit dem Nintendo oder mit Legos spielen.«

»Stell dir das Spiel in Gedanken vor ... Überleg dir danach, warum die Eltern dir die Pokemonkarten verboten haben.«

»Sie halten diese Karten für einen Mist.«

»Tja, die Geschmäcker sind verschieden. Da hast du ja Glück gehabt. Du musst ja später einmal nicht, und du kannst es auch nicht, deine Eltern heiraten.

Auf jeden Fall kannst du stolz sein, dass du das Verbot und deine Enttäuschung überlebt hast.«

Kurt konnte sich noch keine vernünftigen Gründe ausdenken, warum die Eltern dieses Verbot erlassen hatten.

Ich erzählte ihm, wie ich früher einmal ein bisschen Roulette gespielt hatte. Weil ich meine Reaktionen nicht mehr im Griff hatte, mache ich seither einen großen Bogen um Spielcasinos. »Es gibt auch vernünftige Gründe für ein elterliches Verbot«, sagte ich und zählte sie ihm auf.

Meine Bemerkung über die verschiedenen Geschmäcker sollte die gefühlsmäßige Verstrickung zu seiner Mutter lockern.

Da Kurt schon zu den erfahrenen Therapiekindern gehörte, wollte ich gerne auch von seinen *Überlegungen profitieren. Die Fortschritte zeigten sich darin, dass Kurt den größten Teil seiner Freizeit in angenehmer Weise verbrachte. Ich fragte: »Wie schaffst du es, dass du nicht mehr so gehetzt und unruhig bist? Was hat sich im Vergleich zu früher verändert?«*

»Früher wollte ich immer so viele Dinge gleichzeitig tun. Ich wollte der Schnellste sein. Ich dachte immer, was ich noch alles tun wollte, während ich Hausaufgaben erledigte. Ich wollte die Hausaufgaben möglichst schnell machen, und die Zeit schien so langsam *zu verstreichen, dass ich es kaum aushielt. Jetzt nehme ich mir Zeit für die Hausaufgaben, und die Zeit geht so* schnell *vorbei. Es passiert mir manchmal, dass ich an einem Donnerstagmorgen aufwache und denke, es sei erst Mittwoch.«*

»Du könntest dir ja eine Maschine vorstellen, die dir hilft, dass die Zeit schnell vorbeigeht. Gib ihr einen Namen.«

»Die Maschine ist groß, grau-grün, mit vielen Motoren und Hebeln. Sie hat einen großen Sauger, der befördert einen sofort ins Innere der Maschine. Dort werden beruhigende Fragen gestellt. Man beruhigt sich dort drinnen. Dann komme ich ganz locker heraus, mit einem guten Gefühl in Armen, Beinen und Kopf. Die Maschine heißt Tom.«

»Schön, dann kann Tom dir ja immer zu Hilfe kommen, wenn du ihn brauchst. Was sagt er zu dir, wenn du ihn rufst?«

»Er sagt: ›Darf ich dir helfen?‹«

»Du kannst wirklich stolz sein, wenn du aus eigener Kraft ruhig wirst.«

Der Umgang mit der Zeit spielt eine wichtige Rolle in der Therapie der Aufmerksamkeitsstörung. Je gehetzter sich die Kinder verhalten, umso mehr trödeln sie zum Ausgleich und kommen bei Aufgaben nicht ans Ziel. Ein gutes Zeit-Management hilft ihnen zur Steuerung ihrer Aufmerksamkeit.
Interessant ist der Vergleich zwischen Kurts Gedanken und den zwanghaften Gedanken bei Jugendlichen. Kurt war früher von hetzend-zwanghaften Gedanken getrieben worden. Zum Vergleich möchte ich erwähnen, dass man bei zwanghaften Jugendlichen ebenfalls eine frontale Hirndysfunktion gefunden hat. (14)

Mauro

Dem 10-jährigen Mauro stand eine komplizierte Zahnbehandlung bevor, die ihn erschaudern ließ, weil er an einer Spritzenphobie litt. Schon einige Monate, bevor ich ihn kennen lernte, waren seine Leistungen in der Schule massiv abgefallen.
Mit viel Üben und Arbeiten konnte er in seiner Klasse verbleiben. Die Zahnbehandlung verlief mit Hilfe meiner hypnotischen Vorbereitung problemlos. Mauro stellte sich einfach seine geliebten Bernhardiner-Hunde vor, streifte mit ihnen durch die Berge und blieb in einer guten Trance.
Als der Leidensdruck nachließ, ging er nicht mehr gerne in Trance. Er meldete Vorbehalte an und verzögerte seine Reaktionen während der Trance.
Ich sagte zu ihm: »Manchmal gelingen dir die Diktate, manchmal gelingen sie dir nicht. Bei einem Misserfolg kannst du dich aufregen oder auch ruhig bleiben. Es gibt also drei Möglichkeiten: Erstens der freudige Erfolg, zweitens der ruhige Misserfolg und drittens der ärgerliche Misserfolg.
Gib mir für jede der drei Möglichkeiten ein Beispiel; eines, das nichts mit der Schule zu tun hat.«
Mauro sagte: »Es gelang mir, eine Rakete und ein Space-Shuttle zu zeichnen. Das war nicht einfach, aber es gelang mir. Einmal wollte ich ein Programm auf den PC laden. Es gelang mir nicht und ich regte mich fürchterlich auf. Mein Vater hat mir schließlich geholfen. Ein anderes Mal versuchte ich, einen Wolf zu zeichnen. Es gelang mir nicht, aber ich blieb ruhig.«

»Und bei den Diktaten, wenn sie dir nicht gelingen, regst du dich da auf oder bleibst du ruhig?«
»Ich rege mich auf, wenn ich ein Ungenügend zurückbekomme. Nach ein paar ungenügenden Noten vergeht mir die Lust, überhaupt noch zu lernen.«
Ich zeigte Verständnis für seine Unlust: »Wenn es nicht läuft, dann kommt man sich wie gelähmt vor. Es ist wie eine Lähmung in den Gedanken, und man kann sich auch gar nicht mehr so fest anstrengen. Jetzt hör mir gut zu: Es gibt nicht nur geistige Lähmungen, sondern auch muskuläre.
Vielleicht hast du dir schon einmal den Arm ganz fest angeschlagen, sodass du ihn nachher vor lauter Schmerzen kaum mehr bewegen wolltest. Oder du bist bequem vor dem spannenden Fernsehfilm gesessen, als deine Mutter dich rief, und du konntest vor lauter Lähmung überhaupt nicht mehr aufstehen.
Es ist gut, wenn man mit einer solchen Lähmung umzugehen weiß: Man rastet nicht mehr aus; man verzweifelt nicht mehr. Üben wir es einmal, eine Lähmung ruhig zu ertragen.
Stell dir zuerst deine geliebten Hunde in den Bergen vor, damit du in eine Trance gelangst. Das kannst du ja ausgezeichnet. Dann lässt du deinen Körper so müde werden, dass es dir vorkommt, als sei er eingeschlafen. Wenn der Körper so tut, als wäre er eingeschlafen, kannst du natürlich nicht mehr aufstehen. Du bist dann wie gelähmt und du müsstest zum Aufstehen zuerst wieder aufwachen.
So ist gut. Wenn du husten musst, dann huste einfach. Deine Hand muss sich deswegen nicht bis zu deinem Mund hinbewegen. Man kann auch im Schlaf husten, ohne die Hand vor den Mund zu halten. Wenn es dich in der Nase juckt, dann erwacht deine rechte Hand ganz kurz und schläft wieder ein.
Deine Hände und Füße können jetzt einfach schlafen und sich leicht und locker fühlen. Dann wäre es eine Anstrengung, sie aus der Lähmung zu wecken. Ich hoffe, es ist angenehm für dich. Ist es angenehmer, wenn du merkst, dass die Arme und Beine gelähmt sind und du mit deinen Gedanken ganz bei den Bernhardinern in den Bergen bist? Oder ist es angenehmer, wenn du merkst, dass Arme und Beine schlafen, weil du dann das angenehme Gefühl noch besser genießen kannst?

Wenn du ein Diktat schreiben musst, ist es ähnlich. Du kannst während des Schreibens merken, dass du gelähmt bist, und dann weißt du, es ist nicht gut gegangen, ich habe es ja gewusst. Oder du merkst es nicht und dann kommt die Bescherung, wenn du die Noten zurückbekommst.
Einigen Kindern macht es Angst, wenn sie so gelähmt dasitzen. Wie geht es dir?«
Mauro sagte ganz stolz: »Für mich war es angenehm. Mir machte es überhaupt keine Angst.«
»Ich bin sehr froh, dass du es so leicht nimmst. So kannst du lernen, mit den geistigen Lähmungen während der Diktate besser umzugehen.«
»Die Lähmungen kommen einfach weniger häufig.«
»Du hast Recht, wenn du gut trainiert hast, kommen sie weniger häufig. Aber jeder hat mal einen schlechten Tag. Es ist nicht so, dass die schlechten Tage für immer verschwinden. Wenn sie dann doch einmal auftauchen, wie gehst du besser mit ihnen um?«
»Unsere Lehrerin hat uns gezeigt, wie man sich entspannt.«
Ich fragte: »Und wie machst du es, dass du deine Lähmung loswirst und erfrischt aus der Entspannung herauskommst?«
»Ich verspanne mich zuerst ganz stark.«
»Gut, mach doch jetzt genau das. Und nachher entspannst du dich wieder und bleibst für kurze Zeit bei deinen Bernhardinern. Du nimmst die Entspannung bei der Lehrerin und fügst sie zur jetzigen Entspannung hinzu; mit Hilfe dieser doppelten Entspannung gehen Krise und Lähmung schnell vorbei.
Gut. Jetzt verspannst du dich nochmals, dann entspannst du dich, dann machst du die Augen kurz zu, bevor du, von der Entspannung erfrischt, in mein Zimmer zurückkehrst. Dann spielen wir, und du kannst deinen Traum vergessen, wenn du willst.«
Mauro kam locker aus der Entspannung zurück.
Für Mauro war es vor allem wichtig, dass er über seine Schwierigkeiten redete. Gewöhnlich bemühte er sich um den besten Eindruck, und die Wahrheit kam etwas zu kurz.

Techniken zur Förderung der reiferen Selbstständigkeit in der Einzeltherapie mit Kindern

Tabelle I: Im Folgenden einige Interventionsbeispiele, die Sie auch schon in den Falldarstellungen kennen gelernt haben.

A. Aufbau des Settings

1. Längerfristige Therapie mit nur mittlerer Intensität
2. In der Sitzung zuerst 30 Minuten Arbeitszeit: das bedeutet, den Bereich des Stuhls oder des Sofas nicht verlassen, kein Spielzeug erlaubt. Die restliche Zeit freies Spielen nach realistischen Wünschen des Kindes.
3. In der Arbeitszeit ist Nichts-Tun erlaubt, das Kind darf aber auch reden, träumen oder sich entspannen. Ich lasse mir von der Mutter eventuell die Erlaubnis geben, dass ich das Kind zur Not an den Händen festhalten darf.
4. Die Arbeitszeit bezeichne ich den Kindern gegenüber als Gedankentraining. Ich sage: »Zu Hause gehst du spielen, wenn du möchtest, dass es dir gut geht. In der Schule darfst du das nicht. Deshalb musst du lernen, mit deinen Gedanken zu spielen, damit es dir auch in der Schule gut geht.«
5. Das normale therapeutische Vorgehen wird umgekehrt. Der Therapeut akzeptiert, dass es dem Kind in einer komplexen Anforderungssituation schlecht geht. Deshalb bleibt keine Zeit, um in der Therapie zuerst Wohlbefinden und Vertrauen aufzubauen. Zuerst werden die Probleme gewürdigt, und die Verbesserung des Wohlbefindens im Hier und Jetzt kommt, in einem langen, zweiten Schritt.

B. Erkenne dich selbst!

6. Das Kind soll angenehme von unangenehmen Empfindungen unterscheiden lernen, sich für diese Wahrnehmung genügend Zeit nehmen und seine eigenen, unterschiedlichen Reaktionen auf diese Empfindungen begreifen. Bei allen Techniken zur Förderung der Selbsterkenntnis kommt es darauf an, dass das Kind genügend Raum zur Selbstverwirklichung bekommt

und trotzdem nicht ausweicht; das Kind soll zu einer eigenständigen Reaktion geführt werden.

7. Das Kind soll diese Empfindungen in der Vorstellung bildlich darstellen.
8. Das Kind spielt Wut und darauf folgende Reaktionen im Zeitraffer ab.
9. Das Kind lernt verschiedene Frustrationen, z. B. Verbote der Mutter, als Auslöser seiner Wut kennen. Es lernt den besseren Umgang mit seiner Wut: Die Wut ist manchmal stärker, sodass man sie nicht völlig unterdrücken, aber in unschädlichere Bahnen lenken kann.
10. Das Kind erkennt Niederlagen und darauf folgende eigene Reaktionen.
11. Das Kind stellt entfremdete eigene Reaktionen als liebenswerte Tiere dar, bekommt sie gerne, nimmt sie in Besitz und steuert sie dann besser.
12. Der Therapeut spendet Trost: »Die Welt ist nicht so, wie sie sein sollte!«
13. Das Kind lokalisiert Enttäuschungen als erinnerten Schmerz hypnotisch in einem Körperteil.
14. Der Therapeut mildert Hilflosigkeit, indem er das Kind darauf aufmerksam macht, dass es auch im hilflosesten Zustand der Lehrerin einen Gefallen oder eine Freude »schenken« kann.
15. Das Kind lernt die liebe und die böse Seite an sich selbst kennen. Es gibt seinen beiden Seiten jeweils Namen. Es rückt beide Seiten näher zueinander. Es versöhnt sich mit der bösen Seite, arrangiert sich mit ihr und steuert sie besser.
16. Der Therapeut erzählt Geschichten nicht als Zaubermittel, sondern als Hilfe beim langwierigen Aufbau der Selbsterkenntnis.
17. Der Therapeut erzählt Geschichten wie die vom geschlagenen Hund bei Verdacht auf körperliche Misshandlung.
18. Unangenehme Empfindungen führen bei Aufmerksamkeitsstörung besonders schnell zu einer sehr irritierenden Depersonalisation des Körpers, der die Kinder blitzschnell entwischen wollen. Ich führe die Kinder oft an den Anfang einer Depersonalisation und schlage ihnen vor, mit Ruhe und guten Gedanken zu reagieren.

C. Entspannungstraining

19. »Fantasien, Träume und Gedankenspiele entspannen dich. Gute Gedankenspiele finden Zustimmung der Lehrer, Eltern oder der anderen Kinder; schlechte Spiele, auch wenn sie für dich selbst entspannend sind, stoßen auf Ablehnung.«
20. »Denk wie beim Einschlafen an etwas Schönes. Denk an deine Erfolge und an deine Zufriedenheit. In deinen Träumen können die Bilder und Geräusche sehr intensiv werden. Träume von deinem Lieblingssport oder -hobby, dann weißt du, wie es sich anfühlt, wenn man glücklich und zufrieden ist.«
21. »Sag deinen Armen und Beinen, sie sollen so tun, als würden sie einschlafen. Du weißt, was es heißt, ›so tun als ob‹. Am Morgen kommt dich deine Mama wecken, du möchtest noch länger im Bett bleiben, dann tust du so, als ob du schlafen würdest in der Hoffnung, dass sie dich nicht sofort aus dem Bett holt. Dann sind deine Arme und Beine ganz locker und bewegungslos.«
22. »Deine Finger sind vielleicht noch ein bisschen nervös. Stell dir vor, welch wunderbare Energie in deinen Fingern steckt, eine Energie, mit der du etwas Tolles basteln kannst.«
23. »Beim Schlafen bleibt deine Energie im Kopf. Stell dir vor, welche Farbe deine Energie hat.«
24. »Wenn du gegen die andern Kinder kämpfen musst, dann brauchst du die Energie in den Muskeln. Stell dir vor, wie die Farbe in deine Arme und Beine strömt. Hinten am Hals, in der Wirbelsäule, fließt die Energie vom Kopf in den Körper. Dort gibt es auch eine Art Wasserhahn. Den kannst du dir vorstellen und bei Bedarf zudrehen. Beim Schlafen, in der Entspannung und beim Träumen sind die Arme und Beine regungslos, dann wird dein Hirn ganz farbig, weil alle Energie im Kopf bleibt, du hast den Wasserhahn hinten im Hals zugedreht, und die Arme und Beine tun so, als würden sie schlafen.«
25. »Asterix' Zaubertrank hilft dir dabei. Wer hat den Trank gebraut?«
26. »Manchmal kannst du gar nicht ruhig werden, da brauchst du stärkere Hilfe. Vielleicht möchtest du gerne die Katze oder

deine Mama hier in diesem Zimmer haben. Das beruhigt dich sehr. Schau ganz fest auf jenen Stuhl. Sitzt dort die Katze oder die Mama? Wenn du sie dir so fest vorstellst, dass du sie sehen kannst, dann sag mir, wie sie dreinschaut, was sie macht, wie sie aussieht.«

27. »Lass deine Hand ruhig und unbeweglich in der Luft schweben. Ich helfe dir dabei. Es ist am Anfang schwierig, aber deine Mutter oder Katze im Stuhl gegenüber helfen dir dabei. Jetzt bist du ruhig und zufrieden.«
28. »Manchmal bist du hilflos und wie gelähmt. So wie deine Hand jetzt. Du kannst sie nicht bewegen, solange du nicht aufwachst. Du bist jetzt wie gelähmt, aber jetzt ist es angenehm.«
29. »Hier sind ein Schreibblock und ein Kugelschreiber. Lass deine Hand etwas kritzeln oder schreiben, ohne dass du schaust, ohne dass du weißt, was sie schreibt. Deine Hand arbeitet und dein Kopf entspannt sich.«
30. »Du entspannst dich so gut, du hast in den letzten zwei Jahren so viel gelernt. Stell dir vor, du möchtest einem zappeligen Kind helfen, damit es auch so viel lernt wie du. Was würdest du ihm sagen? Überleg zuerst, sag zuerst nichts. Überleg fünf oder zehn Minuten, bevor du etwas sagst.«
31. »Manchmal geht die Zeit ganz schnell vorbei, wie bei einem spannenden Film oder Spiel. Erfinde eine Zeitmaschine, damit auch in den anstrengenden Schulstunden die Zeit schnell vorbeigeht.«
32. »Manchmal ärgert dich dein Bruder. Oder dein Nachbar lenkt dich mit Schwatzen ab. Du kannst dir vorstellen, dass du den Bruder gar nicht mehr hörst oder siehst. Behandle ihn wie Luft. Manchmal sehen die Menschen die einfachsten Dinge vor ihren Augen nicht mehr. Manchmal hörst du Mama nicht, wenn sie ruft. Also lass es einfach aus, wenn dich etwas stören könnte.«
33. »Die letzten Minuten vor der Pause sind am schwierigsten auszuhalten. Doch du wirst es schaffen. Halte durch. Du kannst ruhig vergessen, was wir zusammen gedacht, geredet oder gesprochen haben. Das nächste Mal machen wir da weiter. Überleg dir, was du in der restlichen Zeit spielen willst. Vielen Dank für deine Mitarbeit.«

D. Utilisation und Paradox

34. »Das Schlimmste ist die Langeweile. Stell dir Frau Langeweile vor. Sie hat dich gerne. Frau Langeweile macht ein hartes Training mit dir; es tut mir leid, dass es so anstrengend ist.«
35. »Mit fantastischen Gedanken vertreibst du Frau Langeweile, wenn du willst. Wenn du nicht willst, wirst du die harte Zeit des Trainings auch irgendwie überstehen.«
36. »Manchmal zwickt es dich und du musst dich kratzen. Das sind die Ameisen, die dich stören. Vielleicht findest du in Gedanken ein Mittel, um die Ameisen zu vertreiben. Andernfalls zwingen sie dich, dass du dich kratzen musst.«
37. »Du spielst mit dem Fensterladen. Ist es nicht spannend zu merken, ist es nicht lustig, dass du die nächsten 15 Minuten weiter damit spielen musst, weil du nicht mehr aufhören kannst?«
38. »Zwischendurch verwandelst du dich in ein kleines Baby. Dann strampeln deine Beine und du liegst fröhlich in deiner Wiege.«
39. »Es gibt kein Problem mehr in deinem Leben? Du hast alle gelöst? Da wir trotzdem trainieren müssen, schaffen wir uns ein neues Problem: Welche Farbe haben die Mäuse dort oben in der Zimmerecke?«
40. »Du berührst gerne die Wasserleitung? Wie schaffst du es, dass die Leitung und deine Hand ganz warm werden?«
41. »Wenn deine Wut dich zum Platzen bringt, such eine Stelle, wo sie gefahrlos verpuffen kann.«
42. »Die Prüfung macht dir Angst? Denk an eine Erinnerung, als du deine Angst erfolgreich überwunden hast.«
43. »Du möchtest davonlaufen, es kommt dir ganz schlimm vor? Stell dir eine Horrorsituation in einem Albtraum vor, so verliert sich ein großer Teil der Spannung.«
44. »Du sollst deine Probleme zwischendurch auch gerne haben. Ich liebe die Probleme, sie helfen mir, dass ich in meinem Beruf Geld verdiene.«
45. »Überlege bitte zuerst, bevor du sagst, ›Ich weiß es nicht‹. Sonst werde auch ich noch ganz kribbelig.«
46. »Es passt dir nicht, dass du mir gehorchen musst? Zu deiner Entspannung stell dir in deinem Traum einfach vor, dass du

ein König bist. Du darfst in deinem Traum den König spielen und glücklich sein.«

47. »Jetzt hast du eine Pause verdient. Der Mensch ist keine Maschine, der Mensch braucht Pausen. In der Pause spielst du vielleicht Fußball. Merk dir genau die Tore, die du schießt, nimm dir die Zeit dafür, koste sie aus.«

8. Kapitel

Entflechtung problematischer Eskalationen zwischen Eltern und Kind

Typische Eskalationen zwischen Mutter und Kind entstehen zum Beispiel wegen schwieriger Hausaufgaben. Die Mutter will dem Kind helfen, damit es schneller mit den Aufgaben fertig wird. Schneller bedeutet immer noch viel langsamer, als andere Kinder ans Ziel gelangen. Doch unser Kind trödelt und verhaspelt sich umso mehr, je intensiver sich die Mutter zu helfen bemüht. Eine Lösung will einfach nicht zustande kommen, dafür steigt die Verzweiflung. Am Schluss landen beide »an der Decke«.

Haley hat in Anlehnung an Bateson die helfende Beziehung als eine komplementäre Interaktion beschrieben. (16) Die Gefahr der Eskalation besteht in allen helfenden Interaktionen, wenn der Helfer stärker und der Patient schwächer wird. Komplementär bezeichnet dasselbe wie »Beziehung im Du-Modus«; davon habe ich in früheren Kapiteln gesprochen. Eskaliert eine komplementäre Interaktion in monströse Dimensionen, braucht es zur Lösung der Spannung ein symmetrisches Gegengewicht, bei Aufmerksamkeitsstörungen zum Beispiel ein reinigendes Gewitter von gegenseitiger Verzweiflung und Wut. Symmetrisch entspricht der »Beziehung Ich-Modus«, weil Verzweiflung und Wut unweigerlich das Ich meinen.

Dient eine gelungene symmetrische Interaktion der Stärkung des Ich-Standpunktes, so festigt eine komplementäre den geselligen Du-Standpunkt. (4) Doch das symmetrische, reinigende Gewitter am Ende einer komplementären Eskalation besitzt eher demoralisierende Qualitäten und dient nicht der Stärkung eines gesunden Ich-Standpunktes. Selbstständigkeit wäre das bessere Mittel. Unbewusst bedeutet das reinigende Gewitter für das Kind: »Ich bin stark, weil ich die Mutter an die Decke gebracht habe und sie während eines kurzen lustvollen Moments provozieren konnte.«

Alle meine nachfolgenden Bemühungen zielen auf die Beimischung einer gesunden Portion Symmetrie in der Mutter-Kind-

Beziehung, sodass von Beginn der Interaktion an komplementäre Eskalation verhindert und stattdessen gesunde Selbstständigkeit gefördert wird. Das Erarbeiten einer gesunden Selbstständigkeit ist anstrengend, und deshalb gehen viele Kinder dieser »Arbeit« lieber aus dem Weg. Diese Arbeit »heißt« aber neurophysiologisch Frontalhirnentwicklung. Das Frontalhirn ermöglicht den »Übergang von der Reaktion zur Aktion«, wie Ledoux schrieb (7, S. 190); dies ist eine schöne Umschreibung der Selbstständigkeit. »So genannte Frontallappen-Patienten neigen dazu, sich dauernd zu wiederholen. Sie kleben an der Gegenwart und sind unfähig, sich in die Zukunft zu versetzen.« Man fühlt sich bei der Beschreibung dieser erwachsenen Patienten unweigerlich an aufmerksamkeitsgestörte Kinder erinnert. Man begreift auch, warum viele Eltern von Zeit zu Zeit verzweifeln.

Kurt

Vor einer Therapiestunde unterhielt ich mich jeweils ein bisschen mit Kurts Mutter. Nur einmal am Anfang der Therapie kam die Mutter zu einer Einzelsitzung, in zwei oder drei schwierigen Situationen fand eine Familiensitzung statt.
Die Mutter wuchs als Zweitjüngste zusammen mit drei Schwestern auf. Ihren Großvater mütterlicherseits beschrieb sie als gewalttätig und alkoholabhängig. Darum habe ihre Mutter keinen Tropfen Alkohol angerührt. Sie selbst sei bis zur 3. Klasse überaus schüchtern gewesen. Einige Jahre vor Kurts Therapiebeginn erlitt sie wegen ihrer Kinder einen Nervenzusammenbruch, in dessen Folge sie eine Woche zur Kur gefahren sei.
Ihr Mann, Kurts Vater, sei ohne Gefühlswärme aufgewachsen und er könne den Kindern seine Gefühle nicht zeigen. Sein Vater habe nie Zeit für ihn gehabt. Doch ihr Mann nehme sich jetzt Zeit zum Spielen mit den Kindern.
Sie könne sich nicht vorstellen, warum Kurt so primitive Spiele bevorzuge, vielleicht weil er beweisen wolle, dass er »jemand sei«, vermutete sie.
Eine Zeit lang »bestrafte« Kurt seine Mutter wegen jeder kleinsten, normalen Frustration, wegen eines belanglosen Neins, indem er in

der Schule Aufgaben verweigerte und Unsinn machte, sodass die Mutter viele Anrufe der Lehrerin erhielt. Diese Anrufe brachten die Mutter wieder an den Rand eines Nervenzusammenbruchs, vor allem weil Kurt schon oft bewiesen hatte, dass er sich gut anders verhalten könnte.

Zur Wiedergutmachung brummte ich Kurt die Pflicht auf, jeden Tag in den Ferien 10 Zeilen zu schreiben. Er durfte erst danach spielen gehen. In Deutsch bestanden einige Defizite, Mathematik konnte er hingegen gut. Winter- und Frühlingsferien verbrachte Kurt auf diese Weise, nachher blieb er schulisch besser auf Kurs.

Doch verursachte sein Verhalten weitere Telefonanrufe. Es kostete mich einige Mühe, die Mutter zu überzeugen, dass Kurt ihre Zuwendung auch manchmal verdienen müsste. Auch an Tagen, an denen die Mutter einen bösen Telefonanruf aus der Schule erhalten hatte, schien es für Kurt selbstverständlich, dass seine Mutter ihre ganze Kraft und Zeit seinen Fragen und Bedürfnissen widmete. Die Mutter wollte ihm helfen und glaubte immer noch, ihr *Einsatz würde Kurts Verhalten verändern.*

Ich stellte die Sache auf den Kopf: Von jetzt an musste sich Kurt die Aufmerksamkeit verdienen. Wenn er sich unmöglich benahm, behandelte ihn die Mutter zwei Tage lang wie Luft. Die Lehrerin reklamierte, als sie es erfuhr, man dürfe nicht mit Liebesentzug erziehen. Hier ging es jedoch nicht um Liebesentzug, Kurt erhielt zu Hause immer noch genügend Aufmerksamkeit; sondern es ging darum, dass Geben und Nehmen zwischen Mutter und Kurt weniger einseitig verteilt würde.

Die Situation entspannte sich, trotzdem fixierte sich die Schule ziemlich stur auf die Gabe von Ritalin. Sie stellte ein Ultimatum, Kurt sei ohne Ritalin nicht mehr tragbar und würde aus der Klasse fliegen. Ich sagte der Mutter, ich könnte Ritalin verantworten, wenn Eltern und Kind es unbedingt wünschten und man so einen Rauswurf aus der Schule verhindern könnte. Also erhielt Kurt eine niedrige Dosis Ritalin an Schultagen. In den Ferien und am Wochenende brauchte er es nicht, er hatte gute Fortschritte gemacht. Die Mutter führte die Fortschritte nicht auf das Ritalin zurück.

Einmal fragte ich Kurt, was sich bei ihm nach der Ritalin-Einnahme verändere. Er sagte, er habe weniger den Drang zurückzuschlagen, wenn er provoziert würde. Er rege sich weniger schnell auf. Ich sagte ihm, er könne diese Fähigkeiten mit der Zeit auch selbst erlernen, sodass er mit dem Ritalin irgendwann in der Zukunft wieder aufhören könne.

Chris

Die Mutter meldete den 13-jährigen Chris wegen Schulproblemen zur Therapie an. Der freundlich dreinblickende, schlacksige Chris erschien etwas verspätet mit seinen Eltern. Die Mutter erklärte: »Chris ist ein lieber Bub, aber aufbrausend. Der Druck im Hinblick auf den Sekundarschulübertritt ließ seine Leistungen dramatisch absinken. Er stellte auf aggressives Verhalten um, und sein Selbstvertrauen sank auf den Nullpunkt. Zur Zeit macht er nur, was er will. Kaum gelingt ihm etwas nicht, lässt er es liegen. Ordnung kann man von ihm nicht verlangen. Er bastelt gerne, aber Anstrengungen liegen ihm nicht.«
Der Vater ergänzte: »Ich bin frustriert, weil er auf viele meiner Vorschläge nicht eingeht.«
Ich gab der Familie zum Schluss der ersten vier Familiensitzungen vier Hausaufgaben mit. Zuerst musste jeder herausfinden, was er selbst gut könne und was nicht. Die Eltern missverstanden die Aufgabe und erzählten das nächste Mal, was aus ihrer Sicht Chris gut könne und was nicht. Zu ihrer Überraschung interessierte mich das im Moment nicht besonders, sondern ich wollte wissen, was sie selbst in ihrer Einschätzung gut erledigten. Es kam eine reichhaltige Liste zusammen.
Die zweite Aufgabe bestand darin, dass jeder herausfand, was ihn handlungsfähig macht und was nicht. Ich hatte der Familie einen kurzen Vortrag über Entfremdung und Handlungsfähigkeit gehalten. Bei der dritten Aufgabe mussten sie aufschreiben, welche Probleme zu einem Leidensdruck führten. Die vierte Aufgabe bestand darin aufzuschreiben, was sie gerne lernen möchten.
Chris schätzte sich und seine Wünsche ziemlich adäquat ein.
Die Mutter erklärte: »Chris will und könnte, solange er nicht einen schlechten Tag hat.«
Ich sagte: »So sollte Chris den Umgang mit seinen schlechten Stimmungen lernen. Doch befürchte ich, das könnte für ihn zu anstrengend sein.«

Die Mutter: »Mit vier oder fünf Jahren hat er seine Brille fortgeworfen, wenn ich Nein sagte. Oft konnten wir ihn nicht ins Bett bringen, stattdessen kroch er unter dem Tisch hin und her. Manchmal hört seine Welt immer noch bei seiner Nasenspitze auf.«
Wir diskutierten, welche Aufgabe in wessen Verantwortung lag. Wie viel Druck sollte seine Mutter ausüben, wie hart sollte sie ihn bestrafen? Bestrafung schürte seine Rebellion. Chris wünschte sich sowohl Unterstützung als auch die Freiheit, selbst zu entscheiden. Erstaunlicherweise wollte er wirklich einen guten Schulabschluss und zeigte in der neuen Schule besseren Einsatz.
Am Schluss der Therapie meinte die Mutter: »In der alten Schule habe ich einen Fehler gemacht. Ich habe auf den Lehrer gehört, der sagte, Chris müsse selbstständig entscheiden, wie viel und mit welcher Methode er im Fach Französisch lernen will. Der Lehrer sagte, ich solle nichts mehr kontrollieren. Die Folge war, dass Chris ein halbes Jahr nichts machte, bis ich es endlich merkte. Ich glaube, Chris braucht beides, Selbstständigkeit, aber auch Unterstützung und etwas Kontrolle.« Zu Beginn der Therapie hätte ich Chris gerne Ritalin verabreicht. Aber ich glaube jetzt, es geht auch ohne.
Chris' Familie machte mir zu Beginn einen hilflosen und verstrickten Eindruck. Deshalb ließ ich die Familie arbeiten und ging einer Verstrickung aus dem Weg. Weil die Familie die therapeutischen Hausaufgaben gut erledigte, entdeckten sie ihre individuellen Fähigkeiten und Schwächen. Wie die Mutter es am Schluss schön sagte, braucht es eine gekonnte Mischung von bezogener Individuation; weder totale Einmischung noch völliges Laisserfaire entsprechen den Bedürfnissen der Jugendlichen.

Pierre

Pierres Mutter besaß Sinn für Humor. Sie fühlte sich den Streichen und ungebremsten Ausbrüchen von Pierre oft hilflos ausgeliefert. Mit einem Augenzwinkern überzeugte ich sie, dass es Spaß macht, böse Buben zu plagen. Sie erinnerte sich, dass sie bereits in ihrer Jugendzeit die Buben gerne geplagt hatte. Sie verstand schnell, auf welche humor- und rücksichtsvolle Art sie ihn liebevoll plagen musste. Mein Hinweis, dass Erziehung auch für Eltern Spaß ma-

chen darf, erleichterte sie; nicht aller Spaß muss bei den Kindern liegen, nicht alle Mühsal bei den Eltern. So konnte sie in Zukunft mit gutem Gewissen zu Pierre streng sein und machmal auch absichtlich Nein sagen, um ihn ein bisschen zu plagen. Pierres Mutter nahm keine falsche Rücksicht mehr auf ihn.

In einer gemeinsamen Sitzung mit der Mutter erzählte mir Pierre, dass ein älterer Schüler, Markus, ihn in der Schule ärgere. Er habe es dem Lehrer erzählt, doch der Lehrer habe ihm nicht geglaubt; er habe gesagt, Markus sei doch immer ein lieber Kerl. Doch Pierre versicherte glaubhaft, dass Markus ihn auf das Sofa werfe und ihn am Arm packe. Andere Kinder würden ihn auch plagen, und er müsse sich dann mit aller Kraft wehren.

Ich zeigte im Moment kein Mitleid für Pierre, auch seine Mutter saß ruhig da. Ich sagte, die Welt sei grausam. Zum Glück hatte ich der Mutter schon früher empfohlen, den bösen Buben Pierre ein bisschen zu plagen, falls er sich unartig benehmen würde.

Pierre sagte, er sei kein böser Bube, er würde niemanden plagen. Ich erinnerte ihn daran, dass er vor ein paar Monaten einem kleinen Mädchen ganz übel mitgespielt hatte. Pierre sagte, das sei vorbei, er würde es nie mehr machen. Ich sagte, wenn er kein böser Bube mehr sei, würde er auch seine Mutter nicht mehr ärgern. Das würde er auch nicht mehr, meinte er. Ich fragte seine Mutter, ob dies stimme. Sie sagte, er würde immer noch nicht auf sie hören und stattdessen lieber dumme Sachen machen.

Mit einem Augenzwinkern beschuldigte ich Pierre, er würde auch noch lügen, das zeige doch, dass er immer noch ein böser Bube sei. Wer sei wohl der bösere, Pierre oder Markus, fragte ich.

Pierre protestierte, Markus sei viel gemeiner.

Ich sagte: »Ja, dann achte darauf, dass du nicht so wirst, wenn du in der 8. Klasse bist. Du hast ja jetzt erfahren, wie sich das anfühlt.«

Pierre hatte es schon lange nicht mehr auf seinem Stuhl ausgehalten, er war zum Sandkasten geeilt; die Mutter und ich saßen daneben. Er spielte sehr schön.

Er sagte: »Nicht wahr, du bist auch der Meinung, dass ich ganz schön spiele.«

Ich sagte: »Hör mal gut zu, Kleiner. Ein Kind deines Alters sollte fragen: Gefällt es dir?

Wenn du fragst, ob jemand gleicher Meinung sei, dann halten die andern Kinder dich für doof und dann plagen sie dich. Wenn du fragst: ›Nicht wahr, du weißt auch, dass ich supergut bin und ich alles richtig mache; wir wollen doch immer gleicher Meinung sein, vor allem weil ich lieb und gut bin.‹« Ich imitierte seinen Tonfall.
»Du hast mich gefragt, wie man mit andern Kindern auskommt: Du sollst nicht doof und nicht aggressiv sein. Auch musst du manchmal Unangenehmes übersehen.«
Pierre: »Ich habe viele Freunde und ich komme mit den Kindern gut aus.«
Die Mutter erklärte ihm, warum das nicht stimmte.
»Also, wenn du nicht den bösen Buben spielen willst, dann achte auf die Wünsche deiner Mutter. Gib ihr zuliebe auch mal nach.«
»Ich achte auf ihre Wünsche.«
Die Mutter: »Oft hörst du mir nicht zu. Oft machst du nicht, was ich dir sage. Ich wünschte mir, dass du mir besser gehorchst.«
Pierre: »Gut, dann will ich immer brav gehorchen.«
Ich meinte: »Das ist wieder dumm von dir, etwas zu versprechen, das kein Kind halten kann. Aber du solltest häufiger der Mutter zuhören und weniger Blödsinn machen. Es ist wichtig, dass du den Punkt merkst, an dem du genug Dummheiten angerichtet hast. Dass du auch merkst, welche Laune deine Mutter hat, und dich danach richtest, wie viel sie ertragen kann.«
Pierre: »Wenn ich früher gewusst hätte, dass ich zuhören soll, dann hätte ich es gemacht. Ich würde lieber in die Regelklasse gehen.«
»Deine Mutter hat es dir häufig genug gesagt, dass du zuhören sollst. Du hast ihr nicht geglaubt …«
Die Mutter fügte an: »Pierre sucht sich oft schwächere Kinder zum Spielen, denen er befehlen kann.«
Zum Schluss lobte ich Pierre für sein schönes Sandbild: »Du kannst wirklich kreativ sein. Mir gefällt deine schöne Landschaft und dass du den Tieren zu essen gibst.«
Die Mutter fügte an: »Seit wir ihm das Nintendo weggenommen haben, etwa drei Wochen später begann er wieder friedlich in seinem Zimmer zu spielen. Fernsehen und im Freien spielen bringen genug Unruhe für ihn. Nintendo kann er nicht noch zusätzlich ertragen.«
Pierre: »Ich möchte wieder Nintendo spielen, ich bin nicht zu klein dazu, ich habe schon die ganz hohen Levels bewältigt.«

Die Mutter blieb zum Glück bei ihrer Meinung, dass das Nintendo zu viel Unruhe bringen würde.

Pierre litt an einer stark ausgeprägten sozialen Wahrnehmungsstörung, deshalb musste ich so pointiert Stellung beziehen. Doch zum Glück verstand Pierre wegen seiner guten Intelligenz unser Gespräch recht ordentlich.

Anton

Frau A., Antons Mutter, schilderte ihren Alltag zu Beginn der Therapie so, dass sie sich den ganzen Tag abstrample, oft frustriert sei und am Abend todmüde ins Bett falle. Sie wollte aus diesem Alltagstrott ausbrechen.

Ich sagte: »Ausbrechen ist gefährlich und faszinierend zugleich. Sie verlieren dabei viel Sicherheit.«

»Ich denke auch, dass es angenehm ist, dass mein Mann das Geld heimbringt. In einem Film wäre ich wohl eine Frau, die es alleine nicht schafft und ohne Mann von den Eltern abhängig bliebe. Wenn ich meine Schwägerin in Deutschland besuche, mag ich gar nicht hören, was sie mir alles erzählt, wie gut sie es haben.

Mein Mann ist ein Eigenbrötler. Er hat in seiner Familie wenig liebende Zuwendung erfahren. Mein Vater hatte mich vor ihm gewarnt, mein Vater sagte, ihm fehle die Wärme. So folgsam ich sonst war, da habe ich nicht auf meine Eltern gehört. Ich dachte damals auch, man könne jedes Problem lösen und es gäbe auch überall Hilfe. Doch möchte ich mehr in meinem »Menschsein« bestätigt werden. Ich möchte ich selbst sein können. Ich bin aus Naivität in diese Ehe hineingestolpert.

Mein Mann sagt mir oft, ich solle in der Erziehung der Kinder weniger reden und mehr handeln. Er ist überaus konsequent und kurz angebunden mit den Kindern. Am Sonntagmorgen kommen die Buben zu ihm ins Bett und nicht zu mir, um ihn zu wecken. Dann werde ich eifersüchtig.

Früher ging ich oft mit zu seinen Veranstaltungen. Er ist im Tennisclub aktiv und spielt bei vielen Turnieren mit. Jetzt bleibe ich wegen der Kinder oft zu Hause. Beim Tennis und in seinem Beruf ist er der Beste, da wird er oft bewundert. Dort verteilt er Kom-

plimente, nur zu Hause nicht. Was ich mache, ist ihm gleich. Er kommt heim, wann es ihm passt. Ich betrachte ihn als Egoisten. Manchmal stört es mich, manchmal nicht. Ist er glücklich in der Ehe? Ich weiß es nicht. Ich bin es definitiv nicht mehr. Die Krankheit von Anton und die notwendige Operation im Alter von 2 Jahren haben uns auseinander gebracht. Ich gebe zu, damals musste alles warten wegen Anton, auch meinen Mann habe ich damals vernachlässigt.
Er hält nicht viel von Ihren Abklärungen. Wenn er etwas für schlecht befindet, dann lässt er nicht mit sich darüber reden.«
Die Mutter konfrontierte daraufhin ihren Mann mit ihrer Unzufriedenheit, und er änderte sein Verhalten ein bisschen. Er schenkte seiner Frau und den Kindern mehr Aufmerksamkeit. Frau A. freute sich sehr darüber.
Anton fühlte sich beim geringsten Nein der Mutter frustriert. Er hatte nicht gelernt, seine schlechten Stimmungen und seine Stinklaunen »herabzuregulieren«. Stattdessen verlangte er von seiner Mutter endlose Erklärungen und gab trotzdem nicht nach.
Im Umgang mit Anton zahlte seine Mutter einen unendlich hohen Preis für ihre Bemühungen ohne längerfristigen Gewinn; Anton nahm einfach alles als selbstverständlich hin. Das Verhältnis von Geben und Nehmen stimmte definitiv nicht.
Ich sagte: »Man soll es den Kindern ein oder zwei Mal erklären. Nachher soll man sich aber durchsetzen, ob das Kind so tut, als hätte es die Sache begriffen oder auch nicht.«
Frau A. erzählte: »Kürzlich kam Antons Patentante auf Besuch. Sie können sich nicht vorstellen, wie unmöglich sich Anton benommen hat.«
Offensichtlich erlaubte sich Anton so ziemlich alles ohne Rücksicht auf die Gefühle der Mutter.
Anton konnte auch nicht weinen. Ging etwas schief, gab er dem lieben Gott die Schuld dafür.
Frau A. erzählte: »Seit der Vater uns mehr Aufmerksamkeit schenkt, zieht sich Anton selbstständig an. Trotzdem hört er oft nicht auf mich, und dann gebe ich nach und erledige seine Sachen. Anton tut mir leid, ich möchte, dass ich zu ihm lieb sein könnte und dass es ihm gut geht.
Als Kind ging ich oft in mein Zimmer und schlug den Kopf an die Wand, damit ich mich wieder spürte.

An sich ein liebenswürdiger Mensch schlug mein Vater im Jähzorn schon mal die Köpfe von uns Kindern zusammen. Meine Mutter war hingegen so lieb und räumte für mich alles auf. Ich habe meine Mutter meistens herumkommandiert. Seit dem Tod meines Bruders genehmigte sich meine Mutter immer mehr Alkohol. Äußerlich merkte ihr niemand etwas an. Meine Mutter kam nie klar mit ihrem Leben. Sie klagte häufig über Kopfschmerzen. Anton leidet ebenfalls an Kopfschmerzen. Meine Mutter konnte nie sagen, ›mir geht es gut‹. Selber für sich unternahm sie nie etwas. Mein Bruder starb bei einem schweren Verkehrsunfall, als ich etwa 10 Jahre alt war. Da ging mein Vater in seiner Verzweiflung mit einem Messer auf meine Mutter los. Ich habe sein Verhalten in diesem Moment nicht verstanden. Mein Leben hat sich nach dem Tod des Bruders nicht groß geändert, außer dass ich an seiner Stelle mit meinem Vater zu den Fußballspielen ging. Oft habe ich in meinem Leben das Gefühl, ich habe etwas bereits zuvor gesehen, auch wenn ich weiß, dass ich es zum ersten Mal sehe. Manchmal schaue ich mich selbst von oben an, vor allem wenn Anton einen Blödsinn macht. Dann rede ich einfach drauflos, schimpfe oder entschuldige Anton, obwohl ich weiß, dass ich besser schweigen würde.
Ich kann manches gut, z. B. kann ich gut tanzen und eine Tanzgruppe anleiten. Doch nachts schlafe ich schlecht und habe wilde Träume. In der Nacht kommt meine Unsicherheit zum Vorschein. Oft habe ich viele gute Ideen im Kopf, kann sie aber nicht umsetzen. Viele Erlebnisse aus der Vergangenheit habe ich vergessen. Ich könnte sie hervorholen, aber es kostete eine übermenschliche Anstrengung. Den ganzen Tag konzentriere ich mich auf die Kinder, die Zeit verrinnt, und ich habe kaum Gespräche über bedeutungsvolle Dinge im Leben.«
Frau A. hat mir an diesem Tag einen überaus anschaulichen Bericht ihrer Entfremdung geschildert.
»Zur Erholung bin ich gerne alleine. Ich nehme ein Fußbad, schaue fern und vergesse die Sorgen. Manchmal sehe ich Antons Patin. Sie ist meine Bezugsperson, mit ihr kann ich über alles reden. Sie sagt, ich solle nicht immer so lieb mit Anton sprechen.«
Ich sagte: »Die Wirkung der Erziehung hängt ab, mit wie viel Überzeugung man den Kindern etwas sagt.«
»Als Kind litt ich unter vielen Ängsten, aber nicht um meine Mutter. Anton hingegen hat Angst um mich.«

Ich fragte: »Wie lernt Anton, wie lernt jedes Kind den Umgang mit Gefühlen? Natürlich werden die Kinder mit der Zeit vernünftiger. Vernunft ist ein guter Gegenspieler der schlimmen Gefühle. Mit Vernunft lernt man die Welt begreifen und ist wegen eines Misserfolgs nicht mehr so enttäuscht. Oft schämt man sich bei einem Misserfolg, oder man macht sich Vorwürfe. Die Vernunft hilft einem beim Umgang mit diesen Scham- und Schuldgefühlen. In Ruhe über alles intelligent reden bringt einen oft auch weiter.

Wenn Eltern mich fragen, was kann ich tun, damit meine Kinder später nicht in die Drogenszene geraten, sage ich: Sprechen Sie offen mit Ihren Kindern über die Probleme. Geben Sie auch eigene Fehler zu. Suchen Sie Lösungen für kleinere und größere Probleme.

Im Umgang mit aufmerksamkeitsgestörten Kindern verliert man vor lauter Provokationen eine ausgewogene Sicht für Alltagsprobleme. Man sollte wieder eine ruhige Perspektive zurückgewinnen.«

»Anton fehlt der Respekt vor mir. Er gebraucht ganz grässliche Worte. Damit komme ich nicht zurecht.«

»Wenn Ihre Liebe zu Anton sicherer wird – ich sage absichtlich nicht stärker, sondern sicherer –, dann bekommt auch das Böse den geeigneten Platz, an dem man es behandeln kann.«

»Wenn Anton böse ist, lasse ich mich schnell entmutigen. Doch im Gegensatz zu früher halte ich ihn häufiger fest und stelle ihn zur Rede. Dann wird er ungehalten.«

»Es empfiehlt sich, dass Sie verschiedene Erziehungsmethoden in ihrem Repertoire haben. In der Erziehung verhält es sich wie bei einer Antibiotikatherapie; auf eine einzelne Erziehungsmaßnahme entwickeln die Kinder schnell Resistenzen.«

Frau A.: »Wenn sich Anton so aggressiv verhält, kann ich kaum ruhig bleiben. Ich bedaure es, dass sich Anton Aufmerksamkeit auf negative Art holt. Dann überfällt mich eine riesige Angst um ihn; die gleiche Angst, die ich während der Zeit seiner Krankheit und Operation ausstand, bricht in mir wieder hervor.« Frau A. weinte bitterlich. Mitfühlend wartete ich ruhig. »Ich weiß, Anton sollte selbstständiger werden«, fügte sie an.

Ich sagte: »Mit Hilfe seiner Aggressionen kann sich Anton abreagieren. Er ist sich nicht bewusst, wie sehr er Sie damit verletzt. Im Gegenzug fühlt er selbst sich verletzt bei Forderungen, die an sich

selbstverständlich wären. So verletzen Sie sich gegenseitig, ohne es zu wollen.
Antons Kopfschmerzen bringen auch Vorteile mit sich: Sie machen ihn ruhiger und führen dazu, dass er seinen Kopf besser spürt.
Sie müssen bei einem solch schwierigen Kind nicht die Beste aller Mütter sein.«
»Anton sagt häufig: ›Du hast mich nicht gerne, schick mich fort.‹ Dann fühle ich mich schlecht.«
»Anton kann Sie damit unter Druck setzen.«
»Ich möchte ihm jetzt das schenken, was er früher durch seine Krankheit verpasst hat.«
Frau A. war die Liebenswürdigkeit in Person. In ihren hohen Idealen gab es wenig Platz für die schlechten Dinge der Welt, und dass sich etwas Aggressives auch in einem kleinen Herzwinkel ihres geliebten Antons eingenistet haben könnte, realisierte sie oftmals nicht.
Ich fragte: »Können Sie akzeptieren, dass Ihr Sohn manchmal ein ›Mister‹ ist? Ich habe meiner eigenen Tochter manchmal gesagt, sie sei ein »Mister«. Zuerst wusste sie nicht, was ich damit meinte. Ich habe ihr ein paar Mal erklärt, dass Mister auf Englisch ›Herr‹ bedeutet, aber jetzt würde ich jemanden damit meinen, der Mist baut. Wenn ich Rahel jetzt sage, sie sei ein Mister, dann schaut sie mich an in einer Mischung aus leicht amüsiert, abschätzig und wütend. Aber wir haben unseren Spaß dabei. Warum sagen Sie Anton nicht ab und zu, er sei ein Mister? So lernt er auf spaßige Art, sich zu fügen, weil ein Kind einen solchen Witz noch nicht völlig zu seinen Gunsten verdrehen kann. Natürlich sollten Sie nur mit einem gutem Gefühl solche Witze machen. In giftiger Wut verfehlen diese Witze ihren Zweck.«
Hier drängen sich einige grundlegende Fragen der Erziehung auf: Gehört die ganze Macht dem Kind? Darf es immer bestimmen, oder soll es sich auch fügen müssen? Wie viel Aufmerksamkeit soll ein Kind auf negative Art bekommen? Wie oft darf das Kind den Weg des geringsten Widerstandes wählen? Soll die Mutter auf das Wertvolle ihrer eigenen Person achten, oder soll sie sich in ihrer Mutterrolle völlig dem Kind aufopfern?«
Meine Fragen gefielen Frau A. Sie sagte: »Anton hat mich ganz in Besitz genommen. Er ist dagegen, wenn ich abends weggehe. Lange konnte ich nicht mehr bei meiner Tanzgruppe mitmachen,

weil er mich nicht gehen ließ und stattdessen Zeter und Mordio schrie. Den Vater lassen die Kinder ohne weiteres gehen. Ich finde es ungerecht. Anton hat oft Angst um mich.«

»Er nimmt Sie als Lebensversicherung. Sie gelten ihm als Pfand, dass ihm nichts Schlimmes im Leben zustoßen kann. Mit dieser Lebensversicherung glaubt er auch, sich alles leisten zu können. Sie hält ihn von altersgemäßen Lernschritten ab. Wie schaffen Sie es als Mutter, das Nützliche zu belohnen und das Unnütze eher nicht zu beachten? Aufmerksamkeitsgestörte Kinder schaffen es immer wieder, für jeglichen Unsinn riesige Aufmerksamkeit zu erhalten.«

»Ja, das ist allerdings sehr schwierig.«

»Es gibt das Ohrfeigenprinzip. Ein Ohr, weil es nützlich ist, eine Feige, weil sie süß ist. Das Schwierigste in der Entwicklung zum Erwachsenen ist, dass man lernt, das Nützliche mit dem Angenehmen zu verbinden. Oder in Anlehnung an Goethe: Höchste Freiheit ist das tun wollen, was man tun muss. Den aufmerksamkeitsgestörten Kindern stellt sich ihre Abneigung und ihr Widerwillen immer wieder in den Weg, wenn sie etwas nicht von selbst wollen. Durchschnittliche Kinder können sich besser fügen und einfach aus Zuneigung oder dem Frieden zuliebe mitmachen. Der Grund ist, dass aufmerksamkeitsgestörte Kinder in Bezug auf sich selbst so verunsichert sind. Dass sie sich so wenig spüren. Und wenn man sich und seiner Wünsche nicht sicher ist, dann kann man auch vorübergehend nicht auf seine Wünsche verzichten. Man muss dann immer auf sie pochen.«

Ich möchte diesen paradoxen Aspekt im menschlichen Erleben nochmals hervorheben: Die aufmerksamkeitsgestörten Kinder sind so wenig bei sich selbst, dass in einigen Situationen der pure Egoismus umso ungeschminkter hervorbricht.«

»Bei Antons Provokationen bleibe ich meistens nicht ruhig. Ihm dann keine Aufmerksamkeit schenken? Wie oft soll ich ihn nicht beachten, in seinem Alter von neun Jahren? Manchmal droht er ins Chaos abzusinken. Er verwechselt Wirklichkeit und Fantasie und fängt an zu lügen, damit er nicht ins Unrecht gesetzt wird.«

»Das erweckt den Anschein einer schweren Behinderung. Unter Stress fällt er in seiner gedanklichen Entwicklung weit zurück.«

Die Mutter sah es nicht so tragisch. Natürlich erlebt jedes Kind Zusammenbrüche seiner geistigen Fähigkeiten. Bei Anton traten diese kleinkindlichen Einbrüche jedoch zu häufig auf, um sie noch als gesund zu bezeichnen.

»Oft glaubt mir Anton gar nicht. Entweder muss er zuerst spüren, dass es schief geht, oder ein Freund muss zuerst das Gleiche wie ich sagen, bevor er mir glaubt, zum Beispiel dass man nachts nicht ohne Licht mit dem Fahrrad unterwegs sein darf. Doch wenn ihm etwas wehtut, dann ist mir nicht wohl. Als Kind hatte ich oft Schuldgefühle meinen Eltern gegenüber. Die Schuldgefühle scheinen Anton zu fehlen.

Ich habe angefangen, ihn weniger zu beachten. Dann schikaniert er seinen jüngeren Bruder. Darauf telefoniere ich in der Gegend herum, weil ich mich so hilflos fühle. Mit meinem Mann kann ich nicht darüber reden, aber Antons Patin hat mir zugehört.«

»Alle Eltern erleben Hilflosigkeit in der Erziehung ihrer Kinder; Jugendlichen gegenüber ist Hilflosigkeit sogar gesund, sie bringt die Jugendlichen dazu, ihre eigenen Stärken zu entdecken. Doch die Hilflosigkeit bei Aufmerksamkeitsstörung übersteigt oft das erträgliche Maß.

Ich finde, man sollte den Kindern gegenüber offen reagieren. Sagen Sie zu Anton: ›Die Schikanen gegen deinen jüngeren Bruders machen mich sehr hilflos und wütend. Das ist nicht nett von dir.‹ Oft beruhigen sich die Kinder angesichts der Tränen der Mutter. In der Hilflosigkeit stecken ungeahnte Möglichkeiten. Denken Sie an Mahatma Gandhi, der mit seiner Schwäche die ganze Armee der Engländer vertrieben hat. Die eigene Schwäche, richtig dosiert, veranlasst die Kinder zu mehr Verantwortung.«

Manchmal erlebte ich in meiner Praxis auch, wie sehr Antons jüngerer Bruder die Mutter im Griff hatte. Mit seinen fünf Jahren besaß er ein raffiniertes Repertoire an quengelndem Verhalten.

Wenn man Antons Verhalten genau analysierte, erwartete er von seiner Mutter – unbewusst natürlich – die Erfüllung aller seiner Wünsche nach Vergnügen, ohne sich selbst anstrengen zu müssen. Da Antons Mutter die Verantwortung für seine Überforderung auf sich nahm, verstärkten sich ihre Gefühle der Entfremdung und Hilflosigkeit. Anton besaß viele ausgeklügelte Strategien, wie er seine Mutter zum Ausklinken brachte, sodass sie sich gar nicht mehr als sich selbst fühlte. Damit gewann Anton Macht über seine Mutter, und er glaubte, so seine Ziele besser zu erreichen.

Frau A. hatte sich über die furchtbaren Wutanfälle von Anton beklagt. Ich stellte mir vor, dass sie lernen sollte, aus eigenem Antrieb zu handeln und nicht hilflos auf den nächsten Pieps ihres Sohnes zu warten. Ich sagte: »Der Spaß sollte auch auf Ihrer Seite liegen. Es könnte vergnüglich sein, den Kindern die Welt zu erklären. Auch die Erklärung schwieriger Dinge könnte Spaß machen.
Manchmal ist es wichtig, den Kindern einen Grund zu anzugeben für ihre Unarten. Wenn Sie merken, dass Anton als nächstes schreit, sich dumm verhält oder böse Wörter gebraucht, könnten Sie ihm zuvorkommen und ihm einen Grund für seine Dummheit geben. (4) Kommen Sie ihm zuvor, indem Sie sagen: ›Ah, jetzt kommt als nächstes eine Beleidigung.‹ Wenn schon Wutanfälle zu seiner Erleichterung anstehen, können Sie ein wenig nachhelfen. Dann fühlen Sie sich ein bisschen weniger hilflos. Sie müssen ja nicht unbedingt einen Migräneanfall abwarten, bis Anton endlich zur Ruhe kommt und Sie wieder handlungsfähig werden.«
Ein Zeit lang machte Anton ganz auf Opposition. Dazu behauptete er, alle Menschen seien gemein zu ihm. Die Mutter hatte genug davon, sich von Anton entwerten zu lassen. Eigentlich wollte sie ihm sagen: »Ich bin nicht dafür da, dass du auf mir herumtrampelst.« Sie schämte sich über sich und Anton.
Auf dem Umweg über seinen jüngeren Bruder konnte Anton seine Mutter immer wieder treffen.
Ich vermutete: »Am liebsten würden Sie ihm sagen: Denk dir anständigere Spiele aus, als den Terroristen zu spielen.«
Immer wieder unterstrich Frau A., dass sie sich als Mutter wohl zu nachgiebig, der Vater hingegen zu streng verhielt. Anton schätzte weder das eine noch das andere. Bei einer sorgfältigen strukturellen Koppelung würde man eher den mittleren Bereich wählen. (4) Ein gute strukturelle Koppelung hilft – wie schon erwähnt – auch bei der Erregungskontrolle, die meiner Meinung nach eine wesentliche Rolle bei der Besserung der Aufmerksamkeitsstörung spielt.
Der Vater setzte sich durch, allerdings nach Meinung der Mutter auf zu sture Art. Er würde Anton nicht wecken, wenn er morgens verschläft; er würde ihn zu spät zur Schule kommen lassen.
Ich sagte: »Gute und humane Durchsetzungskraft ist ein nicht einfacher, aber wesentlicher Bestandteil der Lebenskunst.«
Frau A. sagte oft: »Er entwischt mir, wo er nur kann.«

Sie beschrieb damit eine andere wichtige Konsequenz der schlechten strukturellen Koppelung.

Im Schulbericht stand, dass Anton manchmal sehr gute Leistungen erbrachte, manchmal überhaupt nicht. Er sei auch ziemlich vergesslich.

Anton besaß einen gut funktionierenden, eingebauten Rollladen, der seine Miene plötzlich verfinstern ließ. Zwischen Sonnenschein und Gewitter gab es so schnelle Übergänge wie bei Aprilwetter.

Von Zeit zu Zeit stellte Frau A. Fortschritte bei Anton fest. Dann fühlte sie sich erleichtert und froh. Natürlich schimmerten auch Antons sonnige Seiten immer wieder durch.

Aus Bequemlichkeit weigerte sich Anton, sein Fahrrad das letzte Stück des Weges bis nach oben zu seinem Haus zu schieben. Er ließ es einfach drunten an der Straßenkreuzung, vertraute darauf, dass es nach dem Mittagessen immer noch dort stehen würde. Manchmal vergaß er es tagelang an der Straße. Ich sagte der Mutter, sie solle Anton doch sein Fahrrad verstecken und es ihm zuerst nicht sagen. In Anlehnung an Erickson meinte ich, sie solle ihm einen lehrreichen Streich spielen.

Später erzähle mir Frau A., sie dächte oft an meine Vorschläge und Witze. Sie hat die Streiche zwar nicht ausgeführt, dachte aber in der Not an mich und musste lachen. Dies nahm der Grimmigkeit die Spitze.

Beim nächsten Gespräch stellte ich die Frage nach der Verteilung von Vergnügen und Verantwortung in der Familie. Ich erklärte: »In einer Beziehung verteilen sich Vergnügen und Verantwortung wie auf einer Schaukel. Wer das Vergnügen hat, muss wenig Verantwortung übernehmen, wer eine große Last an Verantwortung trägt, dem fehlen oft die kleinen Vergnügen im Leben. Bei eskalierenden Beziehungen zwischen Elternteil und aufmerksamkeitsgestörtem Kind findet sich alles Vergnügen auf der Seite des Kindes und alle Verantwortung auf Seiten des Elternteils. So kann das Kind nicht lernen, Verantwortung zu übernehmen. Also ist es wichtig, dass ein Elternteil die vergnügliche Seite des Lebens im Zusammenleben mit dem Kind wiederentdeckt, auch wenn es manchmal auf Kosten der unbegrenzten Vergnügungssucht des Kindes geht.«

Soll Erziehung keinen Spaß machen? Ich glaube schon. Als meine Kinder noch klein waren, habe ich gerne meine Witze gemacht, und die Kinder sagten, Papi, mach keine schlechten Witze! So lernten meine Kinder, was schlechte Witze sind. Natürlich muss man als Elternteil auch wissen, wann es genug ist, und wieder aufhören, damit Ernst und Betroffenheit auch seinen Platz bekommen. Aber ich habe nicht mitgeholfen, Kinder in die Welt zu setzen, damit ich mich bei der Erziehung grün und blau ärgere, sondern auch Erziehen soll Spaß machen.

Wie kommen Sie zu Ihrem berechtigten Vergnügen, sogar wenn Anton Dummheiten macht? Wie handeln Sie mit dosierter Verantwortungslosigkeit?

Sie haben mir geschildert, welch böse, freche Worte Anton Ihnen an den Kopf wirft, Sie damit ärgert und aus der Bahn wirft.

Sie haben mir erzählt, dass sich Anton auf die abendlichen Trickfilme im Fernsehen freut. Nun, wenn die wüsten Worte zuoberst auf Antons Hitliste stehen, dann wird er dafür gerne auf den Trickfilm verzichten. Also, Anton schaut den Trickfilm. Nachdem er ein bisschen geschaut hat, stellen Sie sich vor den Bildschirm. Erklären Sie Anton: ›Jetzt ist ein Time-out, dieses Wort kennst du vom Sport. Time-out für Trickfilm und Time-out für anständige Worte. Normalerweise sollst du anständig reden. Jetzt machen wir so eine Art Fasching, ausnahmsweise sind im Time-out alle Worte erlaubt. Du sagst die bösen Worte doch so gerne. Ich gebe dir jetzt ein paar Minuten Zeit, damit du alle schlechten Worte, die du kennst, sagen kannst. Wenn dir die bösen Worte so Spaß machen, dann verzichtest du doch gerne auf den Trickfilm.‹

Man soll sich beim Abgewöhnen schlechter Gewohnheiten nicht nur auf eine Maßnahme beschränken. Sonst werden die Kinder immun dagegen. Ich bin auch davon abgekommen, die Kinder alleine ins Zimmer zu schicken. Wenn schon, dann gehe ich mit dem Kind in sein Zimmer und diskutiere friedlich über sein Verhalten, bis es mir sagt, was es am liebsten möchte.« (18).

Eine wirkungsvolle Aufforderung ist: »Kannst du es auch noch anders sagen«, wenn ein Kind einen schlechten Satz mit bösen Worten oder in missmutigem Tonfall gesagt hat. Diese Technik habe ich einmal auf dem Campingplatz in den Ferien gehört. Zwei jugendliche Schwestern gingen zum Strand. Eine der Schwestern beklagte sich und schimpfte ganz missmutig. Die andere sagte ruhig und in liebevollem, humorvollem Tonfall: »Ich glaube, du kannst den gleichen Satz noch viel schöner sagen.«

Die Mutter probierte die Maßnahme mit dem Trickfilm, dem Time-out und den bösen Worten. Anton reklamierte und sagte, sie, die Mutter, habe doch gesagt, er dürfe diese Worte nicht sagen. Ich erklärte der Mutter, sie dürfe sich da von Anton nicht so schnell aus der Fassung bringen lassen. Beim zweiten Anlauf klappte es besser. Wie Erickson es beschrieb, sollen die Kinder herausfinden, wie gerne sie die bösen Worte sagen und ob sie nicht doch lieber Trickfilme anschauen. (4) In ihrer Entwicklung eignen sich die Kinder ein Wissen über ihre Vorlieben an, und verfallen weniger in schlechte Gewohnheiten, die sie ja eigentlich lieber auch nicht hätten, wenn sie nur einmal darüber scharf nachgedacht hätten.

Meistens verhielt sich Antons Vater am Mittagstisch ziemlich einsilbig. In Antons unherzlicher Art erkannte die Mutter seinen Vater wieder. Sie könnte Anton mit Recht sagen: »Du bist wirklich Vaters Sohn.«

Ich machte die Mutter darauf aufmerksam, dass man nicht einfach bei einer Kritik stehen bleiben soll, sondern nach der Kritik immer wieder Brücken baut zum Schönen und Angenehmen. Dies kann so einfach geschehen, indem man zum Beispiel die Kritik humorvoll vorbringt. Sie solle den Sohn darauf aufmerksam machen, dass er der Mutter gehorchen könne, auch wenn sie selbst ebenfalls Fehler mache. Sie könne auch zu Anton sagen: »Ich bin da anderer Meinung. Schauen wir doch gemeinsam, wie wir diese schwierige Situation intelligenter anpacken.«

Frau A. bedrückte das Gefühl der Aufopferung. Sie spielte wieder einmal mit dem Gedanken der Trennung. Ich fragte sie im Spaß, wozu sie mehr Lust habe, ihren Mann oder die Kinder ein bisschen mehr zu schikanieren? Dann erzählte ich ihr im Ernst von der Beratung einer Mutter, die aus religiösen Gründen ihren Mann nicht verlassen wollte, obwohl er Alkoholiker war, und der nicht gewalttätig war, aber doch mit unangenehmen Stimmungen auf sich aufmerksam machte, wenn er von Freitag Abend bis Sonntag unablässig am Trinken war. Ich hatte jene Frau gefragt, warum sie ihren Mann nicht als liebes Haustier betrachtete, das zwar verantwortungslos handelte, aber doch zur Familie gehörte und das man gern hätte mit all seinen Schwächen. (4)

Anton weigerte sich oft, die Anweisungen der Mutter zu befolgen. Dann fühlte sie sich sofort hilflos. Ich gab ihr eine Auswahl, aus welcher Perspektive sie die Weigerung anschauen oder benennen könnte. Sie könne Anton fragen: »Hast du Angst, bist du zu feig, um meine Forderung zu erfüllen? Brauchst du ein Time-out, oder hast du im Hirn gerade einen Stromausfall, sodass es nicht funktioniert? Oder möchtest du mich mit deiner Weigerung zu etwas zwingen, willst du mich dressieren, sodass ich von dir abhängig werde?«

Anton brachte auch seine Sachen nicht nach Hause. Ich stellte mir eine Dressurnummer im Zirkus vor und erzählte der Mutter von meinen Vorstellungen. Das Zirkushündchen erhält die Wurst zur Belohnung erst nach erfolgreich absolvierter Nummer. (28) Sie kannte mich schon so gut, dass sie es gut ertrug und daheim bei dieser Vorstellung auch lachen musste.

Die Mutter erzählte mir von ihren Fortschritten. Vor einem Jahr hätte sie sich noch dagegen gewehrt, als der Vater Anton kürzlich vom Tisch schickte, weil er sich schlecht benahm. Jetzt könne sie es ertragen, dass Anton seine gerechte Strafe erhielt.

Anton lebte noch oft in der heilen Welt des Kleinkindes, in der nichts so schlimm ist, in der man die Probleme überspielt und den anderen Menschen die Schuld gibt, falls doch einmal ein Missgeschick passiert.

Ich sagte: »Manchmal muss man die Kinder auch auflaufen lassen. Ich weiß, bei aufmerksamkeitsgestörten Kindern ist es schwierig, weil sie dann doppelt schlimm den Kopf anschlagen. Doch ist Erziehung über weite Strecken ein Geduldsspiel. Man wartet auf günstige Gelegenheiten, bis man als Elternteil eine Situation so strukturieren kann, dass die Kinder etwas lernen.«

Ich erinnere mich an meine intelligente jüngere Tochter Mara. Im Alter zwischen 4 und 6 Jahren verhielt sie sich überaus geschickt. Sie ging oft an die Grenze des Erlaubten, überschritt diese aber nicht, sodass ich sie eigentlich nie zurechtweisen konnte. Es war nicht Vernunft und Einsicht im Spiel, sondern meiner Ansicht nach spielte sie ein Spiel mit uns Eltern, um uns zu beweisen, dass sie klüger war. Dann wurde ihr einmal eine kräftige Lektion erteilt, als sie ungefähr 5 Jahre alt war. Sie hatte die Angewohnheit, nur ganz selten zur Toilette zu gehen. An diesem Tag wurde es abends, bis es so weit war, und ich wollte nachschauen, ob sie ihre Blase wirklich leerte. Mein früherer Schulfreund weilte auf Besuch, und Mara dachte wohl, das sei eine gute Gelegenheit, um mich auszutricksen. Aber ich nahm mir Zeit, sie hatte sich verrechnet. Wir waren auf der Toilette unten und sie wollte kein Wasser lassen. Ich sagte, wir nehmen uns Zeit, bis es geht. Sie protestierte. Ich sagte, sie könne den Finger unter den laufenden Wasserhahn halten. Sie wollte davonlaufen und schrie aus Leibeskräften. Auf mich machte es keinen Eindruck. Nach 20 Minuten war es so weit, und es gab einen riesigen Schwall. Mara hatte danach nie mehr Probleme mit Wasser lassen. Ich habe vielleicht über ein Jahr gewartet, um Mara zu beweisen, dass sie mich nicht immer austricksen könne, dass sie nicht immer cleverer war.

Meine ältere Tochter Rahel musste im 4. Schuljahr einen 10-minütigen Vortrag halten. Das lag ihr überhaupt nicht, die Worte fügten sich ihr nicht sehr geläufig. Wie mir selbst bereitet es auch ihr Mühe, Einzelheiten auswendig zu lernen. Für ihren Vortrag musste sie ein Buch zusammenfassen. Beim gemeinsamen Hochfahren am Skilift erzählte sie mir manchmal, was sie gerade im Buch gelesen hatte. Oft stotterte sie einen unzusammenhängenden Wortsalat ohne roten Faden mit langen, unpassenden Pausen, sicher keine spannende Geschichte. Wir übten, und ich machte sie sanft auf kleinere Fehler aufmerksam. Sie nahm es nicht sehr gelassen und dachte wohl, ich sei mit meiner Kritik im Unrecht. Für ihre Verhältnisse bekam sie eine sehr schlechte Note. Ich freute mich über die schlechte Note, denn ich dachte, sie habe etwas gelernt. Für den nächsten Vortrag erhielt sie dann eine ausgezeichnete Note. Sie wusste jetzt, welche Art Anstrengung zu einer guten Vorbereitung führte.

In der dritten Klasse war Rahel im Zeichnen ausgezeichnet. Sie nahm sich alle Zeit der Welt zum Ausmalen und hatte die schönsten Darstellungen der Klasse in ihren Malblättern. In der dritten Klasse hatte sie eine strenge Lehrerin. Nachts fürchtete sie sich sogar manchmal vor dem nächsten Schultag. Dann wollte sie, dass ich ihre Angst nehme, ihre Selbsthypnosefähigkeiten auffrischte und ihr Geschichten erzählte; damit erholte sie sich schnell; ich machte der Lehrerin keine Vorwürfe, Rahel hat dabei etwas gelernt. Also, Rahel wurde mit dem Ausmalen nicht fertig, bekam ein Ultimatum, das sie verstreichen ließ. So musste meine brave Tochter einen Nachmittag lang nachsitzen. Dieses Ereignis war furchtbar. Später gestand Rahel mit Freude, dieser Nachmittag habe ihr die Augen geöffnet.

Doch zurück von den allgemeinen Erziehungsfragen zu unserem Thema. Natürlich darf man die Liebenswürdigkeit der aufmerksamkeitsgestörten Kinder nicht vergessen. Oft wollen sie etwas so intensiv, wollen das Beste, strengen sich an und erschöpfen sich so schnell.

Da gibt es die Geschichte von Erickson über seinen Sohn, der keinen Spinat essen wollte. Erickson sagte, er sei noch nicht groß, noch nicht stark und noch nicht gescheit genug, dass er den Spinat vertragen würde. Die Mutter war gegenteiliger Meinung. Sein Sohn aß den Spinat! (23)

Weil in unserer Gesellschaft Zuverlässigkeit und Ausdauer einen großen Stellenwert besitzen, müssen die Kinder es ganz langsam lernen; zwischendurch verzweifeln sie und werfen den Löffel weg. Das Alles-oder-nichts-Prinzip tut aufmerksamkeitsgestörten Kindern nicht gut. Anton erzählte, dass die Lehrerin eine Belohnung aussetzte für Wohlverhalten an fünf aufeinander folgenden Tagen. Anton wusste natürlich, dass er dies nicht schaffen konnte. So sagte er sich, ich strenge mich von Anfang an gar nicht an.

Nur eine Belohnung auszusetzen, wenn alle fünf Tage gut gehen, wirkt bei aufmerksamkeitsgestörten Kindern eher kontraproduktiv, sie bräuchten vielleicht eine Belohnung, wenn sie es an zwei Tagen schaffen.

Für alle Menschen stellt sich immer wieder die Frage der Beruhigung: »Wie finde ich mit oder ohne äußere Hilfe meine innere Ruhe?« Diese Frage sollte in der Diskussion über aufmerksamkeitsgestörte Kinder häufiger gestellt werden.

Wir suchen nach alltäglichen Mitteln zur Beruhigung: Wenn man sehr enttäuscht ist, kann man sich abreagieren, indem man die Wohnung sauber macht. Man kann zur Beruhigung hart arbeiten. Wenn man bei einer delikaten Aufgabe nervös wird, helfen ausnahmsweise Durchhalteparolen über die kritische Phase hinweg. Einige Menschen tun sich selbst weh, um die Spannung loszuwerden. Gewisse Leute benutzen ihre Sturheit zur Beruhigung. Oder man lenkt sich ab oder kauft sich selbst etwas Schönes. Man kann einem anderen Menschen einen Gefallen tun. Man kann Gesellschaft suchen. Man kann einen Horrorfilm anschauen oder sich sonst ins Vergnügen stürzen. Man kann die gängigen Beruhigungsmittel einsetzen: zärtlich und lieb sein, Musik und Tanz, das Gespräch und die Nähe.

Aufmerksamkeitsgestörte Kinder träumen zur Beruhigung, oft im falschen Moment – oder sie machen zur Beruhigung Unsinn. Beruhigung und gesundes Durchsetzungsvermögen sind zwei wichtige Eckpfeiler der Erziehung. Scharf nachdenken bewährt sich für schlechte Zeiten, in guten Zeiten kann man es sich leisten, spontan zu reagieren. Da musste Frau A. sich umstellen, bis jetzt hatte sie auch auf Antons schlechtes Verhalten mit liebevoller Spontaneität reagiert. Es sollte ihr Spaß machen, sich gegen böse Buben durchzusetzen, nicht nur mit allerliebster Stimme.

Frau A. erzählte: »Anton kann im Moment schlecht akzeptieren, wenn ich mich mit gesunder Härte durchsetze. Dann reagiert er aggressiv und ausfällig.« Doch Frau A. hatte sich entschieden, dass sie sich durchsetzen musste. Ich sagte ihr, wenn sie darauf achte, den Überblick zu behalten, könne sie sich besser durchsetzen. Zu diesem Zweck müsste sie noch besser merken, wann ihre Übersicht bei Stress verloren gehe. Doch sie sagte mir, wenn Anton in der Öffentlichkeit Terror veranstalte, passiere es schon viel seltener, dass sie gar nicht mehr sie selbst sei und irgendwelche Dinge sage, die sie gar nicht sagen wollte.

Es bestand noch diese geheimnisvolle Verbindung zwischen der Mutter und ihrem erstgeborenen Sohn, der in frühster Kindheit an einer lebensbedrohlichen Krankheit gelitten hatte. Doch auch da kehrte der Alltag ein, sodass Antons Mutter neben den akuten Feuerlöschaktionen auch an längere Brandschutzmaßnahmen denken konnte. Die Brandschutzmaßnahmen vergisst man im außergewöhnlichen Stress oder man findet diese gar nicht nötig angesichts der speziellen Beziehung zu seinem Kind.

Ich sagte: »Man sollte sich im Leben kleinere und mittlere Fehler erlauben können und an ihrer Lösung arbeiten. Schwere Fehler sollte man sich nicht leisten. In unserer Kleinstadt läuft es umgekehrt: kleine und mittlere Fehler werden vermieden und die größeren Probleme nicht gelöst, sondern hinter einer perfekten Fassade unter den Teppich gekehrt. Dann sind viele Leute neugierig, ob sie nicht doch einen Blick hinter die Fassade werfen können. Ein tobendes Kind im Supermarkt durchbricht die Fassade, auf die so viele Besserwisser mit Verachtung, Bevormundung oder Moralisieren reagieren. Sind Sie froh, dass die Probleme der Aufmerksamkeitsstörung nicht so leicht unter den Tisch zu kehren sind. Man lernt dabei, die wirklich wichtigen Probleme anzupacken.«

Am Schluss der Therapie waren die Probleme nicht verschwunden, aber die Situation zu Hause normalisierte sich. Frau A. sagte: »Ich bin stolz auf mich, dass ich auch ohne Ritalin Ordnung und Struktur in Antons Leben gebracht habe. Ich habe es ohne meinen Mann geschafft. Ihm fehlt die Geduld für Anton.«
In der letzten Familiensitzung fragte ich Antons Vater, ob er nicht doch eines seiner Ziele erreichen möchte, nämlich dass Anton weichere Muskeln bekäme und weniger verkrampft auf dem Tennisplatz stehe. Antons Muskeln und Sehnen waren sehr verkürzt. Dies wirkte sich negativ auf seine sportlichen Aktivitäten aus. Die Mutter hatte mir erzählt, dass Anton Dehnübungen des Vaters nicht ausführte. Ich sagte zum Vater: »Sie sollten das Muskeldehnprogramm von Anton überwachen und schauen, ob Sie zusammen mit ihm das Ziel weicherer Muskeln erreichen. Es sollte Ihr persönliches Ziel sein.«
Ich weiß nicht, ob sich Antons Vater meinen Vorschlag zu Herzen genommen hat.
Die Konsequenzen meines Vorschlages würden sich auf jeden Fall positiv auswirken. Entweder erreichten Vater und Sohn ein gemeinsames Ziel, andernfalls könnte der Vater nicht mehr so leicht die erzieherischen Misserfolge der Mutter kritisieren, wenn auch er das Ziel nicht erreicht hatte.

Bruno

Auf der Suche nach einer Alternative zu Ritalin kam Bruno, der 13-jährige Fußballspieler, mit seiner Mutter zu mir. Der Kinderarzt hatte sie geschickt. Die Mutter war am Verzweifeln. Sie bezeichnete sich als glücklichen Menschen, der außer den Schwierigkeiten mit Bruno keine Probleme hätte. Sie lebte in glücklicher Ehe in einem schönen Haus, frönte in der Freizeit einem Hobby, das ihr viel Befriedigung schenkte. Doch jetzt glaubte sie nicht mehr an einen guten Verlauf und sah die Dinge ziemlich schwarz.
Seine Familie hatte wegen Brunos Schulodysseen schon einiges erlebt. Jetzt behauptete Brunos neuer Lehrer, Bruno sei zu wenig motiviert für den Schulunterricht. In Wirklichkeit, berichtete die Mutter, sei Bruno einfach ab 10.15 Uhr zu müde, um ganz kon-

zentriert dem Unterricht zu folgen. Zudem ärgere Bruno die Erwachsenen mit seiner außergewöhnlichen Vergesslichkeit.
Ein Problem eskaliert gerne, wenn man frontal dagegen ankämpft. Alle Beteiligten gaben sich größte Mühe, dass Bruno nichts mehr vergäße, aber es wurde immer schlimmer. Bruno wurde noch vergesslicher und die Erwachsenen noch frustrierter. Ich erzählte Bruno und seiner Mutter ein paar Geschichten.
Eine von Milton Ericksons Geschichten handelt von einem störrischen Kalb, das sein Vater vergeblich am Halfter in den Stall zu ziehen versuchte. Weil der Junge wegen der komischen Szene so lachte, forderte sein Vater ihn auf zu helfen. Klein-Erickson zerrte darauf so stark wie er konnte am Schwanz des Tieres, das nun vorzog, seinen Widerstand gegen die schwächere Kraft des Jungen zu richten und ihn in den Stall zu ziehen. Von einem störrischen Esel erzählt auch Peseschkian. Ein Bauer verkaufte seinen Esel an einen Kaufmann. Der Bauer sagte, es sei kein gewöhnlicher Esel, überhaupt nicht störrisch, er gehorche aufs Wort, sofern man es ihm lieb in die Ohren flüstere. Stolz über seinen liebenswerten Esel kehrte der Händler nach Hause zurück. Am nächsten Tag belud er frohgemut sein neues Transportvehikel und flüsterte ihm lieb ins Ohr: Bitte trag die Säcke ins Dorf. Der Esel bewegte kein Bein. Der Händler streichelte und liebkoste den Esel, aber nichts passierte. Etwas enttäuscht suchte er den Bauern auf, der die Geschichte kaum glauben konnte. Der Bauer eilte zu Hilfe. Beim Esel angelangt, ergriff er eine Holzkeule, schmetterte sie auf den Schädel des Esels, sodass er alle vier Beine gerade stellte. Dann flüsterte er ihm lieb ins Ohr, er solle sich ins Dorf aufmachen. Gutmütig machte sich der Esel auf den Weg. Der Händler sagte mit skeptischer Miene, der Schlag zwischen die Ohren sei aber gar nicht liebenswürdig gewesen. Der Händler meinte, was er da auszusetzen habe, er habe eben zuerst die Aufmerksamkeit des Esels gewinnen müssen. (29)
Weitere Erickson-Geschichten, die sich gut auf die Erziehung anwenden lassen, habe ich früher beschrieben. (4)
Ich lernte Bruno als besonnenen jungen Mann kennen. Er hatte klare Vorstellungen und wusste, was er wollte. Er ließ sich durch die Aufregung der Erwachsenen nicht beeindrucken. Die Mutter charakterisierte ihn als zurückhaltend. Von Geburt an habe er Körperkontakt ziemlich abgelehnt. Jetzt aber gefalle es ihm vor

allem zu Hause. Dies war eigentlich ihre größte Sorge, dass Bruno außer zu einem einzigen Freund wenig Kontakt mit Gleichaltrigen suchte und lieber zu Hause blieb. Er sagte, bei den Eltern sei es ihm am wohlsten.
Es gab im Ort das stadtbekannte Beispiel eines Mannes, den man jetzt im Alter von 40 Jahren immer noch nur in Begleitung seiner Mutter antraf. Diese Horrorvision verfolgte Brunos Mutter. Sie hoffte, dass ihr so etwas nicht passieren würde.
Diese Ängste beeindruckten Bruno nicht. Er tat, was ihm gefiel, und war von sich selbst überzeugt. Doch stimmte er mit mir überein, dass wir wegen seiner Vergesslichkeit etwas unternehmen mussten.
Obwohl die Mutter abwinkte und unüberhörbar zum Ausdruck brachte, dass mein Unterfangen hoffnungslos sei, brachte ich Bruno nach ein paar Anläufen dazu, dass er ein Notizbuch führte und sich die wichtigsten Dinge aufschrieb. Natürlich brauchte es mehrere Versuche, bis das richtige Büchlein gefunden und auch die meiste Zeit in der Hosentasche blieb, aber ich ließ mich von den ersten Misserfolgen nicht abschrecken.
Ich erklärte Bruno, dass Vergessen auch Vorteile mit sich bringe, es schenke einem sozusagen Erholungspausen oder lässt einen glücklicher leben, wenn man belastende Erlebnisse auf gute Art vergessen kann. Wie viele andere aufmerksamkeitsgestörte Kinder hatte sich Bruno mit aufkommender Vernunft zu Beginn der Pubertät eine überaus seriöse Seite zugelegt, mit der er seine Pflichten perfekt erledigen wollte. Ich sagte ihm, der Mensch brauche Pausen. Wenn man sich zu wenig Pausen gönnt, dann hilft das Unbewusste vielleicht nach und verschafft einem Pausen und darum vergäße er vielleicht manches. Also zeigte ich Bruno Entspannungstechniken und legte ihm ans Herz, die unwichtigen Dinge zwischendurch lockerer zu nehmen, auch in der Schule.
Spaß konnte Bruno nicht so gut ertragen, wenn es um ihn ging. Ich erklärte ihm, wie gut es der Mutter doch tue, wenn sie ihn ab und zu auch ein bisschen ärgern durfte. Er solle ihr dieses Vergnügen doch gönnen.
Der Mutter erklärte ich, viele Probleme entstünden aus schlechten Gewohnheiten: »Man erwirbt sie sich 100-mal leichter, als dass man sie wieder verliert, man weiß das vom Nägelbeißen oder

Rauchen. Um die schlechten Gewohnheiten wieder loszuwerden, braucht es oft ungewöhnliche Wege, wie das Kalb beim Schwanz aufzuzäumen in Ericksons Geschichte.«

Einmal jammerte Frau B., wie schlecht es ihr ginge; wegen Brunos Problemen würde sie die ganze Nacht nicht mehr schlafen. Ich bestellte sie allein, und sie bewies mir in diesem Gespräch, dass sie ja eigentlich auch Brunos Problem im Griff hatte und bereits wieder besser schlief. Sie könne sich bei ihrem Hobby so gut erholen und abschalten.

Ich sagte der Mutter, man solle Brunos Probleme mit dem gesunden Menschenverstand anschauen. Bruno sei ein guter Fußballer; diese können gut ausdribbeln und Finten erfinden. Bruno lasse sich halt nicht immer in seine Karten schauen. Ich beruhigte sie auch, dass Bruno meiner Meinung nach sein Leben als Fußballstar recht gut bewältige. Es lohne sich nicht, zu große Ziele zu stecken oder sich von Horrorvisionen plagen zu lassen. Mit alltäglichen Problemen kann man auch leben lernen.

Viktor

Sie kennen Viktor bereits aus dem vierten Kapitel. Unterdessen kam Viktors Mutter, Frau D., selbst regelmäßig zu Beratungsgesprächen. Zuallererst machte ich sie auf die Verteilung von Vergnügen und Verantwortung in der Erziehung aufmerksam; mit jeder Entwicklungsphase verändere sich das Verhältnis zwischen Eltern und Kind. Ich sagte ihr auch, dass Erziehung auch den Eltern Freude bereiten solle.

»Erziehung ist wie eine Baustelle. Auch da geht die Sehnsucht nach Perfektion und ewigem Frieden nicht in Erfüllung. Vieles entsteht erst, und deshalb wird es notgedrungen und vorübergehend ungemütlich. Sowohl bei Jugendlichen wie auch bei aufmerksamkeitsgestörten Kindern muss man zwischendurch die eigene Hilflosigkeit akzeptieren. Manchmal ist es besser, die weiße Fahne von vornherein zu hissen, wenn es einem nicht so gut geht. Das ist natürlich schwierig, wenn man selbst Erfahrung mit einer sehr harten Erziehung gemacht hat. Damals waren die Verhältnisse eindeutig und für immer geklärt.«

»Ich war früher sturer. Gegen die Sturheit half mir meine Faulheit. Als Viktor älter wurde, mochte ich ihm nicht mehr seine Trinkflasche halten. So lernte er selbstständig trinken. Doch im Stress kann ich noch heute nicht zwischen Wichtigem und Unwichtigem unterscheiden.«

»Wenn jetzt Viktor in einem Supermarkt ausflippt, dann haben Sie sofort eine Horde Menschen mit guten Ratschlägen am Hals. Die Schweizer sind ein Volk der Besserwisser. Unter denen fühlt man sich so klein.«

Frau D. erzählte von ihrer Erziehung: »Wir wurden zu Hause dressiert, nicht nur im negativen Sinne. Ich galt als schwarzes Schaf, bemühte mich aber, brav zu sein. Sonst gab es Schläge vom Vater. Doch war dies nicht häufig, wir getrauten uns einfach nicht. Irgendwie war schon der eigene Wille gebrochen. Doch was gehört zu einer guten Erziehung?«

»Eine gute Erziehung besteht aus verschiedenen Dingen: Gutes Durchsetzungsvermögen baut auf innerer Ruhe, Verständnis und Sinnbezogenheit auf. Falls größere Fehler passieren, soll man sich eine Wiedergutmachung überlegen. Versuchen Sie, Viktors beide Seiten immer im Auge zu behalten, ob jetzt die Sonne scheint oder ob es regnet. Wenn Viktor sich schlecht benimmt, sagen sie es ihm ruhig und vergessen Sie dabei nicht seine guten Seiten. Dies ist wirkungsvoller, als wegen seiner Provokationen wie eine Rakete sofort hochzugehen.

Im Laufe einer zu strengen oder moralisierenden Erziehung geht der Ermessensspielraum verloren, etwas vom Wichtigsten bei der Ausgestaltung der eigenen Individualität. Zudem verliert man seine Durchsetzungsfähigkeit.«

Frau D. besaß eine gesunde Portion Ehrgeiz. In ihrer leistungsorientierten Philosophie heilten Erfolge einen Teil der Wunden. Wenn ich ihr erzählte, auf was es in der Erziehung ankomme, war sie schnell motiviert, es ähnlich gut zu machen.

Ich erzählte Ericksons Geschichte von einer neuen Mode: Ericksons Tochter kam nach Hause und erzählte, dass alle ihre Schulkameradinnen an den Nägeln kauten. Sie möchte nicht aus der Reihe tanzen. Erickson sagte ihr, jetzt müsse sie aber kräftig ans Werk gehen, um all das nachzuholen, was sie bisher verpasst habe. Am nächsten Tag verkündete die Tochter, sie habe es sich anders über-

legt: Sie würde nicht *an den Nägeln kauen und so eine neue Mode inszenieren. (23)*

In unseren Gesprächen rückten die Sorgen um ihre pubertierende 15-jährige Tochter immer mehr in den Vordergrund. Frau D. befand, wegen der Streitereien mit ihrer Tochter würde Viktors Verhalten nicht einfacher, sondern er kopiere einfach das ungezogene Verhalten der älteren Schwester.

Ich gab der Mutter die kurze Notiz aus der »Sonntagszeitung« zu lesen: Darin wurde zwischen Kontrollzentrum (das Frontalhirn) und dem Gefühlszentrum (die Amygdala) unterschieden; das Gefühlszentrum wachse in der Pubertät schneller als das Kontrollzentrum: »Solange das Kontrollzentrum schläft, hilft nur Abwarten und Aussitzen. In dieser unsymmetrischen Hirnentwicklungsphase während der Pubertät hoffen die Experten den Grund für die seltsamen Verhaltensweisen der Teenager gefunden zu haben: ›Die Emotionszentren rot glühend vor Aktivität, und das Kontrollzentrum schläft am Steuer‹, spottete »U.S. News and World Report«.

Erziehungsversuche kann man sich da wohl sparen, gegen die Biologie der Flegeljahre scheint kein Kraut gewachsen zu sein. Was bleibt: möglichst Ruhe bewahren. Nach ein paar kurzen Jahren ist der Spuk vorbei.« (30)

Ich sagte: »Gar nichts machen in der Pubertät ist natürlich Unsinn, auch wenn die Erziehung im engeren Sinn meiner Meinung nach nach 12 Jahren vorbei ist. In den Jugendjahren haben die Erziehenden mindestens drei wichtige Aufgaben zu erfüllen: 1. klare Regeln für das Zusammenleben mit den Jugendlichen aushandeln und klare Sanktionen für Missachtung der Regeln abmachen.

2. Selbst ein gutes Vorbild sein für die Fähigkeit, angemessenes Glück und Erfolg im Leben zu finden.

3. Sich gegen Versuche zu wehren, sollte jemand, vor allem der Jugendliche, versuchen, die Grenzen der eigenen Integrität zu verletzen. Die Grenzen der eigenen Integrität sind natürlich individuell verschieden, aber es geht um persönlich wichtige Dinge, vor allem solche, die einem auf der Suche nach dem inneren Frieden helfen.

Diese Regeln gelten ein Stück weit auch für aufmerksamkeitsgestörte Kinder. Da man sich in der Erziehung dieser Kinder sich oft mit weniger begnügen muss, sollte man dem verbleibenden Rest umso größere Aufmerksamkeit schenken. Das für die Jugendlichen skizzierte Ungleichgewicht zwischen Kontroll- und Gefühlszentrum gilt auch für aufmerksamkeitsgestörte Kinder, nur dass bei diesen Kindern die Amygdala eher durchschnittlich gut ausgebildet ist, die Defizite aber im Frontalhirn liegen.«

»Meine Tochter sieht schon aus, als wäre sie 18 Jahre. Bis zur 6. Klasse musste sie für die Schule nicht arbeiten und war trotzdem bei den Besten. Sie fährt gut Snowboard, wird aber nie bei den Besten sein, weil ihr der letzte Biss fehlt. In der Gruppe fühlt sie sich wohl und blüht auf. Zu Hause spielt sie die Brave, obwohl sie sich über alle Verbote hinwegsetzt. Sie lügt mich an, sie schwänzt die Schule. Seit neuestem beschimpft sie mich.«

Frau D. wollte wissen, warum ihre Tochter sich so gewaltig daneben benehme.

Ich sagte: »In der Jugend wird man gezwungen, von der Gesellschaft, aber auch aus inneren Bedürfnissen eine Selbst-Definition, das heißt eine eigene Identität aufzubauen. Für Mädchen ist dies schwieriger, weil die weiblichen Wesen im Durchschnitt sozialer eingestellt sind und weniger an sich denken. Die Buben haben in diesem Alter bereits mehr Übung mit egoistischen Unternehmungen gesammelt. Die Mädchen sind mit egoistischen Motiven oft unsicherer und darum gibt es mehr Streit. Ich unterscheide zwischen Ich- und Du-Modus. Man findet schwieriger zum Ich, wenn man in der Vergangenheit vorwiegend den Du-Modus gewohnt war.

Auch aufmerksamkeitsgestörte Kinder finden schlecht zu ihrem Ich-Modus. Sie spüren sich selbst gar nicht. Da eine gesunde Entwicklung im Zusammenspiel zwischen Ich- und Du-Modus entsteht, bleibt auch der lustvolle Du-Modus der aufmerksamkeitsgestörten Kinder flach und oft im Blödsinn stecken.«

Viktor machte insofern Fortschritte, als er das Verhalten des ganz kleinen Babys aufgab. Ich erzählte die Geschichte vom »Prix primitif«. (siehe 10. Kapitel)

Mutter, Tochter und Sohn, alle drei waren von einer überbordenden Ehrlichkeit besessen. Doch die Heftigkeit ihrer Bedürfnisse verunmöglichten ehrliche Verhandlungen. Ein reifer Ich-Standpunkt würde Ehrlichkeit und Heftigkeit der Bedürfnisse relativieren.

Die überharte Erziehung hatte einige Bedürfnisse der Mutter entfremdet und sie damit der Möglichkeit beraubt, die Heftigkeit

ihrer Bedürfnisse zu modulieren. Auch merkte es die Mutter sofort, wenn Tochter oder Sohn nicht die Wahrheit sagten. Manchmal kann die Zuflucht zu einer Notlüge durchaus vertretbar und human sein. Täuschung hat im Laufe der Evolution eine große Bedeutung erlangt, wie man im täuschenden Verhalten vieler Tiere und Pflanzen erkennt. Auch Hypnose wird manchmal als unbewusste Selbsttäuschung für legitime Bedürfnisse bezeichnet. (4)
Ich sagte: »Demokratie ist der Versuch eines gerechten Aushandelns der Bedürfnisse. Da muss man auch spielerisch mit den Bedürfnissen umgehen können. Dies gelingt den aufmerksamkeitsgestörten, aber auch den jugendlichen Kindern meist nicht so gut. Vermutlich würde ein gut entwickeltes Frontalhirn dabei helfen. Haben Sie eine Ahnung, warum die Jugendlichen oft so destruktiv handeln?«, fragte ich Frau D.
Sie sagte: »Kaputtmachen ist einfacher als etwas aufbauen.«
»Ja, die Jugendlichen sind manchmal so überfordert, dass sie die aufbauende Kraft und Einsicht verlieren. Aber irgendwie müssen sie ja ihre Spannungen loswerden.«
»Wie kann man das ändern, wenn ihr Verhalten immer gleich destruktiv verläuft?«
»Das ist schwierig, aber ich will Ihnen eine von Ericksons Geschichten erzählen. Eine Frau machte samstags immer Hausputz. Ihr Mann hatte die störende Angewohnheit, sie dabei zu kontrollieren. Vernünftiges Reden veränderte sein Verhalten nicht und die Frau kochte bis zur Weißglut deswegen. Erickson sagte ihr: ›Am nächsten Samstag machen Sie das Haus sauber wie gewohnt. Am Schluss nehmen Sie den Staubbeutel aus dem Sauger und verteilen in der Mitte jedes Zimmers ein kleines Häufchen des Staubes. Dann setzen Sie sich befriedigt in die Küche und sagen halblaut: So, das wäre geschafft.‹ Ihr Mann war durch dieses unverständliche Verhalten so verstört, konnte es einfach nicht verstehen, dass er fortan von seiner schlechten Gewohnheit ließ.
Ausrasten ist nicht die Lösung, das wissen Sie. Fragen Sie Ihre Tochter, ob sie eine Gemeinheit nicht schöner sagen kann: Oder fragen sie: ›Hast du es nötig, so primitiv zu tun?‹ Fragen Sie ihre Tochter, befehlen Sie ihr nicht.«
Frau D. erkannte, dass sie ihrer Tochter immer wieder zu befehlen versuchte, obwohl sie sich nicht mehr befehlen ließ. Danach war

die Mutter frustriert und die Tochter triumphierte. Die Mutter hatte zu wenig beachtet, dass ihre Tochter älter geworden war. »Die Kunst im Umgang mit Jugendlichen lautet: Behandle sie als gleichwertig und sei dir im Hinterkopf doch der Verantwortung für ihre Entwicklung bewusst, ohne deine Gedanken im Hinterkopf zu verraten.«

Pascal

Der Kinderarzt schickte den 10-jährigen Pascal zur Behandlung seiner Kopfschmerzen. Pascal lächelte mich an, in einer verschmitzt-misstrauisch-gutmütigen Mischung. Ich zeigte ihm einige Entspannungstechniken. Pascal gelangte in ordentliche Trancen, blieb dabei passiv und schlief beinahe, aber nicht gänzlich ein. Pascal litt auch unter Panikzuständen; vor allem wenn die Mutter ihn fürs Training auf dem Fußballfeld alleine lassen wollte, führte er ein großes Theater auf. Es zeigten sich bei ihm auch Konzentrationsschwierigkeiten in der Schule und beim Erledigen der Hausaufgaben. Auf seine jüngere Schwester reagierte er äußerst eifersüchtig. Die Kopfschmerzen besserten sich ein bisschen, und im Sommer beendete Pascal die Therapie, nach den Herbstferien kehrte er aus eigenem Wunsch in die Therapie zurück. Pascal wurde während den Therapien immer von seiner Mutter begleitet. Die Mutter war eine große, natürlich-attraktive Frau, die sich rücksichtsvoll, aber bestimmt und verbal geschickt ausdrückte.
Als Grund für seine Therapierückkehr nannte Pascal seine Ängste und eine hartnäckige Einschlafstörung. Zusätzlich bedrückte ihn die Angst vor dem Fußball-Trainingslager, an dem er demnächst teilnehmen wollte. Auf die sportlichen Aktivitäten freute sich Pascal riesig, doch die Trennung von der Mutter und das Heimweh würden bei ihm Panikanfälle auslösen, davon war er überzeugt. Schließlich ging er nicht ins Lager. Ich suchte mit ihm und seiner Mutter auch die spaßige Seite dieser Probleme. Ich erklärte, dass man Probleme auf die lockere und humorvolle Art leichter löst.
In Trance stellte sich Pascal einen 4-jährigen Jungen vor, verloren auf dem Fußballplatz, der vor lauter Angst und Heimweh nach seiner Mutter schrie.

Ich sagte: »Dieser kleine Bub macht sich manchmal in deinem Innern bemerkbar. Doch musst du ihn nicht unbedingt in die Schule mitnehmen. Lass ihn doch manchmal zu Hause, dann geht es dir in der Schule gut. Noch etwas möchte ich von dir: Such für deine Sorgen einen geeigneten Platz, damit sie dich nicht immer quälen.«
Pascal wählte das Kopfkissen seiner jüngeren Schwester Sarah. Schließlich schickte Pascal in Trance ein ekliges Schlaftier in die Wüste, das ihm zuvor den Schlaf geraubt hatte. Dann kuschelte er sich zu einem hilfreichen Stofftierchen.
Nach diesem Vorgehen schlief Pascal wieder ziemlich gut.
In der nächsten Stunde erklärte ich: »Ein Übergangsobjekt ist ein Gegenstand, der einem in der rauhen Welt Sicherheit vermittelt. Bei der Geburt hat man noch keine Ahnung, dass die Welt so rauh ist. Wenn es einem unwohl wird, dann schreit man einfach, und wenn die Mutter einen tröstet, dann geht es wieder gut und man vergisst das frühere Unbehagen. Der große Schock kommt, wenn man erkennt, wie unwirtlich die Welt wirklich ist. Dann braucht man echte Hilfe und Unterstützung, und weil die Mama nicht immer zur Verfügung steht, sucht man sich ein anderes Ding, das einem Ruhe und inneren Frieden verschafft, eben das Übergangsobjekt. Das kann ein Plüschtier sein oder eine Bettdecke oder ein Stück Stoff. Oder der Geruch eines Zimmers oder ein Bild. Oder die Mutter selbst kann rein gedanklich auch die Beruhigung vermitteln. Wenn nur die anwesende Mutter Beruhigung schenkt, ist das wie gesagt furchtbar unpraktisch. Such dir jetzt doch ein zusätzliches Beruhigungsmittel, vielleicht eines, das du dir unbedingt wünscht.«
Pascal schaute sich in Gedanken seine Wünsche an und sagte: »Ein Lamborghini würde mich glücklich machen.«
»Wenn du Angst kriegst, dann hast du zu viel unbestimmte Informationen in deinem Kopf. Du siehst dann Gespenster, die so unklar und unfassbar scheinen. Dann versuch dich auf das Bild des Lamborghini zu konzentrieren, der gibt dir Sicherheit und – du weißt ja alles über ihn – klare Informationen.« Ich erklärte Pascal diesen komplizierten Vorgang ein paar Mal, bis er es gut begriffen hatte, auch das Wort Information: »Unbekannte Information hast du in deinem Kopf, wenn du in einer windigen Nacht alleine durch den Wald läufst. Es raschelt und knackt überall, du weißt nicht, was es ist, und dann bekommst du ziemlich schnell Angst.«

»Stell dich selbst jetzt auf dem Fußballfeld vor. Du bekommst Panik. Stell dir die Angst als ein Gespenst vor, das vom Bild der Mutter oder vom Bild des Lamborghini vertrieben wird.«

Pascal schilderte mir im Nachhinein das Gespenst, das er vertrieben hatte: »Ein fressendes Ungeheuer, ein Strauß, der Bauch aus Schneckenschleim, der Kopf wie ein Wolf.«

Als Pascal zur nächsten Sitzung zu Beginn des neuen Jahres kam, litt er an heftigen Verspannungsschmerzen in Kopf, Nacken und Rücken. Ich wollte Pascal etwas von meiner Begeisterung über das Phänomen Schmerz mitgeben. Allzu viel erreichte ich nicht damit, dafür war Pascals Wehleidigkeit zu groß. Doch ich erzählte ihm: »Schmerz ist ein urmenschliches Phänomen. Schmerz kommt auf vielen Ebenen vor, im Gefühl, im Körper und in Gedanken. Manche körperliche Schmerzen nimmt man bewusst gar nicht wahr. Schmerzen sind so unterschiedlich. Wenn dein Feind dich schlägt, dann tut es noch Stunden später weh. Wenn du dir unabsichtlich den gleichen Schmerz zufügst, hast du ihn in fünf Minuten vergessen, nachdem du seine Harmlosigkeit festgestellt hast.

Es gibt eine Krankheit, die heißt Diabetes. Das Gefährliche an dieser Krankheit ist, dass man die Schmerzen nicht mehr spürt. Man pflegt dann die kleinen Verletzungen gar nicht, sodass sie zu riesigen Wunden wachsen.

Schmerz dient der Warnung. Doch liegt bei dir keine lebensgefährliche Krankheit vor. Somit wird der Schmerz überflüssig, du solltest ihn loswerden.

Max Frisch sagte einmal: ›Nur im Leiden ist der Mensch wahrhaft Mensch.‹ Der Schmerz gibt einem eine Botschaft mit; vielleicht will sie dir sagen: ›Irgendwo verstecke ich mich; ich bin dein unerkanntes Bedürfnis nach Geborgenheit und gleichzeitigen Wunsch, stark zu sein. Lass mich nicht allein. Ich will nicht zu kurz kommen. Ich will bei Mami sein und gleichzeitig der Held auf dem Fußballplatz. Ich kann nicht beides sein, dann verzweifle ich. Bitte hilf mir, ich bin noch am Leben.‹«

Auch wenn Pascal nicht alles verstand, einige Suggestionen waren auch an seine anwesende Mutter gerichtet. Ich lobte Pascal wegen seiner guten Entspannungsfähigkeiten. So konnte er sich bei mir und der Mutter geborgen und auch stark zugleich fühlen und die Trance kam erst noch seinem Bedürfnis nach Gemütlichkeit entgegen.

Ich sagte zu Pascal: »Du musst ein bisschen selbstständiger werden. Selbstständigkeit bedeutet, dass du für dein Wohlbefinden verantwortlich bist und etwas dafür tust. Als Hausaufgabe trage ich dir auf, dass du über die Botschaft deiner Schmerzen nachdenkst.«
Beim nächsten Mal hatte Pascal bewusst nichts herausgefunden. Hausaufgaben waren eben nicht seine Stärke. Doch statt an Kopfschmerzen litt er an einem gesunden Muskelkater, der von einem erfolgreichen Hallenfußballturnier stammte.
Es stellte sich die Frage, ob Pascal die 4. Klasse wiederholen sollte oder nicht. Diese Entscheidung bereitete der Mutter viel Kopfzerbrechen. Schon selbstständiges Kleideranziehen am Morgen belastete Pascal.
Misserfolg im Unterricht führte zu Aufregung, gedanklichen Blackouts und Panik. Um dann seine Angst und sein Unwohlsein zu lindern, fing er an zu träumen oder bekam Kopfschmerzen. So verpasste er wesentliche Informationen und verstand schwierige Aufgaben nicht mehr.
Ich sagte: »Das trifft sich ja gut. Die Kopfschmerzen erinnern dich daran, dass du erstens einen Kopf hast und zweitens dass du ihn gut gebrauchen könntest. Einst kam ein Mädchen mit Kopfschmerzen zu mir in Behandlung. In Trance schlug ich ihr vor, sie solle sich an eine Verletzung der Hand erinnern. Es kam ihr in den Sinn, dass sie sich mit einem Messer geschnitten hatte. Die Verletzung schmerzte in der Erinnerung. Ich fragte das Mädchen: ›Was ist dir unangenehmer, der Schmerz in der Hand oder im Kopf?‹ Das Mädchen sagte: »Der Schmerz in der Hand ist ekliger, weil ich die Hand häufiger gebrauche als den Kopf.‹«
Oft fragte ich die Mutter und Pascal, was wohl der Vater zu unserem Gespräch sagen würde. So war der Vater anwesend, auch wenn er wegen seiner Arbeit physisch nicht dabei sein konnte.
Häufig fühlte sich Pascal hilflos, aber bis jetzt hatte er nicht gewusst, dass Hilflosigkeit sein Problem war. Wie viele Kinder verdrängte er Hilflosigkeit und Misserfolg. Aus der Vermeidung entwickelte sich der Teufelskreis, aus dem er fast nicht mehr herauskam.
Ich fragte Pascal, was ihn hilflos machte, und er nannte die Schwierigkeiten in den Schulfächern und mit unsympathischen Schulkameraden.

Ich wollte, dass Pascal all die inneren Faktoren, die ihn hilflos machten, als Personen in einem Film darstellte. Pascal sagte, dass er bei Schwierigkeiten in der Schule oft nervös werde und sich aufrege. Nach einigem Hin und Her kamen wir darauf, dass es sich um eine innere Nervensäge handelte, die ihn quälte. Manchmal kam Pascal sich richtig dumm vor, und die zweite innere Figur, die ihn quälte, hieß Dummkopf. Natürlich suchten wir auch nach seinen Stärken, die ihm bei der Bewältigung der Schwierigkeiten im Zusammenhang mit Dummkopf und Nervensäge halfen. Es kamen eine Krankenschwester und ein Arzt, das waren seine Freunde und seine Stärken als sportlicher Kämpfer.

In einem nächsten Schritt wollte ich, dass er sich auch mit Nervensäge und Dummkopf anfreundete. Es waren schließlich Teile von ihm selbst.

Ich sagte: »Du weißt, was ein Trainer ist. Es gibt gute und schlechte Trainer, aber von beiden kann man etwas lernen. Tut mir leid, dass du in deinem Innern die beiden abscheulichen Trainer Dummkopf und Nervensäge hast. Aber so abscheulich sie sind, vielleicht wollen sie trotzdem etwas Gutes aus dir machen, vielleicht wollen sie herausfinden, ob du stärker wirst als sie.«

Dann kamen wir auf die Liebe zu sprechen. Die Mutter liebte Pascal über alles, auch wenn er versagte. Versagen gehört zu Leben, und Pascal sollte auch seine beiden Trainer Nervensäge und Dummkopf lieben, auch wenn sie in ihrem Traineramt manchmal versagten. Pascal lächelte säuerlich bei dieser Vorstellung, und ich meinte, seine Wehleidigkeit sei halt bei ihm als kleinem Bub noch so stark, aber er würde größer werden, und dann sei ihm die Suche nach den schönen Dingen im Leben wichtiger und er habe ja auch das Lesen ja schon bedeutend lieber gewonnen.

Dann beschlossen Mutter und Sohn, dass Pascal im nächsten Schuljahr in die fünfte Klasse gehen würde. Pascal fand auch heraus, dass seine Hilflosigkeit nur schlimm war, wenn die andern gemein gegen ihn handelten. »Dann darfst du dich in Zukunft nur in Gegenwart deiner Mutter hilflos fühlen«, sagte ich herausfordernd, »sie wird dich vor den Gemeinheiten anderer Menschen beschützen. In Abwesenheit deiner Mutter schaffst du es nicht, du verzweifelst und empfindest die Verzweiflung als riesige Niederlage. Aber auch die Niederlage bringt ähnliche Vorteile wie die Kopfschmerzen: du spürst dich besser, denn sie schmerzt so sehr; so bist du du selbst und weißt genau, was du willst und was nicht. So suche dir eine Niederlage, wenn du wissen willst, wer du bist.«

Durch diese Herausforderung sollte Pascal denken: »Ich kann doch machen, was ich will, ich brauche keine Niederlage. Das will ich ihm beweisen!«

Die kleinen Persönlichkeiten machen sich selbst so klein, kritisieren sich und sind deshalb so angenehm für ihre Mitmenschen. Auch Pascal machte sich mit seiner Selbstkritik so klein.

Ich sagte: »Wenn du dich gerne hast, dann denkst du etwas weniger kritisch über dich. Dann verzeihst du dir die harmlosen Fehler. Manchmal bist du ganz deprimiert, wenn nichts mehr geht und du in der Schule nicht mehr weiterweißt. Doch bist du gar nie so hilflos, wie du meinst. Einige Möglichkeiten bleiben dir immer: dich selbst gerne haben, für dich Werbung machen, Geschenke verteilen, in Trance einen Albtraum haben.«

In Trance träumte Pascal vom Lesen; früher hatte ihn das Lesen als grässliche Schlange bedroht, jetzt aber huschte sie ziemlich zahnlos vorbei; er träumte von Monstern, die er besänftigte, sodass sie friedlich und geduldig wurden.

Pascal ging abends nicht gerne ins Bett, vielleicht wegen seiner Albträume. Ich sagte, anscheinend brauche er wirklich noch den Schutz seiner Mutter. Er erzählte mir einen Albtraum: »Meine Tante ließ Wasser in den Keller laufen, und ich und mein Freund ertranken.«

Pascal erlebte immer wieder mittelstarke Weltuntergänge. Er wollte, dass diese verschwinden.

Ich sagte: »Ist es nicht schön, dass im Gefühlsleben alles seinen Platz hat? Wir leben zwar in einer Konsum- und Abfallgesellschaft, aber eigentlich funktioniert die Natur ganz anders. In der Natur kann alles gebraucht werden, fast alles wird recycelt.« Ich erklärte das Wort recycelt und fuhr fort: »So kannst du deine mittleren Weltuntergänge in eine etwas angenehmere Empfindung verwandeln. Zwar weißt du noch nicht, wie du das machst, aber du wirst es herausfinden. Einfach wegwerfen, was einem nicht in den Kram passt, hat doch etwas Unmenschliches an sich. So werden Kinder einfach ausgeschlossen oder ausgelacht, weil sie nicht so beliebt sind. Das ist doch gemein.«

Wie es meine Gewohnheit war, fragte ich, was der Vater von sich erzählen würde. Die Mutter sagte: »Pascals Vater leidet auch an seinen Weltuntergängen, allerdings nur an kurzen. Er steht dann mitten in der Nacht auf und kämpft, bis sie vorbei sind.« Pascal reagierte mit Erstaunen, dass sein Vater auch an mittleren Weltuntergängen litt, diese aber tapfer überstand. Er hatte das von seinem Vater nicht gewusst und auch nicht erwartet.

Pascal machte sich daran, sein Leben selber in die Hand zu nehmen. Manchmal war es anstrengend, und wenn ein Misserfolg ihm schlechte Laune machte, ärgerte er seine kleine Schwester Sarah. Eine Lehrerin, die er nicht mochte, diente manchmal als Ersatzschwester, und in Gedanken hasste er sie ebenfalls.

Zu den nächsten zwei Sitzungen kam die Mutter alleine. Sie hatte schon früher angedeutet, dass sie in ihrer Kindheit Schwierigkeiten erlebt hatte. Ihr Verhältnis zu ihren Eltern charakterisierte sie als distanziert: »Ich würde nie bei ihnen übernachten.«

Zu Beginn der Einzelsitzung sagte Frau C.: »Es ist schwer, Pascal loszulassen, ihn ins Lager gehen zu lassen, wenn er unablässig heult.«

Ich sagte verständnisvoll: »Es hat auch seine durchaus schönen Seiten, wenn man aneinander hängt.« Ich wollte nicht, dass Frau C. dachte, ich würde sie deswegen kritisieren und sie müsste sich wegen meiner Kritik von Pascal loslösen.

Sie sagte: »Ich möchte ihn gehen lassen, aber ich weiß nicht wie und ich habe häufig Schuldgefühle deswegen. Auch bekomme ich Schuldgefühle, wenn ich ihn in meiner Verzweiflung angeschrien habe. Ohne es zu wollen kommen verletzende Sprüche über meine Lippen, wie. ›Ihr bringt mich noch ins Grab.‹ Ich habe Angst, ich könnte in der Erziehung schwere Fehler machen, dann zittert alles in mir, wie früher.«

Dann erzählte mir Frau C., dass sie im Alter zwischen 6 und 8 Jahren vergewaltigt worden war. Ich ließ Raum für Mitgefühl und Trauer. Frau C. fügte an, in ihre Familie sei immer leistungsbezogen gedacht und gehandelt worden. Von daher stamme ihr starker Drang, es andern Menschen immer recht zu machen.

»Sie haben sich daran gewöhnt, dass ihre Eltern unbewusst zuerst an ihre eigenen Bedürfnisse dachten und dass Sie selbst jetzt Ihre Bedürfnisse immer noch an die zweite Stelle setzen.«

Etwa ein Jahr lang stellte ich bei Abklärungen wegen Aufmerksamkeitsstörung den Müttern routinemäßig die Frage: »Jetzt, da die Sorgen um Ihr Kind, die Überforderung und Verzweiflung Sie so quälen, denken Sie, ist dies das erste schwierige Erlebnis in Ihrem Leben, oder gab es früher noch ähnlich unangenehme Dinge?« Einzig durch diese Frage erfuhr ich sehr viel Belastendes aus dem Leben der Mütter mit aufmerksamkeitsgestörten Kindern. Natürlich kamen nur ausgewählte Familien zu mir. Ich will diese Erkenntnis nicht für alle Aufmerksamkeitsstörungen verallgemeinern. Für mich waren die Folgen dieser Frage so belastend, ich hörte so vieles, ohne es therapeutisch angehen zu können, dass ich mit dieser Frage bald wieder aufhörte.

Etwas später sagte ich: »Ich habe bemerkt, dass Sie Pascal sehr beschützen. Ich hatte von Beginn an das Gefühl, dass Sie Pascal nicht alleine bei mir lassen würden, dass Sie ihn mir nicht einfach ausliefern wollten. Das war für mich in Ordnung, und es war interessant, dass Sie bei seinen Therapien immer anwesend waren. Pascal hat es nicht gestört oder behindert.«

»Gerne möchte ich manchmal das Misstrauen, die Abwehr, die Mauern abbauen.«

»Ein gesundes Misstrauen ist für Sie sicher besser, als sich im Dunkeln tappend auszuliefern. Solange für Sie nicht klar ist, wem Sie mit Recht vertrauen können, sind Sie besser misstrauisch.«

»Einem Teil der Verwandtschaft kann ich trauen. Da lass ich Pascal ohne Bedenken hin.«

»Natürlich sollten Sie auch bedenken, dass Pascal später einmal nicht seine Tante heiraten kann.«

»Ja, das hab ich mir noch nie so überlegt.«

Wir sprachen nochmals über Pascals enttäuschende Entwicklung.

Sie sagte: »Manchmal fühle ich mich so ›beschissen‹ und dann raste ich aus.«

Ich sagte: »Man soll sich nicht überfordern. Was man macht, soll man lustvoll machen. Lieber weniger, dafür etwas mit Freude unternehmen. Sie schuften schwer bei der Unterstützung von Pascals Hausaufgaben. Wechseln Sie doch ab. Am ersten Tag lernen Sie begeistert zusammen mit Pascal. Am nächsten Tag meditieren Sie stattdessen über Ihre Enttäuschung und lassen Pascal alleine arbeiten. Pascal wollte das letzte Mal von Ihnen wissen, was Sie alleine mit mir besprochen haben. Sagen Sie Pascal diese Aufgabe erst nach zwei Wochen. Experimentieren Sie, ohne dass er alles schon weiß. So lernt er mehr, weil er damit Erfahrungen sammelt.«

Nach den Herbstferien erschien Pascal zusammen mit seiner Mutter.
Ich fragte Frau C.: »Konnten Sie manchmal traurig statt wütend sein?«
Sie sagte zu Pascal: »Mir ist ein Licht aufgegangen, es fiel mir wie Schuppen von den Augen. Wie viel habe ich dir geholfen bei den Aufgaben, zu viel habe ich dir abgenommen. Das war nicht sehr gescheit von mir.«
Pascal schaute betrübt drein. Ich sagte: »Ups, das heißt, du wirst dich mehr anstrengen müssen. Das ist nicht gut für deine Wehleidigkeit, du wirst dich abhärten müssen.«
»Mir ist es gleich, wenn es für Pascal nicht in Ordnung ist, dass ich meinen Fehler entdeckt habe.«
Ich fügte an: »Das hat den Anschein, als habe Pascal auf seine Art die Mutter ausgebeutet. Er machte es in aller Unschuld, aber am Effekt ändert die Unschuld auch nicht viel.«
Beim nächsten Mal fanden wir heraus, dass Pascal seine Mutter gerne noch weiterhin benutzen würde. Die Mutter fühlte sich ebenfalls verunsichert, weil sie so nicht mehr die völlige Kontrolle über ihn besaß. Es bestand also eine gewisse Rückfallgefahr.
Ich fragte: »Er fühlt sich manchmal nicht wohl in der Schule. Was passiert dann? Wollen Sie ihm da zu Hilfe eilen?«
Wir fanden heraus, dass die Mutter Pascal wirklich zur Eigenverantwortung und nicht zur Bequemlichkeit erziehen wollte. Ich schlug vor, dass die Mutter es sich zu Hause bequem machte und für Pascal manchmal unbequem sein würde. Dieser Vorschlag schien für den Anfang etwas zu kühn zu sein. Aber ich wollte klarstellen, dass Hausaufgaben anstrengend sind und gelegentlich wehtun dürfen.
Einmal lernte Pascal nicht richtig auf eine Prüfung hin, die Mutter verzweifelte, und Pascal bekam eine schlechte Note. Doch dieses Mal sagte er: »Jetzt habe ich es begriffen. Ich meinte, es gehe auch ohne zu lernen, doch ich musste die Erfahrung machen, dass es so nicht geht.« Pascal lernte Verantwortung übernehmen! Er begriff, dass man während des Schulunterrichts anständig sein müsse, dass man nicht dreinredet und dass die Lehrerin eine Respektsperson ist, auch wenn man sie nicht mag. Er schlief gut, hatte keine Kopfschmerzen mehr, ging alleine auf den Fußballplatz, hatte einige

Schlägereien in der Schule und wehrte sich offener und geschickter gegen seine Schwester.
Die Mutter sagte: »Pascal war schon von Geburt an ein Problembaby. Wir haben immer zu sehr nur seine Probleme in den Mittelpunkt gestellt. Ich habe mir im neuen Haus einen Raum eingerichtet und ich werde wieder anfangen zu arbeiten.«
Zum Abschied fragte die Mutter: »Und wenn es einen Rückfall gibt?«
Ich sagte: »Sie müssen lernen, den richtigen Druck auszuüben und sich realistischer gegen seine übertriebenen Ansprüche durchzusetzen.«
Vielleicht hätte die Mutter wegen ihrer schwierigen Kindheit etwas mehr Therapie gebraucht. Doch sie war ein selbstständiger Typ, und ich wollte sie nicht unnötig unter Druck setzen. Sie konnte ja nach mehr Therapie fragen, wenn sie welche benötigte.
In den zwei Einzelgesprächen sprach sie von ihrem Missbrauchserlebnis. Es gab einen Zusammenhang mit Pascals grenzüberschreitenden Ansprüchen. Die Suggestionen in Pascals Therapie galten indirekt auch der Mutter, und sie dienten als gute Vor- und Nachbereitung für ihre beiden Einzelsitzungen.

Zusammenstellung der wichtigsten Techniken zur Entflechtung komplementärer Eskalationen zwischen Eltern und Kind

(Tabelle II) (außer bei *Beat* und *Andi* beziehen sich alle Fallgeschichten auf Kapitel 8)

A. Wie gestalte ich als Erwachsener die Interaktion mit dem Kind?

1. Humorvoll: Die Techniken sollen nur verwendet werden, wenn ich mich humorvoll und locker fühle; siehe vor allem bei *Pascal, Beat, Viktor, Pierre, Anton.*
2. Manchmal zeige ich meine Schwächen und kapituliere vor den Schwierigkeiten; *Viktor, Anton.*

3. Ich bestehe konsequent auf der Einhaltung einer kleinen Zahl wichtiger Regeln; ich zügle meine engagierte Spontaneität mit etwas Gleichgültigkeit; *Viktor*.
4. Gelegentliche Zurückhaltung hilft gegen verstrickende Teufelskreise.
5. Erziehung braucht Geduld und Warten auf günstige Gelegenheiten; ich trainiere den Umgang mit meinem Ermessensspielraum; *Viktor*.
6. Ich belohne stufenweise und nicht nach dem Alles-oder-Nichts-Prinzip; *Anton*.
7. Die Probleme stelle ich nicht zu stark in den Mittelpunkt, so können die Probleme »ausleiern«: Alle Kinder werden älter und vernünftiger; *Bruno, Pascal, Anton*.
8. Zur Unterstützung und Auflockerung erzähle ich Geschichten, erwarte aber von einer einzelnen Geschichte keine Wunder.

B. Welche Maßnahmen bewähren sich im Umgang mit aufmerksamkeitsgestörten Kindern?

9. Achte auf ein Gleichgewicht zwischen Verantwortung und Vergnügen bei Kind *und* Eltern: Es gilt oft: Je mehr Verantwortung, umso weniger Vergnügen; *Bruno, Viktor, Beat, Pierre, Anton*.
10. Lass das Kind darüber nachdenken, was es wirklich am liebsten macht; *Anton*
11. Benenne die Probleme zur Förderung der Selbsterkenntnis des Kindes; *Viktor, Anton, Chris, Pierre*.
12. Benenne das Ausweichverhalten und Bagatellisierungen des Kindes als Gegengewicht zur Provokation.
13. Als Lernerfahrung lass das Kind zwischendurch auch mal »auflaufen«; *Pascal, Anton*.
14. Schenke dem negativen Verhalten weniger Aufmerksamkeit; *Kurt, Anton*.
15. Auch eine spezielle Beziehung verzeiht nicht alles ohne Wiedergutmachung; *Anton*.
16. Gutartige Bestrafungen helfen zur Wiedergutmachung (Ericksons »Ordeal«); *Kurt*.

17. Mahne die verwöhnten Kinder liebevoll: »Es gibt nichts Gutes, außer man tut es!«, »Sag es nochmals, aber schöner!«; *Viktor.*
18. Vergiss nicht das realistische Lob; *Pierre.*
19. Sprich als Suchtprävention über Probleme und suche Lösungen dafür; *Anton.*
20. Kombiniere mehrere Erziehungsmaßnahmen miteinander, um Resistenzen zu vermeiden; *Anton.*
21. Baue nach der Kritik immer wieder Brücken zum Positiven; *Anton.*
22. Beziehe den Vater ein; *Anton, Pascal.*
23. Gib bei Familientherapien Hausaufgaben zur Entflechtung der Verstrickung; *Chris, Pascal, Andi.*

C: Selbstschutz des Elternteils gegen Ausbeutung und Depression (Unterstützung für das erwachsene Ich)

24. Nimm als Motto: »Ein Elternteil muss nicht perfekt sein, das Kind kann mir trotzdem gehorchen«; *Viktor, Anton, Bruno.*
25. Ansprechen der Hilflosigkeit und paradoxe Interventionen helfen gegen depressive Entfremdung; *Viktor, Anton, Beat, Andi, Bruno, Pierre.*
26. Verwende positives Reframing statt Kritik als Heilmittel gegen Depressionen. Viele Probleme lassen sich aus einer andern Perspektive leichter lösen; *Anton, Pascal, Bruno.*
27. Übersicht hilft gegen Hilflosigkeit; *Anton.*
28. Beachte die Gesetze der sozialen Interaktion: Wie bleibe ich am längeren Hebel? *Viktor, Anton.*
29. Sprich über Scham- und Schuldgefühle; *Viktor, Anton.*
30. Es gibt positive und negative Auswirkungen des Vergessens; *Bruno.*
31. Wie viel Frustrationstoleranz kann man dem Elternteil, wie viel dem Kind zumuten? *Anton.*
32. Was ist Überforderung in der Erziehung: Waren alle Maßnahmen falsch oder nur unvollständig? *Viktor.*
33. Die Kunst der Erregungskontrolle; *Viktor, Anton.*

9. Kapitel

Stolpersteine auf dem Weg zur Normalisierung

Aufmerksamkeitsstörung ist nicht mit einer schweren pädiatrischen, angeborenen Behinderung vergleichbar, einem Down-Syndrom zum Beispiel, dessen Begrenzungen man teilweise das ganze Leben lang hinnehmen muss. Aufmerksamkeitsstörung besitzt einen größeren Spielraum der Veränderung, auch wenn man sich natürlich bei einer schwereren Behinderung ebenfalls immer bemüht, das Beste daraus zu machen.

Analogien der Heilung bestehen phasenweise zu somatischen Verletzungen: Stellen Sie sich vor, Sie würden mit einem Beinbruch ins Krankenhaus eingeliefert. Die Ärzte haben den Bruch fixiert, Sie liegen auf der Abteilung und kümmern sich überhaupt nicht um ihre Verletzung. Bei einer Kissenschlacht quetschen Sie Ihr Bein an der Bettkante, und während eines Rennens über 10 Stockwerke brechen Sie die Schiene, die Ihr verletztes Bein fixieren sollte. Am nächsten Tag wundert sich der Arzt auf der Visite, offensichtlich haben Sie Ihre Verletzung nicht realisiert, sie nicht akzeptiert und die Heilung nicht unterstützt.

Zur Normalisierung der Aufmerksamkeitsstörung sollten wir nicht dieselben Fehler machen. Sofern man sich zur Bewältigung der lindernden Wirkung einer medizinischen Diagnose bedient, sollte man konsequenterweise auch ihre Heilung anstreben, unterstützen und dafür bereit sein, einen angemessenen Preis zu zahlen. Beim Vergleich der Aufmerksamkeitsstörung mit einem psychosomatischen Leiden fällt hingegen auf, dass mein vorheriges Beispiel der Beinbruchbehandlung ziemlich hinkt. Zur Heilung eines psychosomatischen Leidens verbünden sich Therapeut und Patient nicht einfach gegen das Symptom, um es sofort zum Verschwinden zu bringen; sondern sie versuchen gemeinsam den Sinn der Schwierigkeiten zu ergründen, um daraus Stärke zu gewinnen. Auf dem Pfad der Normalisierung suche ich – zusammen mit den Kindern – diejenigen Ressourcen, welche auch hinter einer Aufmerksamkeitsstörung schlummern. Der Stolperstein entspricht so einer übersehenen und nicht genutzten Ressource. Mit etwas Aufmerksamkeit könnte man nach dem Stolpern die Ressource sogar entdecken.

Wenn der Sinn des Problems übersehen wird

»Welche Vorteile ergeben sich aus der Schwierigkeit?« wage ich häufig zu fragen, »alle Dinge der Welt besitzen eine Licht- und Schattenseite.« Der ärgerliche Aspekt der Aufmerksamkeitsstörung muss irgendwie auch Sinn machen; vielleicht senden die Kinder so unüberhörbare Signale aus, damit die Richtung zur Verbesserung klarer erscheint. Harte Kontraste verdeutlichen die Natur des Problems, das sich mit gutem Willen alleine nicht lösen lässt. Ein tröstlicher Aspekt der Aufmerksamkeitsstörung ist immerhin, dass billige Lösungen hier nicht funktionieren.

Für mich haben die letzten Jahre der intensiven Beschäftigung mit der Aufmerksamkeitsstörung Einsichten geschenkt über die Schwierigkeiten der Frontalhirnentwicklung und das Erlernen demokratischen Verhaltens. Demokratie braucht dosierten Durchsetzungswillen, sichere Grenzen und Flexibilität. Offenbar fehlen den aufmerksamkeitsgestörten Kindern diese Fähigkeiten besonders deutlich; so wurde mir klarer, welche Dinge auch für andere Kinder schwer zu begreifen sind, auch wenn dies bei ihnen nicht so deutlich zum Ausdruck kommt. Die Probleme der Aufmerksamkeit betreffen Grunddimensionen des zwischenmenschlichen Zusammenlebens: Aufmerksamkeit schenken und Aufmerksamkeit beanspruchen, in einem Klima der gerechten Gegenseitigkeit.

Bei der Beschäftigung mit der Aufmerksamkeitsstörung begegnet man als Therapeut immer wieder der eigenen Hilflosigkeit. Aufmerksamkeitsstörung macht einen von Zeit zu Zeit dermaßen hilflos, dass man sich am liebsten nicht mehr mit ihr beschäftigen möchte. Doch man muss. Im gewöhnlichen Alltag ließe sich die Hilflosigkeit leichter unter den Tisch wischen.

Natürlich kann eine übertriebene Sinnsuche auch behindern, indem das neu gewonnene Heimatgefühl einem vor der Entdeckung guter Problemlösungen abhält.

Das Kind soll die normalen Anforderungen des Alltags bewältigen lernen.

Ungeduld

Steckt man wegen eines schwierigen Kindes selbst mitten in Problemen, geht die klare Sicht manchmal verloren. Wer kann sich rühmen, nie Ungeduld verspürt zu haben? Erziehung als eine Gratwanderung stellt den Erwachsenen auch vor das Problem des richtigen »Timing«. In einer gelungenen Erziehung ist man ohne zu drängeln am Ball geblieben. Oft ist zu viel Geduld das falsche Mittel, oft ist zu wenig Geduld eben auch nicht gerade günstig. Der persönliche Ermessensspielraum sollte einem die richtige Mischung zusammenstellen, und manchmal ist der persönliche Ermessensspielraum nichts weiter als pure Willkür.
Aufmerksamkeitsstörung schafft bei uns in der Schweiz unweigerlich Schulprobleme. Oft zeigen die Lehrer anfänglich fast zu viel Geduld, um sie dann allzu plötzlich zu verlieren. Aus praktischen Gründen fehlen ihnen die nötige Geduld, Zeit und Raum für die Stimulierung einer schwierigen Nachreifung der Entwicklung. Die Schule sollte sich nicht als Therapieinstanz verstehen, weil sie nicht genügend Freiräume besitzt. So kann sie die Krisen nicht einfach als Chancen sehen. Um die Chancen zu nutzen, muss Veränderliches vom Überdauernden unterschieden werden, und der Unterschied wird leider erst im Nachhinein klar. Ist eine Therapie eingeleitet, kann der Erfolg nicht augenblicklich erwartet werden.
Im Kleinkindalter ist es noch schwieriger, die Qualität der Aufmerksamkeitsentwicklung zu diagnostizieren, es sei denn, wir haben es mit einer geistigen Behinderung zu tun, aber dies ist bei später aufmerksamkeitsgestörten Kindern nicht der Fall.
Von Zeit zu Zeit kommen auch Eltern mit Kleinkindern wegen der Sorge zu mir, ihr Kind sei weniger ausgeglichen, als sie es bei andern Kindern beobachten können: unruhiger, zappeliger, sprunghafter, trotziger oder mit stärkeren emotionalen Ausbrüchen. Ich empfehle als erste Maßnahme, dass sich die Familie in der Anwendung der Beruhigungstechniken übt. Angemessene Beruhigung stützt sich wiederum auf die richtige Geduldsmischung.

Zu wenig Unterstützung

Jedes Kind braucht die Stütze einer haltenden Umgebung, manchmal konkret und deutlich, manchmal unbemerkt im Hintergrund. Eine haltende Umgebung ersetzt die noch fehlenden inneren Strukturen. Man behandelt ein Kind nicht als einen kleinen Erwachsenen, aber es braucht die Bereitschaft, ein Kind an erwachsene, demokratische Fähigkeiten heranzuführen.
Leider muss man auch feststellen und akzeptieren, dass nicht überall genügend Ressourcen und Interessen für Demokratie vorhanden sind. Fehlt beides, eignet sich mein Therapieansatz weniger; Demokratie benötigt ein bestimmtes Maß an Verantwortung und Einsatzwillen.
Auch hier kann man in die andere Richtung übertreiben und sich als Lastesel für die Kinder anbieten. Eine Warnung ist wohl angebracht: Zu viel Unterstützung gefährdet Ihre Gesundheit und fördert die Bequemlichkeit des Kindes. Leider gilt besonders bei Aufmerksamkeitsstörung: Beugt sich die Betreuerperson engagiert nach vorne, lehnt sich das Kind umso mehr nach hinten.

Auf die leichte Schulter nehmen

Ein Bonmot lautet: »Das Leben ist hoffnungslos, aber nicht ernst.« Was soll man auf die leichte Schulter nehmen? Die Erleichterung einer entlastenden Diagnose schafft vielleicht jegliche Alltagsprobleme ab. Diese sind dann immer die Folge der Aufmerksamkeitsstörung! Allerdings stört das den gesunden Rhythmus, bei dem sich Anstrengung und Leichtigkeit abwechseln. So bringt Normalisierung nicht alle Probleme zum Verschwinden, sondern ersetzt überflüssige Schwierigkeiten durch sinnvolle.
Aus der Perspektive einer Entwicklungsverzögerung stammen die Probleme nicht von einem anderen Planeten, sondern aus einem früheren Alter: Fast jedes 3-jährige Kind ist »aufmerksamkeitsgestört« und »hyperaktiv«, wenn man es mit einer Gruppe 7-Jähriger vergleicht. Während meiner Therapien bei Aufmerksamkeitsstörung lasse ich mir immer wieder die Rolle des kleinen Kindes vorspielen, an dem ich mich trotz seiner Unvernunft freue.

Ab und zu benutzen die Kinder ihre Aufmerksamkeitsstörung als guten Schutzschild, um sich nicht mit den Realitäten der Welt auseinander zu setzen. Frau Ns. Kinder sagten eine Zeit lang: »Man kann uns nicht bestrafen oder einen Vorwurf machen, wir leiden schließlich an der Aufmerksamkeitsstörung.«
Oft beobachte ich das verschmitzte Lächeln auf den Lippen der Kinder, das signalisiert: »Ich lebe auf einem andern Stern und kann mir alles erlauben, mir passiert sowieso nichts Schlimmes.« Und dann passieren später eben doch die schrecklichen Unfälle oder Katastrophen, die sind dann aber so riesig und unlösbar, dass sie mit dem Ich der Betroffenen auch wieder nichts zu tun haben.
Manchmal sehen Ärzte die Aufmerksamkeitsstörung als unheilbare Krankheit an, und die Familie nimmt die Probleme auf die leichte Schulter. Eine solche Konstellation ergänzt sich gut, aber unglücklich.

Das eigene Problem ist immer das schlimmste

Es gibt noch andere Probleme auf der Welt, und das vergisst man leicht, wenn man in den eigenen Problemen fast ertrinkt. Sicher ist Aufmerksamkeitsstörung eines der schlimmeren; so lohnt es sich wenigstens, von einem Problem zu sprechen. Wenn ich ein Kind frage, möchtest du lieber deine schreckliche Wut behalten, aber stattdessen den Verlust eines Beins in Kauf nehmen? Dann wählen die Kinder trotzdem lieber die Wut.
Lassen Sie mich zum Vergleich von einem stotternden Mädchen sprechen, das ich anderswo beschrieben habe. (18) Das Mädchen saß manchmal mit derselben schlechten Laune bei mir wie bei Tanja (siehe 5. Kapitel). Das stotternde Mädchen sprach manchmal gar nichts vor lauter Schüchternheit. Es beklagte sich über die Langeweile, ihr Sprechen funktionierte oft nur holpernd und fast wäre sie deswegen verzweifelt. Sie weigerte sich, viele meiner Hausaufgaben zu erledigen.
Doch im Gegensatz zu den aufmerksamkeitsgestörten Kindern blieb das stotternde Mädchen bei der Sache, bzw. bei sich selbst. Ich konnte sie zwischendurch »alleine« lassen, eine Zeit lang schweigen und trotzdem sicher sein, sie beschäftigt sich irgendwie,

wenn auch unbewusst, mit ihrer Situation und ihren Problemen. Ihre Selbstständigkeit bewirkte Eigenverantwortung für das »Projekt« eines dauerhaften Wohlbefindens.
Anders die Kinder mit Aufmerksamkeitsstörung: Wenn ich sie im übertragenen Sinne alleine lasse, wenn ich eine Zeit lang schweige, kann ich davon ausgehen, dass die wichtigen Themen augenblicklich vergessen werden. Ich kann mir nicht sagen: Jetzt sollen sie alleine denken, dann wissen sie mit der Zeit, sich selbst zu helfen.
Ich habe schon einiges von Kurt erzählt. Einmal nahm Kurt seinen jüngeren Bruder mit zur Therapie. Der Bruder gelangte im Gegensatz zu Kurt gut in eine Trance. Einige Monate später klagte mir seine Mutter, die Lehrerin verfolge mit Sorge seine Leistungen und Verhalten in der Schule. Ich gab Mutter und Lehrerin den Rat, Kurts Bruder einmal genau zu erklären, was sie von ihm in der Schule erwarteten. Anscheinend hatte man es dem Erstklässler bis jetzt nicht erklärt. Danach veränderte sich sein Verhalten schlagartig zur Zufriedenheit aller Beteiligten. Bei seinem Bruder wäre es nicht so schnell gegangen.
Man sieht, Aufmerksamkeitsstörung ist vor allem mit hartnäckigen Problemen vergesellschaftet. Aber dies ist noch kein Grund, den Humor zu verlieren!

Die eigenen Ressourcen vergessen

Viele Erziehungsmaßnahmen werden von Schuld- und Schamgefühlen überschattet, weil man in der Erziehung notgedrungen Fehler macht. Die Kinder rütteln stark an unseren Grundfesten, es gibt kein perfektes Rezept für den idealen Weg. Wir müssen uns mit unseren Ressourcen helfen, Humor oder Gelassenheit zum Beispiel – eben was ein starkes Frontalhirn oder der gesunde Menschenverstand in dieser Situation raten. Wir sollten uns ans Positive erinnern: Diese Kinder haben ja laufen und sprechen gelernt. Sie besitzen eine gesunde Lernfähigkeit. Was es braucht, ist eine realistische Einschätzung ihrer Erfolge. Man soll sich als Eltern nichts vormachen: »Er wird es schon von alleine lernen« – aber auch nicht in Schwarzmalerei versinken: »Er lernt es nie, alles ist verloren.«

Es gibt eine interessante Parallele zwischen Aufmerksamkeitsstörung und Hypnose: Die Probleme der Aufmerksamkeitsstörung sind verschärfte Alltagsprobleme, die Hypnosephänomene pointierte Lösunganṣätze aus dem Alltag: Erinnerungen, Vorstellung, Zeitveränderung.

Verlust der Spontaneität

Unsicherheit ist belastend, aber ein gut entwickeltes Frontalhirn kann auch mit Unsicherheiten leben, weil es gut mit Angst umgehen kann. Hypnose hilft dabei.
Der Stellenwert von Kindern ist in der heutigen Zeit sehr ambivalent: Einerseits behindern sie unsere Selbstverwirklichung, andererseits bekommen sie eine immense Bedeutung für den Selbstwert der Eltern; ihre übergroße Wichtigkeit könnte die Spontaneität in der Erziehung behindern – Übermotivation und gesteigerter Einsatz die Durchsetzungskraft vermindern. Auf der andern Seite bin ich sicher nicht Anwalt der Vernachlässigung und Resignation.
Kuhl hat aber eindrücklich dargelegt, dass Elternprogramme am besten unbewusst, spontan und intuitiv funktionieren. (10)
Bei übergroßen Problemen verschwindet die spontane Funktionslust. Man beginnt im besten Fall zu überlegen, wie die Probleme und Hindernisse aus dem Weg zu räumen sind. Es gibt sozusagen zwei Funktionszustände. Der spontane, lustvolle Austausch einerseits, die Denk- und Planungsphase andererseits. Im Problemlösungszustand kann man schlecht spontan funktionieren, im spontanen glücklichen Leben gelingen neue Problemlösungen nur selten. Der entscheidende Wechsel zwischen beiden Zuständen wird im Frontalhirn geschaltet.
Die Aufmerksamkeitsstörung fördert bei der Mutter-Kind-Dyade eine Aufgabenteilung, die Mutter plant und bietet Verbesserungen an, das Kind übrnimmt die Ausführung. Leider führt es nicht genau das aus, was die Mutter plant! Zu viel Spontaneität findet sich auf der einen Seite, zu wenig auf der andern. Das selbstständiges Individuum zeichnet sich aus durch die Ansiedelung beider Funktionsphasen im gleichen Menschen. Doch die depressive Mutter lahmt in der Aktionsphase, das hyperaktive Kind beachtet die Denkphase nicht. Der Rhythmus der Bewältigung des moder-

nen leistungsorientierten Lebens kommt nicht in Gang, der Rhythmus zwischen Leistung und Erholung, zwischen Anstoßen und Loslassen, zwischen Anstrengung und Vergnügen, zwischen Härte und Sanftheit. Im 8. Kapitel habe ich einige Beispiele gebracht, wie das Verhältnis zwischen Vergnügen und Verantwortung entsteht.

Festhalten an veralteten Lösungsversuchen

Die Entdeckung neuer Wege erfreut mehr als das Herumstolpern in alten Sackgassen. Unsere Vorstellungen über erfolgreiche Lösungsversuche behindern uns häufig. Es sind unsere unbemerkten Steckenpferde, die uns grässliche Streiche spielen. Watzlawik hat schon vor langer Zeit erkannt, dass bei Veränderungsblockaden unglückliche Lösungsversuche die Hauptrolle spielen. Mit noch mehr Salz in der Suppe wird die versalzene Brühe auch nicht schmackhafter.

Natürlich haben die Eltern aufmerksamkeitsgestörter Kinder schon viele Verhaltensrichtlinien gehört und vergebens gehofft, dass sich eine Besserung einstellt. Es handelt sich dabei um vergebliche Lösungsversuche nach dem Motto »mehr desselben«, Lärm und Rauch statt nachhaltige Frontalhirnentwicklung.

Bereits in der Einleitung habe ich erwähnt, dass Erickson nicht explizit über Aufmerksamkeitsstörung geschrieben hat und wir von Analogien lernen müssen. Zum Beispiel schrieb Erickson einer mit ihm befreundeten Mutter ziemlich ungeschminkt, sie solle sich selbst treu bleiben und sich weniger in die Angelegenheiten ihrer halbwüchsigen Kinder einmischen. Wie es für Erickson typisch war, erzielte seine genaue Wortwahl einen nachhaltigen Anstoß zur Änderung. (25)

Überforderung

Wenn man völlig von der Rolle gerät, dann lässt man sich nicht gerne helfen, weil man nicht einmal die Richtung kennt – und so man muss das Neue dann auf die harte Tour lernen. In der Über-

forderung klammert man sich lieber an, als dass man loslässt. Demokratische Verhältnisse zu schaffen ist eine immens schwierige Aufgabe und uns fehlen konstante und gereifte Fähigkeiten und Programme. Das sieht man in vielen gescheiterten Ehegeschichten, und es scheint so, dass Demokratie kein rein mechanischer Prozess ist, sondern dass unkontrollierbare Sympathie, Faszination und deren Gegenteil eine wichtige Rolle spielen.
Ein Hausrezept gegen Überforderung lautet: Es gibt nur glückliche und lehrreiche Situationen im Leben. Je größer das Problem, umso lehrreicher die Erfahrung.

Teile und herrsche!

Wenn ich von den Stolpersteinen berichte, will ich auch die Rezepte nicht vergessen, die sich aufs Wesentliche konzentrieren und so substanzielle Verbesserungen bewirken. Manchmal gelangt man gerade beim Stolpern zu seinem lang ersehnten Glück. Jedenfalls handeln viele bekannte Geschichten von diesem Thema. (29)
Es gibt ein Erickson'sches Prinzip zur Problemlösung, das nach J. Zeig lautet: Wenn eine Schwierigkeit zu groß ist, dann macht man sie kleiner, bis die Brocken bewältigbar sind. Zur Bewältigung problematischer Gefühle oder Erinnerungen würde Erickson das Problem in Trance ein bisschen hervorholen und dann wieder vergessen lassen, dann ein anderes Stückchen hervorholen und wieder verschwinden lassen, bis alle Problemmosaikteile einmal das Tageslicht gesehen haben, bevor sich die Puzzleteile zu einem sinnvollen Bild zuammenfügen. Natürlich ist dies eine anstrengende Arbeit. Bei einem Aufputschmittel entsteht oft der falsche Eindruck, dass alle Probleme auf einen Schlag gelöst sind und man sich nicht mehr an die Arbeit machen muss. Auch wenn das nicht der Absicht des verschreibenden Arztes entsprach, konnte ich diesen Effekt häufig beobachten.
Frau N. bewältigte ihr Leben erstaunlich optimistisch und aktiv, obwohl sie in ihrer Vergangenheit schlimme Dinge erlebt hatte und auch ihre Gegenwart immer wieder böse Überraschungen bereithielt.
Frau N. war in ihrer Kindheit psychisch und körperlich misshandelt worden. In ihrer Ursprungsfamilie verfing sie sich in der Rolle

des Sündenbocks, ihre eigenen Ideen wurden disqualifiziert und selbstständige Denkvorgänge einer Art Gehirnwäsche unterzogen. Als Erwachsene wurde sie von schweren Depressionen gequält, begleitet von Verwirrung und Desorientierung. Schlimmste Schmerzen traten im Bauchraum und Rücken auf; ärztlich verschriebene Schonung und Bettruhe ließen ihre Muskeln schrumpfen und verschlimmerten die Schmerzen. Im Universitätskrankenhaus wurde nach einem geheimnisvollen neuen Virus gefahndet, der aber nie gefunden wurde.

Zu Beginn der Beratung gaben ihre weit entfernten Eltern die Anweisungen immer noch wöchentlich per Telefon durch. Diese Botschaften empfand Frau N. wie ein Messer im Rücken. Im Laufe der Beratung ließ sie sich von ihrem bereits getrennten Ehemann scheiden, der sie ihrer Einschätzung nach bei der Erziehung der Kinder nie unterstützt hatte.

Ihre drei Kinder, eine ältere Tochter und zwei jüngere Buben, litten an Aufmerksamkeitsstörung. Das älteste Mädchen kam zu mir in Therapie. Für alle Kinder ließ sich aus zeitlichen und praktischen Gründen keine Therapie organisieren.

In ihrem Teilzeitjob galt Frau N. als zuverlässige Mitarbeiterin. Auch kam sie regelmäßig und motiviert zur Therapie. Wegen tausend Einzelheiten und Verästelungen, die in ihrer Biographie eine wesentliche Rolle spielten, machte ihre Therapie in den letzten zwei Jahren nur wenige Fortschritte. Trotz Aufzeichnungen und schriftlicher Protokolle vergaß Frau N. vieles, was wir in der Therapie besprochen hatten.

Frau Ns. Erschöpfung führt zu einer vorübergehenden Unterbringung der beiden Buben in einem Erholungsheim. Danach wollte die Sozialfürsorge ihr die beiden Jungen wegnehmen. Frau N. stand dadurch unter großem Druck und musste unbedingt einen Schritt vorwärts kommen, das war mir und Frau N. überdeutlich klar. Wenn die Knaben zurückkämen, müsste eine vertretbare Ordnung zu Hause herrschen. Die Jungen gefielen sich bisweilen darin, dass sie ins Stiegenhaus koteten und urinierten, nur um eines der vielen Probleme zu erwähnen.

Ich musste in der Therapie Prioritäten setzen. Frau N. sagte, ihre aktive Seite könne sich kaum erholen. Ich insistierte, ihre mütterliche Funktion müsse jetzt auf Biegen und Brechen gestärkt werden. Frau N. konnte sich bis dahin auf keine starke Mutterfunktion stützen. Immer wenn sie an das Wort »Mutter« dachte, kam ihr ihre eigene Mutter in den Sinn, die unangenehm und pausenlos auf sie einschwätzte. Sie hasste ihre Mutter, konnte sich aber nicht gegen sie wehren. Frau N. kannte jedoch eine Frau, die sie als mütterlich empfand: lieb, stark und streng. Versuchshalber machte ich den Vorschlag, Frau N. solle die Fähigkeiten der Bekannten irgendwie in ihr Inneres kopieren.

Die immensen Schwierigkeiten dieser Therapie möchte ich in einer kurzen Episode verdeutlichen. In Trance suchte Frau N. ihren Ruheort auf, sie nannte ihn den Platz der inneren Freiheit. Trotz aller Vorbereitungen und Vorsichtsmaßnahmen erwies sich dieser Platz gar nicht als frei. Sie wurde dort von ihren Eltern für dumm verkauft, vom Pfarrer, den sie eigens zum Schutz mitgenommen hatte, nicht verstanden und von Kinderfiguren gequält. Ihre leiblichen Kinder, die auf diesem inneren Platz der Freiheit ebenfalls auftauchten, mussten ihre eigene Mutter gegen diese Angriffe schützen. Trotz aller Beruhigungssuggestionen fühlte sich Frau N. danach tagelang in ihrem Selbstbezug verwirrt.

Unter ausschließlicher Konzentration auf ihre Mutterfunktion schaffte es Frau N., Ordnung in ihren Haushalt zu bringen.

Als Kompromiss, um die Sozialfürsorge zu beruhigen, wurde bei beiden Knaben eine schulische Abklärung durchgeführt. Innerhalb von drei Jahren hatte sich der Intelligenzquotient bei beiden um 24 Prozentpunkte gebessert, und dies ohne Medikamente! Frau N. hatte ihren Kindern in dieser Zeit viel beigebracht; sie gingen in den Nachhilfeunterricht und spielten ein Instrument.

Die ältere Tochter schaffte den Sprung in die Sekundarstufe, hatte aber einen Mathematiklehrer, mit dem sie eine gegenseitige Antipathie verband. Dem Mädchen drohte wegen der schlechten Noten eine Rückversetzung in die Realstufe. Da wollte die Mutter versuchen, ob sich die Noten nicht mit Ritalin verbessern ließen.

Die Mutter erzählte später: »Meine Tochter hat das Ritalin genommen, ihre Konzentrationsfähigkeit verbesserte sich ein bisschen. Sie nimmt das Ritalin nur am Morgen. Am Nachmittag in der letzten Stunde hatten sie eine Mathematikprüfung. Sie hat eine glänzende Note gemacht. Am Vortag war sie zum früheren Lehrer gegangen, um mit ihm den Prüfungsstoff anzuschauen. Ihr ehemaliger Lehrer, den sie sympathisch findet, hat sie gelobt, ihr gesagt, sie verstünde den Stoff vollständig, und half ihr so, ihr Selbstver-

trauen wieder aufzubauen. Die glänzende Note, die erste seit Monaten, kam nicht vom Ritalin, das wirkte ja nur am Morgen, sondern vom Selbstvertrauen, das ihr ehemaliger Lehrer in ihr geweckt hat. Vielleicht braucht sie das Ritalin noch einige Zeit zur Unterstützung in der Schule. Für das Leben zu Hause braucht sie es nicht. Ich kann meine Kinder gut aushalten. Die Kinder sind bei weitem weniger quälend, als es die inneren Stimmen meiner Eltern sein können.«

Frau Ns. Kinder hatten mich früher mit ihrem Verhalten als die gemeinsten Flegel beeindruckt, die ich je in meiner Praxis gesehen habe.

Trotz riesiger Hindernisse hatte sich Frau N. aufgemacht, ihren Problemberg abzutragen. Ich habe nie herausgefunden, woher sie den Mut dazu nahm. Wichtig im Verlauf ihrer Therapie schien mir, dass sie lernte, für ihr eigenes Wohlbefinden zu sorgen und die restliche Energie ausschließlich in eine gute Mutterfunktion zu investieren. Die Konzentration aufs Wesentliche hat sich meines Erachtens gelohnt. Frau Ns. Familie hat im Laufe der vier Jahre, die ich sie nun kenne, große Fortschritte in Richtung Normalisierung gemacht. Normalisierung heißt hier wie auch in anderen Therapien, dass man statt eines riesigen, undefinierbaren Hauptproblems, das man nicht lösen kann, viele Alltagsprobleme hat, für deren Entschärfung man realistische Mengen an Energie und Gedanken einsetzt.

Beachten der Entwicklungsanreize

Der gekonnte Umgang mit Entwicklungsanreizen erhöht die Chance, dass die Kinder einen guten Weg einschlagen.

Alle Kinder reifen in ihrer Ich-Stärke, wenn sie mit Trödelei, Faulheit, Unordentlichkeit und Unvorsicht besser umgehen. Nur um das Beispiel des Trödelns zu nennen: Erickson hat von sich behauptet, dass er es bei allen seinen acht Kindern geschafft habe, ihre Trödelei zu übertrumpfen. In einer geeigneten Situation äußerte das Kind einen dringenden Wunsch an Erickson, und ihr Vater wollte ihren Wunsch auch unbedingt sofort erfüllen, aber aus unerfindlichen Gründen wurde Erickson immer wieder aufgehalten und abgelenkt, während er sich dafür entschuldigte. So begriffen die Kinder aus eigener Erfahrung das Wesen der Trödelei. (27)

Meine eigene Tochter Rahel benötigte wie alle Kinder einige Entwicklungsanreize. Nach mehr als einem Jahr Primarschule konnte sie nicht lesen. Die Lehrerin hatte aus Rücksicht auf die Gruppendynamik bei allen Kindern auf lautes Vorlesen im Unterricht verzichtet. Rahels Mutter bemerkte es zu Beginn der zweiten Klasse und versuchte, das Lesen mit ihr zu üben. Doch diese Übungsversuche endeten in Zorn und Verzweiflung. Endlich, während der Ferien im Herbst, bemerkte auch ich die dramatische Situation. Wir waren auf einer wunderschönen Insel, hatten nicht viel zu tun, und so entschloss ich mich zu einer außergewöhnlichen Maßnahme, die im Alltag nicht praktikabel ist. Ich übte mit Rahel 10 Tage lang, jeden Tag zwei Stunden am Stück, das Lesen. Geduld, Ruhe und Gelassenheit hatte ich mir ja zuvor in den unzähligen Therapiestunden mit aufmerksamkeitsgestörten Kindern antrainiert. Ich benötigte viel davon. Irgendwie besaß Rahel den Willen, sich durchzubeißen, und ich selbst gebe sowieso nicht so schnell auf. Es gab Tränen und Verzweiflung und Wut, aber wir hielten durch und übten, was das Zeug hielt. Bei der Heimreise las sie schon ordentlich. Mir wurde da klar, welche Anstrengung die Lösung solcher Probleme erfordert, und ich dachte mir, ich habe in diesem Urlaub das Pensum von zwei Jahren Nachhilfeunterricht geleistet. Es ist schwierig, aber es ist möglich. Ihr Leseverhalten normalisierte sich, und Rahel ist heute eine begeisterte Leserin. Für mich stellt gutes Lesen eine Grundvoraussetzung für guten Lernerfolg dar, und so war mir die Anstrengung der Mühe wert. Wehret den Anfängen, heißt es.

In der dritten Klasse wurde mit einem Zahlenbuch gelernt, das mit seinen unzähligen farbigen Bildern überaus ansprechend wirkte, aber es stand nirgends, wie man nun effektiv rechnete. Am Ende des Schuljahres hatte Rahel die beiden wichtigsten Rechenfunktionen, das Teilen und das Zeitrechnen, nicht begriffen. Ich habe es ihr in zwei Stunden Zugfahrt auf einfache, altertümliche Weise erklärt. Und sie hat es begriffen.

In der vierten Klasse brach ab und zu primitives Verhalten aus. Rahel konnte ihre Schwester und mich auf so dumme, bösartige Weise ärgern, dass ich sprachlos, wütend und hilflos dastand. Es war so primitiv, dass ich gar nicht erzählen kann, was sie genau machte, ich habe es vergessen und es ist jetzt außerhalb meines Systems.

Nach einigen Wochen des Nachdenkens stiftete ich den »Prix Primitif«. Jeden Abend, wenn ich zu Hause war, wurde darüber diskutiert, wer den Preis verdient. Wie bei der Oskar-Verleihung konnte man begründete Vorschläge machen, und dann stimmte die Familie darüber ab. Der Preis bestand aus 10 Rappen. Meine Kinder waren 7 und 9 Jahre alt. Meistens gewann Rahel. Es machte ihr Spaß, über ihr Verhalten zu diskutieren und so den Preis zu gewinnen. Eigentlich war das Geld nicht für die primitive Tat gedacht, sondern für das Diskutieren, aber das sagte ich meinen Kindern nicht. Meine Frau war zuerst entsetzt, als ich der Familie diesen Plan eröffnete. Aber sie kannte mich ja schon seit Jahren. Manchmal schlug ich auch mich selbst vor, z. B. wenn ich mich beim Autofahren unnötigerweise aufgeregt hatte, oder mich von den Kindern zu leicht provozieren ließ. Das primitive Verhalten schwächte sich ab.

Einmal hatte Rahel einen gewaltigen Rückfall. Sie war eben aus einem wunderschönen Reitlager zurückgekehrt, an dem auch ein schwieriges, älteres Mädchen teilgenommen hatte. Am Sonntagmorgen nach der Heimkehr zog Rahel ihre Show ab. Sie kam nicht zum Frühstück, und als wir sie wiederholt dazu aufforderten, setzte sie sich schimpfend an den Tisch, reagierte auf jede Bemerkung mit einem Wutausbruch und aß nichts. Ich muss noch anfügen, dass Frühstück und Abendessen am Sonntag für mich fast eine heilige Zeit bedeuten, da kann man in Ruhe zusammen sein und reden. Ich lasse mir mein Wohlbefinden nicht gerne auf mutwillige Art zerstören.

Ich kochte das Abendessen, und Rahel tischte auf. Ich sagte ihr, wir bräuchten nur drei Gedecke, sie habe ja das Frühstück versäumt, und wenn jemand so dumm tut, dann koche ich für diesen Menschen nicht ein gutes Abendessen. Meine Frau schaute entsetzt drein. Ich fügte an, Rahel könne sich ja ein verspätetes Frühstück genehmigen, aber aus dem Kühlschrank. Sie sagte, gut, ich solle es auf den Tisch stellen. Ich sagte, sie solle es selbst holen. Sie holte es sich und aß zufrieden ihr Frühstück, während der Rest der Familie beim mit Liebe zubereiteten Abendessen verweilte.

Ihr morgendliches Verhalten hat Rahel auf diese Art nie wiederholt. Es war eine ganz sanfte, aber wirkungsvolle Bestrafung. Je subtiler die Bestrafung, umso besser wirkt sie. Diese letzte Strategie habe ich natürlich von Erickson gehört.

In der 5. Klasse lernen die Kinder in unseren Schulen Französisch. Für viele Kinder ist es ein schwieriges Fach. Es braucht viel Fleiß, und wenn man einmal den Anschluss verloren hat, findet man sich nur noch schlecht zurecht. Rahel war nicht die Fleißigste und nicht die Ordentlichste, das bemerkte man schnell, wenn man zum Beispiel ihr Zimmer betrachtete. Angesichts ihrer anfänglichen Begriffsstutzigkeit schwante uns Schlimmes.

Also machte ich ihr den Vorschlag, dass ich ihr Ende der vierten Klasse ein paar Brocken Französisch beibringen würde. Sie wählte dazu ein Asterixbuch auf Französisch »Chez les Hélvètes«. Wir übten stur einige markante Sätze. Rahel war einverstanden, verlor aber schnell die Geduld. Einmal übte ich bei einer Bergwanderung einen einzigen Satz »Ils résistent toujours et encore à l'envahisseur«. Dieser Satz beschreibt das Verhalten der Gallier, aber humorvoller Weise auch Rahels Verhalten. Nach über 200 Malen Vorsagen und Probieren konnte sie sich den Satz immer noch nicht merken. Zwei Tage später sagte sie ihn plötzlich aus dem Nichts heraus! Manchmal braucht es einfach Geduld. Wir hörten dann mit dem Üben auf, und in der 5.Klasse lernte Rahel den richtigen Schulstoff problemlos mit ihrer Mutter. Die Anforderungen im Unterricht waren unglaublich hoch zu Beginn, doch Rahel schaffte es gut. Ich hatte nichts mehr damit zu tun. Ich befolgte einfach Ericksons Regel: Anstoßen und dann selbst machen lassen.

Ich sagte meinen Kindern: »Die Schule ist nicht das Wichtigste, aber man muss sie ordentlich erledigen, damit man die Freizeit gut genießen kann.«

Eine Frau kam mit ihrer zweiten Tochter zu mir. Die Tochter rebellierte beim Essen und Kleideranziehen, seit frühester Kindheit. Es war ein unglaubliches Theater. Magdalena war ein braves Mädchen, aber es gab das andere, rebellische Ich, dem Mutter und Tochter den Namen »Magdalena Anders« gaben. Sie fingen an mit den Namen zu spielen, und das Streiten nahm ab. Die Mutter erzählte mir etwas Besonderes, das mir sehr weise vorkam: »Ich wusste, wenn ich mich einmische, dann rebelliert Magdalena, und es gibt eine Katastrophe. Als Magdalena in die Schule kam, mischte ich mich also nicht in ihre Aufgaben ein. Die Schule gehört ihr. So ging es gut, bei Bedarf fragt sie ihre ältere Schwester um Rat. Ich halte mich da draus. Schule ist kein gutes Gebiet, um Machtkämpfe auszutragen.«

Nichts tun, aus dem Weg gehen, ist im richtigen Moment auch eine Ressource.

Beat

Der 13-jährige Beat wurde zusammen mit seiner Familie vom Kinderarzt zu mir geschickt. Die Mutter machte sich selbst große Vorwürfe wegen Beats Problemen, doch liebte sie ihn sehr, den Mittleren dreier Kinder.

»Man muss ihm viel Unterstützung geben«, sagte sie, »aber manchmal ist es mir einfach zu viel. Nach der Schule kommt Beat in aggressiver Stimmung nach Hause. Meistens sieht er seine Fehler nicht ein. Sein gutmütiger Vater muss sich manchmal als letzte Rettung aus dem Staub machen, damit er nicht explodiert. Beat ist zappelig, er kann sich schlecht konzentrieren, und unter Druck geht gar nichts mehr.«

Nach der ersten Sitzung gab ich der Mutter die Aufgabe mit herauszufinden, bis zu welchem Punkt sie Beat einfach machen lassen konnte.

Zu Beginn der nächsten Sitzung sagte die Mutter: »Ich habe es mir gemerkt. Ich habe versucht, Beat weniger zu kritisieren. Ich habe auch herausgefunden, dass Beat meine Gutmütigkeit oft ausnützt. Beat weiß, wie er mich packen kann. Dann reagiere ich einfach und habe nachher Schuldgefühle. Ich sollte öfter ruhig sein, doch schaffe ich es nicht immer.

Beat hat eine jüngere Schwester. Seine jüngere Schwester macht mit ihm dasselbe, was er mit mir macht. Sie weiß, wie sie ihn sticheln oder stören muss, und dann explodiert er.

In der Schule ist Beat ebenfalls oft in Streitereien verwickelt.«

Ich sagte zu Beat: »Jetzt möchte ich, dass du herausfindest, ob ein Streit in der Schule dir Spaß macht oder nicht. Falls er dir Spaß macht, ist alles in Ordnung. Falls er keinen Spaß macht, brauchst du Hilfe.

Natürlich tut es mir leid, dass du so oft in die Rolle eines Sündenbocks, eines schwarzen Schafs gerätst.«

Da fing Beat an, ein bisschen zu weinen. Er sagte: »Ich weiß nicht, ob ich Spaß habe am Streit in der Schule oder nicht.«

Ich sagte: »Soll ich dir helfen, weniger zu streiten? Soll ich Mitleid mit dir haben? Es ist immer schön, wenn jemand einen versteht. Es wäre schön und gefährlich zugleich, sich helfen zu lassen. Meine Hilfe macht dich abhängig von mir. Und dann bist du nicht mehr der Boss. Ich glaube, du bist gerne der Boss, oder nicht?« Zum Vater gewandt fügte ich an: »Beat hat es schön. Sie sollten eigentlich ein bisschen neidisch auf ihn sein. Er kann einfach die Sau rauslassen, wenn er nur will. Sie selbst haben einen anstrengenden Job und sind auch sonst sehr verantwortungsvoll in Ihrem Leben. Natürlich sind Beats Probleme auch eine gute Übung für später. Das Wichtigste im Leben ist Verlierenkönnen. So viel Vergnügen es Beat auch macht, alles auszureizen, so oft ist er am Schluss der Verlierer.« Meine Bemerkungen waren zwar an den Vater gerichtet, doch bekam sie auch der Sohn indirekt mit.

Zu Beginn der dritten Sitzung schlug ich vor: »Ich möchte selbst einmal erleben, wie Beat seinen Blödsinn veranstaltet. Wenn du, Beat, mir einen Gefallen tun willst, dann lass doch jetzt mal die Sau raus. Es soll dir aber Spaß machen. Ich weiß, dass deine Eltern dich lieben und beschützen wollen. Der beste Beweis für Liebe ist, den Sohn zu akzeptieren, wie er ist. Kinder sollen Spaß am Leben haben, und die größte Freude der Eltern ist die Genugtuung, wenn es den Kindern gut geht und sie Spaß haben.«

Beat unterbrach mich und sagte: »Es kommt auch vor, dass ich an meinen Blödeleien keinen Spaß habe.«

Ich antwortete: »Ja, dann hast du wirklich ein großes Problem.« Zur Mutter gewandt: »Was macht Ihnen mehr Sorgen, dass Beat oft herumproletet oder dass er am Ende nicht einmal bei seinen Blödeleien Spaß findet?«

Die Mutter wurde mit Recht etwas ärgerlich, und ich entschuldigte mich, dass ich den Spaß doch etwas weit getrieben hatte. Doch die Mutter verstand Humor: »Ich begreife, dass Sie in Ihrem Beruf als Pflegerin in einem Altersheim mehr Vergnügen finden. Dort sind Sie vor bösen Telefonaten aus der Schule geschützt. Geben Sie ja nicht die Telefonnummer Ihres Arbeitsplatzes heraus! Sie können sich da so richtig verschanzen! Und vermutlich sind die Heimgäste im Vergleich zu den Kindern und zu Beat im Besonderen viel dankbarer.«

Die Mutter unterstrich, dass Beats Verhalten zu Hause eigentlich kein Problem darstelle. Ich blieb bei meiner Frage: »Und in der Schule, was ist schlimmer: Dass Beat proletet oder dass er keinen Spaß daran hat?«

»Schlimm, wenn er keinen Spaß dabei hat«, antwortete die Mutter prompt.

Ich sagte: »Also wenn Sie es in Ordnung finden, dass er seine Meinung kundtut, müssen wir herausfinden, wie er dabei seine Freude behält.«

Mutter: »Beat wacht manchmal am Morgen schon mit einer schlechten Laune auf, ohne dass am Vorabend etwas Besonderes vorgefallen wäre.«

»Schicken Sie ihn einfach nicht in die Schule an schlechten Tagen.«

Beat stieg auf mein Humorangebot ein: »Wenn ich an schlechten Tagen nicht in die Schule darf, dann kann ich aber den Lehrer nicht richtig ärgern. So richtig hineinsteigern macht dann schon Spaß.«

»Ja wunderbar. Dann sagen wir dem Lehrer einfach, dass Beat an einer Aufmerksamkeitsstörung leidet. Da könne man nichts daran ändern. Er müsse sich einfach mit Beats schlechten Tagen abfinden.«

Mutter: »Ja, Beat fehlt zum Glück sonst nichts.«

Ich sagte, damit die Spannung nicht allzu sehr verflachte: »Es könnte noch einen kleinen Vorteil bringen, wenn Beat mit seinem Vater besser auskäme.«

Mutter sagte selbstkritisch: »Ich nehme Beat dem Vater gegenüber noch zu oft in Schutz.«

Vater: »Beat will mich ganz bewusst ärgern, zum Beispiel beim Essen.«

Therapeut: »Wie gesagt, was will man als Eltern mehr, als dass das Kind Spaß am Leben hat. Und am meisten Spaß macht den Kindern, ihre Eltern zu ärgern. Ihr kleines Hobby sozusagen, das man ihnen nicht verargen sollte.«

Vater: »Mir macht es wirklich Mühe, seine Schadenfreude zu verstehen.«

Therapeut: »Was macht man nicht alles für seine Kinder. Ich zum Beispiel: Meine jüngere Tochter isst mir das Essen vom Teller weg,

und ich freue mich noch darüber, dass sie groß und stark wird.«
Vater: »Am Tisch möchte ich meine Ruhe haben.«
Therapeut: »Man könnte sich überlegen, wie das Vergnügen im Leben verteilt sein sollte.«
Mutter: »Beat sollte auch Grenzen spüren. Beim Mittagessen darf er dumm tun, dann ist Vater nicht da, aber am Abend soll er sich anständig benehmen, wenn Vater zu Hause ist.«
Therapeut: »Grenzen machen oft keinen Spaß.«
Mutter: »Er sollte die Grenzen einfach akzeptieren.«
Therapeut: »Grenzen akzeptieren macht keinen Spaß, Grenzen sprengen hingegen schon. Beat sprengt die Grenzen des Vaters und jagt ihn in die Luft. Man könnte ihm den Namen ›Sprengkommando‹ geben.«
Mutter: »Ist es gut, wenn Beat glücklich ist?«
Therapeut: »Es ist meine Aufgabe, Kinder glücklich zu machen. Auch als Sprengmeister kann Beat glücklich werden.«
Mutter: »Ich befürchtete schon, Sie würden mich kritisieren. Und jetzt ist die Aufmerksamkeitsstörung die Ursache.«
Ich glaube, es ist wichtig, dass man als Therapeut noch großzügiger als die Eltern ist, wann immer sich dazu Gelegenheit bietet. Man sollte als Therapeut den Kindern die Welt schmackhaft machen, nicht dass es einem so geht wie dem Vater, der sich zu wenig in die Mutter-Kind-Dyade hineinzwängen konnte. Wenn der Therapeut seine Großzügigkeit glaubwürdig vermittelt, müssen die Familienmitglieder mehr Verantwortung übernehmen. Umgekehrt, wenn der Therapeut kritisiert, geht die Familie heim und denkt, bei uns zu Hause ist es viel schöner als im Therapieraum.

Dani

Dani kam mit seiner Mutter von weither. Dani plagte seine Mutter mit schlechter Laune, mit Trödeln, Türenschlagen und Schimpfen. Dani war ebenfalls 13 Jahre alt. Ich gab ihm die Aufgabe mit, zur Abwechslung nicht die Mutter, sondern den Vater zu schikanieren. Dani unterbreitete seinem Vater meinen Vorschlag und gemeinsam kamen Vater und Sohn zur Überzeugung, es sei keine gute Idee von mir. Dani ließ es bleiben. Weil sie das ungerecht fand, ge-

stattete sich die Mutter ein besseres Durchsetzungsvermögen. Und Dani lernte etwas über sich und sein Verhalten.

Erfolgreiche Normalisierung

Einmal erlebte ich in einer Nachkontrolle, dass mir die Mutter eines Kindes – es wurde anderweitig betreut – sagte: »Irgendwann kam der Punkt, da hatten wir genug von den Problemen. Wir taten so, als würde alles ganz normal laufen. Der Sohn machte seine Aufgaben alleine und zeigte sie mir nachher. Seither ist es gut gegangen.« Natürlich musste dieses Kind genügend vorbereitet gewesen sein, als dieser Schritt erfolgte. Ohne genügend gereiftes Frontalhirn wäre eine solche Veränderung zur Normalisierung nicht möglich gewesen.

Gesunder Optimismus

Und doch habe ich in diesem Buch viele indirekte Strategien beschrieben, mit denen man die Kinder bis zu einem Grad dazu zwingen kann, dass sie sich mit ihren Problemen und ihrer Verantwortung auseinander setzen müssen, vielleicht ohne dass sie es merken. Aus unlösbaren Problemen lösbare Schwierigkeiten zu machen, kann Ressourcen der Problemlösung wie auch der Freude über den Erfolg wecken. Denken wir da doch in optimistischen Dimensionen!
In der Einleitung habe ich die Geschichte von Andi erzählt, der sich zu weit aus dem Fenster lehnen wollte. Es dauerte zwei lange Jahre intensiver Therapie, bis er es sich anders überlegte und seine Überlegungen auch in die Tat umsetzte. In einer Aussprache sagte er dann einmal seinen Mitschülern, welche ihrer Verhaltensweisen ihn verletzten und unglücklich machten. Und er wurde ernst genommen.

10. Kapitel

Selbstwertgefühl

Es gibt den Kampf zwischen Gedanken und Gefühlen, den sie stellvertretend für Kopf und Herz führen; meist fegt das Herz den Kopf im Sturm hinweg, nicht nur bei einer Aufmerksamkeitsstörung. Dies passiert, weil der Kopf viele Gründe des Herzens gar nicht kennen kann. (9) Im Gehirn vertritt die Amygdala die Gründe des Herzens, und das Frontalhirn gilt als Hüter der Vernunft. (7) Das Frontalhirn kann die Amygdala beeinflussen, und dieser »besänftigende« Einfluss auf die Gefühle ist in vielen Lebenslagen äußerst nützlich. Doch gibt es mehr Verbindungen von der Amygdala zum Frontalhirn als umgekehrt (7, S. 306), und so fallen die »Gründe des Herzens« bei einer Entscheidung stärker ins Gewicht. Doch Ledoux hängt ganz entschieden an der Idee einer innerseelischen Kooperation: »Ich schließe (das erste Kapitel) mit der auf Tendenzen in der Hirnevolution gründenden Hypothese, dass das Ringen zwischen Denken und Emotion letztlich beendet werden könnte, nicht dadurch, dass neokortikale Kognitionen über emotionale Systeme siegen, sondern durch eine harmonischere Integration von Vernunft und Leidenschaft im Gehirn – eine Entwicklung, die künftigen Menschen erlauben wird, ihre wahren Gefühle besser zu erkennen und sie im Alltag wirksamer zu nutzen.« (7, S. 24)

Einmal diskutierte ich mit einer jungen Frau das Zusammenspiel von Kopf und Herz. Ich möchte hier meine wichtigsten Argumente nennen:

»Der Mensch bewegt sich gedanklich, gefühlsmäßig und im Verhalten. Gefühle und Verhalten lassen sich leider nur schwer beeinflussen; gute Gewohnheiten würden unser Wohlbefinden verbessern helfen.

Gefühle beeinflussen die Gedanken indirekt und unbemerkt. Sie können den Einfluss der Gedanken auf Verhalten und Befindlichkeit einschränken. Dann kommt man auf die Idee, Gedanken seien unnütz. Es wäre wichtig, die Grenzen der Gedanken zu ken-

nen und zu akzeptieren ... Auch wenn du es dir ganz fest wünschtest, fliegt dein Auto nicht nach Amerika; du brauchst das Auto deswegen nicht in Grund und Boden zu verdammen. So lohnt es sich, auch die geringen Einflussmöglichkeiten der Gedanken zu nutzen.

Gedanken sind leichter zu verändern als Gefühle und Gewohnheiten. So baut man sich am besten ein solches Gedankenhaus, in dem Gefühle sich wie glückliche Gäste wohl fühlen. Gedanken beeinflussen die Gefühle auf diese indirekte Weise.

Gefühle sind nämlich empfindliche Pflanzen, du musst sie hegen und pflegen, damit es ihnen gut geht. Wie? Indem du lieb und nett zu dir bist, aber auf keinen Fall naiv oder nachlässig. Du solltest Verständnis für deine Gefühle haben.

Wenn du dich unwohl fühlst, reagierst du sensibel auf die vielen Ungerechtigkeiten der Welt. In der Rebellion gegen Ungerechtigkeit finden Gefühle und Gedanken zusammen. Es geht dir besser und du entdeckst dabei deine Wünsche, das heißt einen Teil deiner Identität.

Du fragst, wie dich die Ungerechtigkeit weiterbringt?

Du kannst ein Lebensprojekt daraus machen: du kämpfst gegen Ungerechtigkeiten, die in deiner kleinen oder größeren Welt vorkommen.

Du willst dich dabei nicht aufopfern? Du möchtest einfach in Frieden leben?

Da gibt es diese eigentümliche menschliche Störanfälligkeit: Anscheinend müssen viele Menschen sich oder der Welt beweisen, dass sie nicht unfähig, defekt oder abartig sind. Vor allem wenn du zu den verletzlichen, großen oder kleinen Persönlichkeitstypen gehörst, ist dir diese Beweisführung wichtig.

Du möchtest gerne anders sein?

Um möglichst zufrieden zu sein, akzeptiert der Mensch zuerst am besten seine Eigenschaften und Möglichkeiten und findet dann heraus, wie er sie weiterentwickelt.«

Um die Schwierigkeiten aus dem Weg zu räumen, versuchen viele Menschen, die unangenehmen Gefühle zum Verschwinden zu bringen, statt sich um innerseelische Kooperation zu bemühen.

Das gute Selbstwertgefühl entsteht aus der Summe derjenigen angenehmen Gefühle, die einen Selbstbezug besitzen. Es braucht also zwei Komponenten: Gute Gefühle und guten Selbstbezug:

Die guten Gefühle entstehen im angenehmen Du-Modus, aber der Selbstbezug dieser guten Gefühle muss zumindest teilweise im anstrengenden Ich-Modus erarbeitet werden. Sonst bleibt der Selbstbezug primitiv und stört die zwischenmenschlichen Kontakte. Unter Selbstbezug verstehe ich, dass die guten Gefühle auch mich selbst »meinen«, für meine Person eine Bedeutung besitzen.
Zur Förderung des Selbstwertgefühls stellt sich die Frage: Was hilft, dass ich mich gut fühle, wenn ein Ereignis etwas mit mir zu tun hat?

Probleme mit den guten Gefühlen

Vertraute und liebenswürdige Menschen locken die guten Gefühle hervor, in wertvollen Beziehungen, die ich als förderlich einschätze. Gute Gefühle und Beziehungen sind wie angenehme Geschichten. Darin wirkt »das Muster, das verbindet«, wie Bateson es beschrieb; er meinte damit all die Geschichten, die wir erleben und einander erzählen und aus denen unser Leben besteht. (9)
Die gesunde Entwicklung führt vom Du- zum Ich-Modus und wieder zurück. Doch der Übergang vom Du zum Ich findet bei aufmerksamkeitsgestörten Kindern nicht statt, er endet öfter in Verstrickung und disruptivem Verhalten.
Provokation verbindet und unterbricht gleichzeitig. So wäre sanfte Provokation ein wirksames Mittel zur Veränderung (28), doch ihre ungeeignete Handhabung richtet mehr Schaden als Nutzen an. Für eine sanfte Provokation bräuchten aufmerksamkeitsgestörte Kinder eine bessere Steuerung, die man im Ich-Modus lernt. Zwar wurde mit Recht betont, wie ihre besondere Art der Aufmerksamkeit diese Kinder zu ungewohnt-kreativen Perspektiven verhilft, leider ist aber Absturz als Folge häufiger als der außergewöhnliche Erfolg, und diese Tatsache mindert den Selbstwert beträchtlich. Die Kinder müssten zu einer reiferen Form der Kreativität finden, zum Beispiel wie sie bei Punkt sieben als »Anstoßen und Loslassen« beschrieben ist. »Anstoßen und Loslassen« unterscheidet sich wesentlich von verstrickendem und disruptivem Verhalten.
Viele aufmerksamkeitsgestörte Kinder fallen auf mit ihrer naiven Liebenswürdigkeit, die vor allem auf die Mütter anziehend wirkt.

Auch treffen diese Kinder häufig auf andere Menschen, die sie lieben und ihnen weiterhelfen wollen. Naive Hilfe endet meist in beidseitiger Frustration und nicht in gesunder Ich-Entwicklung des Kindes. Die naive Liebenswürdigkeit bleibt im Du-Modus stecken; dem Ich-Modus tun Entwicklungsanreize gut und nicht Schonraum.

So verschafft ihre naive Liebenswürdigkeit diesen Kindern das heftig ersehnte Selbstwertgefühl, das aber nicht lange währt; zu leichtsinnig wird Unsinn getrieben oder zu selbstlos andern Menschen statt sich selbst geholfen. Man sollte sich über die gewichtige Problematik dieser naiven Liebenswürdigkeit nicht täuschen. Unbewusst scheinen sich die Kinder an ihre naive Liebenswürdigkeit wie an einen Rettungsring zu klammern, und eine Revision ihrer Naivität zu reiferen Einstellungen kommt ihnen vor, als würden sie ertrinken. Da hilft nur vorsichtiges, anhaltendes Probieren und Anstoßen.

Wird den aufmerksamkeitsgestörten Kindern die Möglichkeit des Provozierens genommen, schwinden ihre guten Gefühle rapide. Jeder will sich schließlich stark fühlen und sich an der eigenen Stärke freuen. Denken wäre ein Ersatz für die guten Gefühle (10), aber erst nach reichlicher Übung reift ein kleiner Philosoph heran. Anfänglich sind aufmerksamkeitsgestörte Kinder weder gute Denker noch zeichnen sie sich durch ausdauerndes Training aus. Ihre guten Ideen schießen nicht wie Pilze aus dem feuchten Waldboden. Jedoch würden sie, erst einmal Philosoph geworden, ihre Gefühle besser steuern.

Probleme mit dem Selbstbezug

Zwei Wege führen zum Selbstbezug: Den ersten Beitrag leisten die Betreuer des Kindes, wenn sie deren Individualität anerkennen. Das ist bei aufmerksamkeitsgestörten Kindern mit ihren disruptiven Verhaltensweisen nicht immer einfach. Doch selbst wenn die individuelle Betreuung gelingen würde, sie allein bewirkt noch keinen dauerhaften Selbstbezug. Darum helfen viele Therapien diesen Kindern wenig. Für den guten Selbstbezug braucht es die eigene Anstrengung als Ergänzung individueller Betreuung. Wie vieles im Leben müssen Selbstbezug und Selbstwertgefühl erarbeitet werden. Als Lohn der Anstrengung winken spätere Erfolge und begründeter Stolz.

Bei aufmerksamkeitsgestörten Kindern beobachtet man Selbstverlorenheit auf der einen Seite und stur-egoistisches Festhalten an ihren kleinkindlichen Lustbedürfnissen andererseits. Die eine Seite dient der anderen als Schatten . Wie schon oft erwähnt scheint mir die Stärkung des Ich-Standpunktes in der Therapie unerlässlich, um den Ich-Modus aus seiner naiv-schattigen Existenz zu befreien. Durchstehen unangenehmer Erlebnisse und den Erwerb angemessener Frustrationstoleranz (Punkt 5) sind dabei unerlässlich. Da kommt ein ausschließlich lustbetontes Lernen in Mode – möglicherweise ist diese Pädagogik als Reaktion auf die Leistungsgesellschaft zu verstehen Doch diese Art der Erziehung verhilft den aufmerksamkeitsgestörten Kindern nicht zu einem verbesserten Selbstbezug. Aufmerksamkeitsgestörte Kinder scheinen an vorderster Front die Schatten einer Konsum- und Leistungsgesellschaft zu karikieren, Leistung wird ambivalent einmal über- und einmal unterbetont.

Ich unterstütze keineswegs den Rückfall in alte Zeiten: Die frühere pädagogische Strenge stärkte vor allem das Ich und weckte die Sehnsucht nach Vergnügen; die heutige Lustbetonung, die oft nicht lustig endet, lebt vom übertriebenen Du-Modus und stärkt den Ruf nach Gesetz und Ordnung. Mit der Einseitigkeit ist noch gar nichts gewonnen, sondern erst die Ausgewogenheit zwischen lustvoller Kreativität und gesunder Strenge lässt die gute Mischung zwischen Ich- und Du-Modus entstehen. Diese Ausgewogenheit ist es ja auch, die einschlägige Elternratgeber im Umgang mit schwierigen Kindern empfehlen (3).

Der fehlende Ich-Modus, die fehlenden Steuerungsmöglichkeiten verhindern eine realistische Zieldefinition und Erkennen der negativen Konsequenzen. (Punkt 2) Es entstehen auch erhöhtes Risikoverhalten und Unfallneigung.

Um es nochmals zu betonen: Ich propagiere keinen übersteigerten Ich-Modus. Übertriebener Egoismus ist so unangenehm wie übersteigerte Selbstlosigkeit.

»Mütterliche« und »väterliche« Liebe

Die Anerkennung individueller Merkmale stärkt das Selbstwertgefühl, wie Erickson oft unterstrich. Bei der Anerkennung spielt natürlich die Liebe eine große Rolle; leider liegen die Verhältnisse auch in der Liebe nicht so einfach, wie man es sich gerne wünscht. »Mütterliche« Liebe bringt zum Ausdruck, dass ich dich immer und über alles liebe. »Väterliche« Liebe bedeutet, dass deine besonderen Fähigkeiten und Leistungen mich zusätzlich entzücken. Für einen Mann ist es zum Beispiel nicht egal, ob er seine Frau hübsch findet oder nicht. Natürlich trägt jeder Mensch eine Mischung »väterlicher« und »mütterlicher« Liebe mit sich, sonst wäre seine Liebe nicht selbstwertsteigernd. Bei rein »mütterlicher« Liebe wäre es ja egal, ob ich eine Leistung erbringe oder mich liebenswert verhalte. Bei rein »väterlicher« Liebe könnte ich behaupten, du hast mich nicht wirklich gerne, sondern freust dich nur an meinen Leistungen und forderst immer mehr davon.

Wenn ich eine Behauptung wagen darf, dann bin ich doch der Meinung, dass vielen aufmerksamkeitsgestörten Kindern etwas mehr »väterliche« Liebe gut täte.

Dazu eignet sich die Erickson'sche Perspektive der Erziehung, die das Kind selbst herausfinden lässt, welche seiner eigenen Aktivitäten es schätzt und welche nicht (Punkt 4, 9 und 10). Die Entdeckung und angemessene Befriedigung seiner guten Bedürfnisse gelingt sowohl unter extrem harten Bedingungen nicht, da dort die Freiheit und der Ermessenspielraum fehlt, wie auch unter chaotischen Bedingungen nicht, da dort das ruhige, vernünftige Begreifen keinen Platz hat.

Natürlich fehlt den aufmerksamkeitsgestörten Kindern das ruhige, vernünftige Begreifen, manchmal leiden sie zusätzlich unter allzu harter Bestrafung. In meiner klinischen Erfahrung werden diese Kinder überdurchschnittlich häufig und hart körperlich bestraft oder sogar misshandelt.

Suchtartiges Bedürfnis nach Beachtung

Es scheint, dass bei Aufmerksamkeitsstörung die Suche nach negativer Anerkennung und Aufmerksamkeit einen suchtartigen, selbstentfremdeten Charakter bekommt, den die Kinder kaum mehr kontrollieren können. So begierig die Kinder nach negativer Anerkennung lechzen, so wenig »wärmt diese ihr Herz«. Positive Anerkennung wird immer seltener, und tritt sie doch noch auf, zerstören die Kinder sie mit ihrem disruptiven Verhalten.

Mit Nachsicht auf suchtartige Vorgänge zu reagieren, käme kaum einem vernünftigen Menschen in den Sinn. Darum sind die Punkte, die in Kapitel 6, 8 und 9 erörtert wurden, so wichtig. Der Suchtzyklus muss unterbrochen werden.

In der Arbeit mit den Eltern utilisiere ich gerne die Tatsache, dass sie »die Nase eigentlich schon lange voll« haben und unter der Last der Verantwortung zusammenbrechen. Ich möchte ihnen nicht noch zusätzliche Verantwortung aufbürden (siehe 8. Kapitel), sondern sie sollen mehr Vergnügen finden in der Erziehung – mit dem positiven Effekt, dass die Kinder selbst mehr Verantwortung übernehmen und natürlich stolz darauf sind.

Gebrauchsanweisung für das 10-Punkte-Programm

Ich unterstütze die üblichen Erziehungsratschläge für aufmerksamkeitsgestörte Kinder, insofern sie nicht ein selbstentfremdendes »Müssen« bedingen, sondern eine lustvolle Freiwilligkeit. So unterbreite ich zurückhaltend meine Vorschläge, trete symbolisch einen Schritt zurück und überlasse den Klienten die Qual der Wahl: »Das Vergnügen ist selbstverständlich das Wichtigste im Leben«, sage ich, »aber wenn Sie wollen, sollen Sie selbst entscheiden, ob Sie Ihre Kinder mit vernünftiger Konsequenz und liebevoller Härte erziehen. Anfänglich bringt dieses Vorgehen wenig Vergnügen. Aber für meinen eigenen Alltag macht es keinen Unterschied, ob die Kinder Sie ärgern oder nicht. Sie sind nicht mein Schüler und ich bin nicht Ihr Lehrer, sondern wir sind alle erwachsene Menschen.«

So soll auch das 10-Punkte-Programm verstanden werden. Es soll eine allgemeine Orientierungshilfe sein für Eltern, Lehrer, Therapeuten und wer auch immer es liest. Wenn ich eine Therapiestunde beginne, habe ich eine allgemeine Vorstellung im Hinterkopf, wie ich in dieser Stunde vorgehen will. In mehr als der Hälfte der Sitzungen weiche ich ganz oder teilweise von meinen Vorstellungen ab, weil die konkrete Utilisation der Klientenangebote Vorrang genießt. Diese Möglichkeit der Spontaneität beugt Entfremdungstendenzen vor. Die allgemeine Vorstellung im Hinterkopf gibt mir jedoch Sicherheit, dass ich selbst nicht in ein Loch falle, falls der Prozess stoppt. Die allgemeine Vorstellung im Hinterkopf ergibt auch einen guten Kontrast, sodass mir selbst klarer wird, welches meine Vorstellungen und welches die Vorstellungen des Klienten sind. So respektiere ich angemessen die Individualität meines Gegenübers (Punkt 3).

Die allgemeinen Vorstellungen geben mir einen Anstoß, den ich gut wieder loslassen kann, und so übe ich gleichzeitig dieses wichtige Hypnoseprinzip (Punkt 7).

Das 10-Punkte-Programm soll als eine Art Meditation kreative, eigenständige Lösungen inspirieren. Es gibt kein pfannenfertiges Rezept für ein gutes Selbstwertgefühl. Ein solches Rezept würde die Individualität eines Menschen missachten.

Man kann den aufmerksamkeitsgestörten Kindern wohl kaum helfen, wenn man gleich wie sie impulsiv reagiert und einen unausgegorenen Ratschlag sofort ausprobiert! In einer Krise vergisst man gerne, dass man dem Glück Gelegenheit geben kann, dass man dem Glück nachhelfen kann, aber dass man es nicht erzwingen kann. Oder als Warnung formuliert: Je mehr man das Glück zu erzwingen versucht, umso mehr verpasst man es.

Eigentlich ist das 10-Punkte-Programm eine Adaptation von Ericksons Lebensphilosophie, seinen Erziehungsgrundsätzen und Therapievorstellungen auf die Herausforderungen der Aufmerksamkeitsstörung.

Erlauben Sie mir eine letzte Vorbemerkung: Erfolgreiches und glückliches Leben entsteht aus passenden Taten und Einstellungen. Die ersten fünf Punkte betreffen eher Einstellungen, die letzten fünf die Taten.

10-Punkte-Programm für ein gutes Selbstwertgefühl

1. Punkt: Lassen Sie sich auf Veränderungen ein: Beachten Sie, dass die Dinge sich nicht gleich schnell verändern!

Aufmerksamkeitsgestörte Kinder verändern ihr Verhalten in schwindelerregendem Tempo und brauchen zum Lernen eine Ewigkeit. Die angemessene, Frontalhirn-gesteuerte Geschwindigkeit lässt auf sich warten. Rapide Veränderungen beim disruptiven Verhalten des Kindes stehen in quälendem Kontrast zu seinem Entwicklungsstillstand. Damit die zeitliche strukturelle Koppelung nicht zerreißt, wie so oft zwischen Kind und Betreuerpersonen, sollten die Geschwindigkeiten der Veränderungen aufeinander abgestimmt werden. »Konstanz in der Veränderung« wäre die Kunst, eine gesunde Identität mit gutem Selbstwertgefühl aufzubauen.

Geduld hat ebenfalls mit der Zeitempfindung zu tun. So ungeduldig die aufmerksamkeitsgestörten Kinder sind, so sehr stellen sie die Geduld der Erwachsenen auf eine Zerreißprobe. Die Betreuung dieser Kinder benötigt eine gesunde Mischung von Geduld und Härte. Erickson hat bei der Erziehung seiner Kinder oft sehr lange auf eine günstige Situation gewartet; in einer günstigen Situation würden die Kinder sehr schnell lernen. Die günstige Gelegenheit nutzte Erickson resolut. (4)

Die Werte von Ericksons Lebensphilosophie hießen Flexibilität, Humor und Zukunftsorientierung. Diese drei Eigenschaften basieren auf einer gesunden Veränderungsfähigkeit.

Sich selbst langsam zu verändern ist anstrengender und ohne Übung weniger lustvoll als die schnelle Konsumation der Ablenkung, Action-Filme oder Computer-Spiele. So schnell die Kinder von einem Reiz zum andern springen und sich ablenken, so langsam erwerben sie sich neue, erwünschte Fähigkeiten.

Anmerkungen zur Aufmerksamkeit: Chaotisches oder Gleichbleibendes können wir nicht erkennen, wir nehmen nur klare Kontraste wahr oder schaffen uns die Kontraste selbst. Kontraste sind Veränderungen im Raum oder in der Zeit. Es gibt den schlechten

Witz vom Frosch, der sich freiwillig kochen ließ, weil der Temperaturanstieg in seinem Wasserbad so unmerklich erfolgte, dass er nicht merkte, dass es jetzt zu heiß würde und er hinausspringen müsste. Oder die schleichende Umweltzerstörung wird von vielen Menschen nicht wahrgenommen, man gewöhnt sich daran und destruktive Gewohnheiten wüten unbemerkt. Dann wird der schlechte Witz zur traurigen Tatsache.
Will man jedoch die Kontraste erkennen, muss man selbst aufmerksam verweilen können. Dieses Verweilen kostet etwas Anstrengung, wird aber im Nachhinein mit dem Erfolg des Begreifens belohnt. Natürlich sollte die Umgebung des Kindes mit gutem Beispiel vorangehen und dem Kind Ruhe und konstante Gefühle anbieten. (13) Ein zielloser Aktionismus, der alle drei Monate eine neue »Wundertherapie« ausprobiert, verunsichert mehr als dass er hilft.
Erickson erzählte die Geschichte eines Ehepaars, das einen Wettbewerb veranstaltete, wer von beiden die schöneren Tomaten züchtete. Der Mann pflanzte seinen Sprössling an einer Stelle und beließ ihn dort, obwohl nicht alle Bedingungen optimal waren. Die Frau veränderte den Standplatz ihrer Pflanze ein paar Mal, weil die Pflanze manchmal zu viel und manchmal zu wenig Sonnenschein erhielt, oder es war zu wenig oder zu viel Sand in der Erde. Die Pflanze des Mannes erzielte die größere Ernte. (27)

2. Punkt: Setzen Sie sich realistische Ziele: Eine gelegentliche Hinterfragung Ihrer Ziele kann nicht schaden!

Gemäß seiner Lebensphilosophie freute sich Erickson immer auf ein künftiges Ereignis. Nach ihren Absichten und Erlebnissen befragt, erhält man von aufmerksamkeitsgestörten Kindern meistens die Antwort: »Ich weiß nicht« oder »Ich freue mich aufs Spielen«. Sie leben in der Gegenwart.
Zur Festlegung realistischer Ziele hilft das Verständnis für die Realität und ihrer natürlichen Konsequenzen. Natürlich würden wir lieber in einem Paradies leben. Deshalb mögen wir die natürlichen Konsequenzen nicht immer. Den Kindern erklären, dass die

Welt kein Paradies ist, gehört zu den schwierigsten und wichtigsten Aufgaben in der Erziehung. (4) Dabei lernen die Kinder gute Selbstbehauptung.
Ein Kind sollte begreifen, dass die Konsequenz einer mutwillig zerstörten Fensterscheibe nicht Schläge sind, weil Schläge die Fensterscheibe nicht reparieren. Sondern es braucht einen Handwerker. Erickson würde vielleicht ein Spielzeug des Kindes den Balkon hinabdonnern lassen und dann bedauern, dass das Spielzeug dabei kaputtgeht.(23) Aber vielleicht würde das Kind nur so begreifen, was mutwillige Zerstörung wirklich für einen Menschen persönlich bedeutet.
Anmerkungen zur Aufmerksamkeit: Planung und Rückmeldung der Ergebnisse helfen beim Steuern der Aufmerksamkeit. (14) Ein gut funktionierendes Frontalhirn unterstützt die Planung und das Beachten der Rückmeldungen. Besprechen Sie mit den Kindern ruhig, häufig und konsequent Ihre Absichten!

3. Punkt: Der Mensch ist ein Individuum: Freuen Sie sich an den feinen Unterschieden!

Die Achtung der individuellen Bedürfnisse und Fähigkeiten ist die Basis eines guten Demokratie-Verständnisses. So groß der Gerechtigkeitssinn der aufmerksamkeitsgestörten Kinder auch ist, so wenig ausgeprägt ist ihre Fähigkeit, demokratische Regeln selbst anzuwenden. Wenn ich im 9. Kapitel Wert auf eine Normalisierung ihrer Rolle und sozialen Verhaltens legte, so meinte ich damit auch, dass diese Kinder ihre Individualität nicht durch ihre Unarten, sondern durch ihre schöneren Eigenschaften unter Beweis stellen sollten. Dass sie ihren individuellen Platz in der Gemeinschaft nicht durch das Festschreiben einer pathologischen Rolle erhalten, nicht indem man über sie sagt: Er ist etwas Besonderes, weil er ziemlich gestört ist, und darauf müssen wir auch Rücksicht nehmen. Eine positive Identität stärkt den Selbstwert besser! Die Kinder sollen den Ermessensspielraum gestalten und nicht ausnützen.
Anmerkungen zur Aufmerksamkeit: Ericksons Beobachtungsfähigkeit war Legende. In ihren geliebten Beschäftigungen erlan-

gen auch Normalsterbliche differenzierte Möglichkeiten des Erkennens. Dass diese geliebten Beschäftigungen Spaß machen, erleichtert sowohl Beobachtung wie auch ausdauernde Aufmerksamkeit.

4. Punkt: Was macht mir wirklich Spaß im Leben?

Da aufmerksamkeitsgestörte Kinder erfolgreich und gewitzt den Weg des geringsten Widerstandes gehen, verpassen sie oft ihre wirklichen Vorlieben. Ich habe im 8. Kapitel von Antons Mutter erzählt. Ich schlug ihr vor, dass Anton herausfindet, ob er lieber unflätige Worte benutzt oder spannende Fernseh-Filme schaut. Nicht nur Kinder, auch Erwachsene machen viele Dinge, obwohl sie bei besserem Überlegen anders handeln würden. Ihr heftiges Engagement mit den überwältigenden Folgen hindern aufmerksamkeitsgestörte Kinder oft am Überlegen, es hindert sie am Aufbau einer kleinen Lebensphilosophie ihrer Vorlieben. So können sie auch keine Verantwortung für ihr eigenes Wohlbefinden übernehmen. Die Kinder erkennen nicht, wo es sich wirklich lohnt, Grenzen zu sprengen, und wo es günstiger ist, sich der Gruppe anzupassen. Ledoux stellte die Hypothese auf, dass diese Fähigkeit, die er in Anlehnung an Goleman »Emotionale Intelligenz« nannte, in einem eigenständigen emotionalen System des Gehirns entsteht. (7, S. 41)
Anmerkungen zur Aufmerksamkeit: Ich erachte soziale Wahrnehmungsstörungen als die größten Hindernisse einer gesunden Entwicklung. Es braucht die Kenntnis eigener Bedürfnisse und Vorlieben, um auf die Bedürfnisse und Vorlieben anderer Kinder Rücksicht zu nehmen; als Folge pflegt man einen angemessenen Umgang mit andern Kindern, nicht nur wegen der Verbote oder aus reiner Passivität. Und es könnte einen Fortschritt bedeuten, wenn die eigene Mutter nicht eine Art eines Fernsehgeräts darstellt, das man nach Belieben ein- oder ausschaltet oder im Schrank verbirgt. Auch dann nicht, wenn eigene Wünsche gerade übermächtige Impulse aufbauen.

5. Punkt: Gelassenheit: Veranstalten Sie einen Wettbewerb mit dem Kind, wer gelassener reagiert!

Stefan (siehe 5. Kapitel) schlug ein Spiel vor, das Kinder und Jugendliche gerne spielen: man schaut sich gegenseitig wortlos in die Augen, und wer zuerst lacht, hat verloren.

Gelassenheit und Geduld gewinnt in diesem Spiel vor der Impulsivität. Manchmal nimmt ihr Wollen die Kinder im Alltag so übermäßig in Griff, dass sie weder Gefahren noch Wünsche und Rechte der Mitmenschen sehen; sie können dann unter keinen Umständen mehr verlieren.

Es gibt die psychische Kompetenz der Erregungskontrolle, die das ganze Leben lang von unschätzbarer Bedeutung ist. Sie hilft auch zum Aufbau einer geeigneten Frustrationstoleranz, die einen Niederlagen besser ertragen lässt.

Die Kinder empfinden mein Gedankentraining oft als Niederlage, der sie nicht ausweichen können. In einem sicheren Rahmen ertragen sie aber ein kleines Maß an Hilflosigkeit, ähnlich der großen Müdigkeit nach einer langen, schönen Bergwanderung, wenn man sich hilflos aber glücklich ins Bett sinken lässt! Wie Kuhl angemerkt hat, bedarf das realistische Selbstkonzept einer periodischen Revision durch gelegentliche Niederlagen. (17) So wird das falsche Selbstbewusstsein vermieden, das Kinder in untolerierbaren Streichen manchmal an den Tag legen. Auch vermittelt eine solche Revision selbstbewusste Übersicht über Details, die anderen Menschen wichtig sind. Manchmal haben aufmerksamkeitsgestörte Kinder ein derart schlecht entwickeltes Selbstbewusstsein, dass jegliche Niederlage die Bedeutung der völligen Vernichtung annimmt, der sie um jeden Preis ausweichen. Offensichtlich erschwert ein solcher Zustand die Selbstentwicklung.

Anmerkungen zur Aufmerksamkeit: Kinder sollten lernen, angenehme und unangenehme Körperempfindungen zu kennen und auszuhalten. Aufmerksamkeitsgestörte Kinder haben oft eine große Abneigung gegen unangenehme Empfindungen, sodass sie ihnen impulsiv und blitzschnell aus dem Weg gehen, durch Zappeln und andere Aktivitäten oder Ablenkung oder Gefühlsausbrüche. Wenn die Kinder lernen, dass auch unangenehme Körperempfindungen nicht zum sofortigen Tod führen, wenn sie ihnen stattdessen eine realistische Wahrnehmung und sich selbst eine mittlere Aufmerksamkeit schenken, dann müssen sie nicht mehr so häufig ausweichen. Sie legen öfter eine Denkpause ein. Provozieren macht als Gegenangriff, als Ausweichmänover keinen Sinn, sondern nur dann, wenn man den Nachbarn mit Recht auf eine Tatsache aufmerksam machen muss.

6. Punkt: Trainieren Sie Ihre geistigen Fähigkeiten: Starke Muskeln machen selbstbewusst!

Ich stelle mir gerne die starken Gedanken-Muskeln vor, die auch in schwierigen Situationen Gelassenheit schenken. Erickson benutzte fast jede Gelegenheit, um seine hypnotischen Fähigkeiten zu trainieren. Zum Beispiel beschreibt Weitzenhofer, wie Erickson bei einem Frühstück während des Gesprächs undefinierbare Handbewegungen machte. (26) Die Handbewegungen hatten keinen Zusammenhang mit dem Inhalt des Gesprächs, aber Weitzenhoffer fühlte sich innerlich trotzdem genötigt, die Kaffeekanne zu ergreifen und Erickson Kaffee anzubieten.

So sollte man vieles in vernünftigem Rahmen trainieren, auch wenn nicht mehr jede einzelne von Ericksons Methoden zeitgemäß erscheint. Doch können wir seine Methoden der heutigen Zeit anpassen! Die Anstrengung des Trainings ergibt einen schönen Kontrast zur Gelassenheit, die sich so zur Trainingspause mausert. In den Pausen kann man zum Beispiel in eine hypnotische Trance gehen und sich an die vergangenen Erfolge und Stärken erinnern. Diese hypnotische Aufmunterung gibt einem die Kraft zurück, nach der Pause mit der Arbeit fortzufahren, eine Kraft, die aufmerksamkeitsgestörten Kindern nach der Pause oft fehlt.

Anmerkungen zur Aufmerksamkeit: Viele Kinder täten gut daran, die Ausdauer ihrer Aufmerksamkeit auf geeignete Art zu trainieren, vor allem die spezielle Art des Denkens, das in komplexen Anforderungssituationen hilft, z. B. beim Hausaufgabenmachen, wenn man eigentlich lieber vor dem Haus spielen möchte. Man kann die Kinder immer darauf aufmerksam machen, dass die Welt nicht so ist, wie sie sein sollte. Doch interessiert dies aufmerksamkeitsgestörte Kinder oft wenig, und so glänzen sie kaum mit Trainingsfleiß.

7. Punkt: Anstoßen und Loslassen

Dieser siebte Punkt bringt das Grundprinzip der Hypnotherapie auf den Punkt. Ich habe weiter oben das Prinzip der Pause erwähnt: Training und Gelassenheit. Man ist bereit zu eigener Anstrengung, und danach vertraut man sich in Hypnose seinem Unbewussten an. In Hypnose lernt das Kind eine besondere Art der Selbstständigkeit, die es die Verantwortung über seine Bedürfnisse leichter tragen lässt, weil in Hypnose viel Freiheit und viel Wohlbefinden herrscht, sobald das Kind die Kunst der Hypnose einmal begriffen hat.

Hypnose ist mit dem Aufbau eines feines Gewebes vergleichbar, das auch einem zeitlich vorgegebenen Rahmen entspricht. Da die Hypnose-Sitzung einer Geschichte ähnelt, mit einem Anfang, einem Mittelteil und einem Abschluss, der wiederum auf den Anfang Bezug nimmt, bekommt der Hypnosetherapeut ein gutes Zeitgefühl; so kann er den Abschluss der Hypnose genügend frühzeitig vorbereiten. Ich habe durch Hypnose ein phänomenales Zeitgefühl entwickelt, das mir bei Vorträgen oder Sitzungen nützliche Dienste erweist. Anstoßen und Loslassen folgt einem exakten Zeitrhythmus.

Die Abläufe im Seelenleben sind eben nicht logisch, sondern psychologisch, rhythmisch und paradox. Watzlawik erzählte einmal die wahre Episode eines Selbstmörders, der auf die Seile einer Hängebrücke gestiegen war, um sich in die kalten Fluten des Flusses zu stürzen. Ein Polizist entdeckte ihn und versuchte ihn von seinem Vorhaben abzubringen. Der Polizist brachte vernünftige Argumente vor wie: Das Leben hat noch viele schöne Geheimnisse übrig. Oder: Frau und Kinder werden Sie vermissen. Nachdem alle vernünftigen Argumente wirkungslos verpufft waren, zückte der Polizist in seiner Verzweiflung die Pistole und drohte: Kommen Sie sofort herunter oder ich schieße. Der Mann kletterte herunter und war gerettet.

Im Grund der Hypnose wirkt die paradoxe Aufforderung, nichts zu tun und zu warten, welche Aktivitäten das Unbewusste hervorbringt. Mit den Paradoxien ist der Humor verwandt, der ebenfalls dem gleichen Grundmuster folgt: Anstoß mittels einer Geschichte und Loslassen in der Pointe. So sage ich vielleicht, sofern die Humor-Mischung stimmt: »Vielleicht macht es Ihnen als Mutter Spaß zu wissen, dass es Ihrem Sohn so viel Freude bereitet, Sie zu ärgern!«

Anmerkungen zur Aufmerksamkeit: Das Schulkind unterscheidet sich vom Vorschulkind unter anderem darin, dass es die Zeit kennt und einschätzen kann. Das aufmerksamkeitsgestörte Kind hat oft ein schlechtes Zeitgefühl und schenkt so »nebensächlichen Dingen wie Pünktlichkeit« wenig Aufmerksamkeit. Das Kind mit geeigneten Mitteln ein Stück weit zu veranlassen, auf Trödeln zu verzichten, kann ihm sicher nicht schaden. Dadurch hat es dann mehr Zeit für seine wirklichen Vergnügen.

8. Punkt: Gesunde Härte

Gesunde Härte lässt sich nicht einfach mit gelassenem Nichts-Tun lernen. So stellt gesunde Härte einen guten Gegensatz zur Gelassenheit dar, besitzt aber auch Gemeinsamkeiten mit ihr. Um Härten des Lebens auszuhalten, braucht es viel Gelassenheit. Die Härte des Lebens bringt uns zum Handeln, und die eigene, gesunde Härte ist vor allem dann gefordert, wenn eigene Anstrengung, eigenes konstruktives Tun verlangt wird. Als Fortsetzung von Punk sieben, wenn nach dem Loslassen durch den Therapeuten oder durch die Mutter die Eigenaktivität des Kindes einsetzen sollte. Und das Kind erträgt die Anstrengung mit der gleichen leichten Gemeinheit sich selbst gegenüber, wie es vielleicht einmal einer Fliege die Flügel ausgerissen hat. Oder man benutzt den oft guten Gerechtigkeitssinn des Kindes, damit es sich für eine Sache einsetzt, auch wenn die Sache anstrengend ist.

Man soll auch leben können, wenn einige Probleme weiterbestehen: Es ist in Ordnung, dass nicht alles o.k. ist. (27)

Anmerkungen zur Aufmerksamkeit: Bei der Hypnotherapie bekommt der Klient den Lohn für gute Arbeit. Es ist das Unbewusste des Klienten, das die wertvollen Hypnosephänome hervorbringt! So kann man das Kind auf seine Erfolge hinweisen.

Manchmal muss man ihm ein Lob vielleicht aufzwingen, damit es realisiert, dass seine unbewusste Anstrengung zum Erfolg geführt hat. Das Lob akzeptieren verpflichtet das Kind zu mehr Anstrengung. Das untergräbt auch ihre Art gelernter Hilflosigkeit: Aufmerksamkeitsgestörte Kinder glauben weniger als andere Kinder daran, dass ihre eigene Anstrengung einen Einfluss auf den Erfolg hat. Natürlich müssen sie auch darauf aufmerksam gemacht werden, dass sie ihre Anstrengung dosieren, weil sie vielleicht zu oft die Erfahrung gemacht haben, dass ein Übermaß an Anstrengung die Sache vermasselt.

9. Punkt: Gute Gewohnheiten

Eine gesunde Härte hilft beim Aufbau guter Gewohnheiten. Dazu muss man dem Kind auch die Konsequenz guter Gewohnheiten erklären, immer wieder, vielleicht 1000 Mal. Der Mensch ist ein guter Fehler-Detektiv. Das Gute, vor allem wenn es sich wiederholt, wird oft vergessen und verschwindet aus dem Feld der Aufmerksamkeit. Umso wichtiger sind die guten Gewohnheiten und Rituale, die dem Leben seine angenehme Stabilität verleihen (vergleiche mit Punkt eins: Veränderung; siehe auch 1. Kapitel). Gerade wenn der Ärger steigt wegen des ungezogenen Verhaltens sind die guten Seiten des Kindes und der Familie in Gefahr, missachtet oder sogar zerstört zu werden. Gute Gewohnheiten helfen, Grenzen einzuhalten, und fördern angemessene Integration. Eine hypnotische Trance kann eine Gewohnheit sein, die wie andere gute Gewohnheiten disruptive Tendenzen in Schach halten.
Anmerkungen zur Aufmerksamkeit: Pflegen Sie die guten Gewohnheiten und machen Sie das Kind auf die guten Gewohnheiten aufmerksam. So lernt ein Kind im Einfachen, Regeln zu beachten; diese gute Gewohnheit hilft ihm vielleicht später, in schwierigen, gefährlichen Situationen seine Impulsivität zu begrenzen. Lehren Sie das Kind, dass es freiwillig gute Gewohnheiten einhält!

10. Punkt: Das Angenehme mit dem Nützlichen verbinden

Anmerkungen zur Aufmerksamkeit: Auch wenn man sich darüber oft nicht im Klaren ist, das Angenehme mit dem Nützlichen verbinden gehört zu den schwierigeren Entwicklungsaufgaben eines Kindes. (4) Die angeborene rebellische Tendenz der Kinder, mit der sie sich gegen Entfremdung schützen, verhindert oft, zu akzeptieren, was die Erwachsenen mit ihrer Erfahrung als nützlich erkannt haben. Die aufmerksamkeitsgestörten Kinder machen uns immer wieder auf diese Tatsache aufmerksam, indem sie um die für sie angenehme Aufmerksamkeit werben, leider oft mit unnützen Aktionen.

Am andern Ende des Entfremdungsspektrums akzeptieren depressive Kinder ungeprüft die Richtlinien der Erwachsenen zum Preis einer tief im Innersten verlorenen Lebendigkeit.

Die gute Entwicklung besteht demgegenüber aus einer Mischung aus Akzeptanz von Vorschlägen Erwachsener und gesunder Rebellion. Erfahrungen schaffen da die eigene individuelle Balance von nützlicher Ich-Orientierung und lustvoller Du-Orientierung. Aber wie gesagt, das Gefühl für das Nützliche, der gute Ich-Standpunkt, fehlt bei einer Aufmerksamkeitsstörung in hohem Maß.

Ich möchte das Buch mit einer Erickson-Geschichte beenden. Erickson rodete in harter Arbeit einen neuen Acker. Ericksons Vater säte im nächsten Frühling Getreide. Das Getreide wuchs fabelhaft und es war beinah reif für die Ernte, als ein langer Regen einsetzte, der das Getreide auf den Boden knickte und zum Keimen brachte. Als der Regen aufhörte, gingen Erickson und sein Vater das Feld besichtigen. Es war nichts mehr zu retten. Sie hätten das Geld, das diese Ernte eingebracht hätte, gut gebrauchen können. Ericksons Vater sagte: »Ich hoffe, die Keime wachsen, sodass wir im Spätherbst etwas Grünzeug für das Futter der Tiere schneiden können. Und nächstes Jahr ist auch noch eine Gelegenheit für eine gute Ernte.« (23)

Literaturhinweise

(1) M. Döpfner: Hyperkinetische Störung. In: F. Petermann: Lehrbuch der Klinischen Kinderpsychologie, Göttingen: Hogrefe 1996

(2) American Psychiatric Association (APA): Diagnostisches und statistisches Manual psychischer Störungen. DSM-IV (4. Aufl.). Dt. Bearb. v. Saß, H., Wittchen H.-U. & Zaudig, M., Göttingen: Hogrefe 1994

(3) C. Neuhaus: Das funktionelle Verstehen der Symptomatik Hyperaktivität – Notwendigkeit eines multimodalen Behandlungsansatzes? In: K. Skrodzki / K. Mertens (Hrsg.): Hyperaktivität: Aufmerksamkeitsstörung oder Kreativitätszeichen, Dortmund, Borgman Publishing 2000

(4) Ch. Ziegler: Das Pendel: Hinweise für ein hypnotisches Glück, unveröffentlichtes Manuskript

(5) A. Barabasz und M. Barabasz: Neurotherapy and Alert Hypnosis in the Treatment of Attention Deficit Hyperactivity Disorder. In: S. J. Lynn, I. Kirsch, J. W. Rhue: Casebook of Clinical Hypnosis, Washington DC: APA 1996

(6) H. J. Crawford, J. H. Gruzelier: A Midstream View of the Neuropsychophysiology of Hypnosis: Recent Research and Future Directions. In: E. Fromm, M. R. Nash: Contemporary Hypnosis Research, New York: The Guilford Press 1992

(7) J. Ledoux: Das Netz der Gefühle. Wie Emotionen entstehen. München: Carl Hanser 1998

(8) A. Berner, Vortrag: SMSH-Kongress 2000

(9) G. Bateson: Geist und Natur. Frankfurt a. M.: Suhrkamp 1983

(10) J. Kuhl und S. Völker: Entwicklung und Persönlichkeit. In: H. Keller (Hrsg.): Lehrbuch Entwicklungspsychologie. Bern: Hans Huber 1998

(11) D. L. Nathanson: Shame and Pride. London, New York: W. W. Norton 1992

(12) R. Kegan: Die Entwicklungsstufen des Selbst. München: Kindt 1986

(13) D. M. Donovan, D. McIntyre: Healing the Hurt Child. London, New York: W. W. Norton 1990

(14) A. Rothenberger: The Role of the Frontal Lobes in Child Psychiatric Disorders. In: A. Rothenberger: Brain and Behavior in Child Psychiatry, New York: Springer 1990

(15) M. H. Erickson: The Identification of a Secure Reality. In: The Collected Papers of Milton H. Erickson IV, Edited by E. L. Rossi, New York: Irvington 1990. Deutsch: E. Rossi: Gesammelte Schriften von Milton H. Erickson. Heidelberg: Carl-Auer-Systeme

(16) J. Haley: Gemeinsamer Nenner Interaktion. München: Pfeiffer, 2. Aufl. 1987

(17) J. Kuhl und M. Kazèn: Persönlichkeits-, Stil- und Störungs-Inventar (PSSI). Göttingen: Hogrefe 1997

(18) Ch. Ziegler: Im Herzen der seelischen Identität. Selbstverlag 1998

(19) D. Bischof-Köhler: Zusammenhänge zwischen kognitiver, motivationaler und emotionaler Entwicklung in der frühen Kindheit und im Vorschulalter. In: H. Keller (Hrsg.): Lehrbuch Entwicklungspsychologie, Hans Huber 1998

(20) G.-E. Trott: Biologische Ursachen und Möglichkeiten der medikamentösen Therapie des Hyperkinetischen Syndroms. In: K. Skrodzki/K. Mertens (Hrsg.): Hyperaktivität: Aufmerksamkeitsstörung oder Kreativitätszeichen, Dortmund: Borgman Publishing 2000

(21) Ch. Ziegler: Thuner Imaginativ-Skala für Kinder. Ch-Hypnose 1995

(22) G. W. Lauth: Dortmunder Aufmerksamkeitstest (DAT-KI). In: G. W. Lauth, K.-D. Hänsgen: KIDIS Kinderdiagnostisches System. Göttingen: Hogrefe 1996

(23) S. Rosen: Die Lehrgeschichten von Milton H. Erickson. München: Iskopress 1996

(24) M. H. Erickson: Creative Choice in Hypnosis: The Seminars, Workshops, and Lectures of Milton H. Erickson Vol IV, Ed by E. L. Rossi and M. O. Ryan. New York: Irvington 1992

(25) J. K. Zeig, B. Geary (Hrsg.): The Letters of Milton H. Erickson. Phoenix/Arizona: Zeig, Tucker & Theisen 2000

(26) M. H. Erickson, E. L. Rossi, S. L. Rossi: Hypnose. Stuttgart: Pfeiffer bei Klett-Cotta, 5. Aufl. 1998

(27) J. Haley: Conversations with Milton H. Erickson, M. D. Vol I-III, London, New York: Triangle Press 1985

(28) F. Farrelly und J. M. Brandsma: Provokative Therapie. Berlin, Heidelberg, New York: Spinger 1986

(29) N. Peseschkian: Der Kaufmann und der Papagei. Frankfurt a. M.: Fischer 1979

Wolfgang Krucker:

Diagnose und Therapie in der klinischen Kinderpsychologie

Ein Handbuch für die Praxis

2000. 295 Seiten, broschiert, ISBN 3-608-89690-2

Leben lernen 140

Das Buch bietet eine Übersicht über die diagnostischen und therapeutischen Möglichkeiten in der Kinder- und Jugendlichentherapie. Es enthält eine Beschreibung und kritische Würdigung aller gängiger Testverfahren und erleichtert damit dem Therapeuten die Entscheidung über das jeweils günstigste Vorgehen. Der Autor vertritt einen integrativen, an der phänomenologischen Methode orientierten Stil, der von verschiedenen Schulrichtungen aufgenommen werden kann.

Lore Schacht:

Baustelle des Selbst

Psychisches Wachstum und Kreativität in der analytischen Kinderpsychotherapie

2001. 180 Seiten, broschiert, ISBN 3-608-89695-3

Leben lernen 143

Aus kindlicher Destruktivität können allmählich neue Lebensvisionen entstehen, aus Lethargie und Rückzug kreative Symbolisierungsleistungen, aus Stillstand psychisches Wachstum.

pfeiffer
bei Klett-Cotta